NEW 내 청춘의 첫 프로젝트, 영국 워킹홀리데이

Prologue

> 한국은 23개 국가 및 지역과 워킹홀리데이 협정을,
> 1개 국가와 청년교류제도(YMS) 협정을 체결하였습니다.
> 그중 영어권이 5개국, 비영어권이 19개국입니다.

 영국 워킹홀리데이, 목적과 계획은 필수입니다.

저는 2010년부터 워킹홀리데이 및 유학 상담을 하였고, 2012년에는 그간의 정보와 경험을 살려 '잉글리쉬로드'를 시작하였습니다. 그리고 수많은 상담을 진행하면서 적지 않은 분들이 뚜렷한 목적 없이 외국으로 나가기를 꿈꾼다는 것을 알게 되었습니다. 하지만 목적 없이 떠나는 워킹홀리데이와 유학은 도피나 다름없습니다. '어떻게든 되겠지.'라는 생각으로 외국으로 나간다면 얻는 것도 없을뿐더러 외국에 머무르는 동안에 어려움을 겪을 수밖에 없습니다. 그래서 먼저 영국 워킹홀리데이를 준비하는 분들께 묻고 싶습니다.

"여러분만의 '목적'과 '계획'은 무엇인가요?"

영국 워킹홀리데이를 준비하는 분들께 자신만의 목적과 계획을 묻는 이유는 무엇일까요? 영국 워킹홀리데이는 다른 나라들과 달리 2년이라는 긴 시간 동안 체류할 수 있기 때문입니다. 2년이라는 시간은 생각보다 더 길고, 그동안 겪게 될 일들 역시 쉽지 않을 것입니다.

"왜 영국 워킹홀리데이를 준비하시나요?" 라는 물음에 대부분은 "영어 실력도 올리고, 경험도 쌓고, 여행도 하고 싶어서요."라고 대답합니다. 이렇게 생각한 분들이 계시다면 다시 질문을 드리겠습니다.

"다른 나라가 아닌, 반드시 영국이어야 하는 이유는 무엇인가요?"

이 질문에 자신만의 특별한 대답을 할 수 없다면 훗날 영국 워킹홀리데이를 마친 뒤 후회가 남기 쉽습니다. 청춘의 도전은 아름답고 그 자체만으로도 박수받을 일이지만, 뚜렷한 목적과 구체적인 계획이 없다면 그 도전은 쉽게 무너질 수 있습니다.

이 책은 워킹홀리데이 과정에서 여러분 개개인이 이미 가지고 있는 '특별함'을 찾을 수 있도록 도와줄 뿐이지, 여러분을 '특별하게' 만들어 주지는 못합니다. 그러나 최신 정보와 팁, 조언을 바탕으로 여러분 스스로가 자신의 목적을 찾고 계획을 세울 수 있도록 길잡이 역할을 충실히 해 드릴 것입니다. 본격적인 내용에 앞서 아래의 내용을 염두에 두고 책장을 넘겨 주셨으면 합니다.

첫째, 워킹홀리데이를 가야 하는 이유와 꼭 영국으로 가야 하는 이유는 무엇인가?

영국 워킹홀리데이의 기간은 다른 나라의 2배인 2년입니다. 오랫동안 체류할 수 있는 만큼 더 많은 경험을 할 수 있다는 장점이 있습니다. 그러나 물가가 높고 외국인에게 마냥 호의적이지 않은 분위기로 좌절을 겪는 사람 또한 많습니다. 영국 워킹홀리데이를 위해서는 이런 어려움도 불사하고 영국으로 가고자 하는 분명한 목적이 있어야 합니다.

둘째, 출국 전 나의 영어 실력은 어떠한가?

영국은 영어 실력을 더 탄탄하고 정교하게 다듬기에 좋은 나라입니다. 바꿔 말하면, 영어 기초가 마련되어 있지 않으면 그만큼 적응하기 힘든 곳이기도 합니다. 영국 입국 전까지 기본적인 의사소통을 할 수 있도록 영어 실력을 쌓아 두는 것은 필수입니다. 그러므로 영어 실력이 부족하다고 느껴진다면 지금부터라도 영어 공부를 시작하시기 바랍니다.

셋째, 영국 워킹홀리데이를 위해 투자할 수 있는 예산은 얼마인가?

예산은 단순히 경제적인 비용만을 말하는 것이 아닙니다. 영국은 물가가 비싸고, 외국인이 일자리를 구하기가 어려운 곳입니다. 게다가 2년이라는 시간을 영국에서 홀로 보내야 하기 때문에 영국에서의 생활에 어느 정도의 시간과 돈을 투자할 수 있는지 떠나기 전에 예산을 계획해야 합니다. 답이 나오지 않고 막막하기만 하다면 네이버 카페 '잉글리쉬로드'의 문을 두드려 주세요.

**이 책을 펼친 순간부터 영국 워홀러로서의 여정은 시작되었습니다.
이제 망설이지 말고 거침없이 여러분의 꿈을 펼칠 차례입니다!**

Prologue

Thanks to.

초판부터 개정판까지 끊임없는 자료 연구와 아낌없는 정보 제공으로
저에게 긍정적 자극을 주고 있는 국기찬(KEVIN),
꾸준히 맡은 바 최선을 다해 주고 있는 김건아,
초판 발행에 가장 많은 도움을 주었고
지금은 본인의 꿈을 펼치고 있는 이지훈,
영국 출장에 동행하면서 생생한 현지 정보를 제공한
영국 워킹홀리데이 특파원 오세준,
그 밖에 이 책과 인연을 맺고 있는 김요정, 유진우, 정명호, 정승희,
그리고 길고 긴 성장통을 지나 자신의 사업을 꽃피우고 있는
내 언니 정유리에게 감사의 말을 전합니다.

마지막으로 부모님께 정연도♡이영숙의 막내딸이어서
너무 행운이었다는 말과 함께
평범하지만 평범하지 않은 경험을 하게 해 주심에
감사하고 사랑한다는 말을 전하고 싶습니다.

Contents

PART 1　영국 워킹홀리데이 준비

01 왜 영국 워킹홀리데이일까?　　2
02 영국 워킹홀리데이 장점　　4
03 영국 워킹홀리데이 단점　　5
04 영국 워킹홀리데이 준비 시작하기　　7
05 영국 워킹홀리데이 대안 준비하기　　91
06 영국 워킹홀리데이 출국 준비하기　　94

PART 2　영국 워킹홀리데이 성공 방법

01 영국 워킹홀리데이 어학연수란?　　112
02 영국 워킹홀리데이 일자리 구하기　　141
03 영국 워킹홀리데이 비자로 취업하기　　164

PART 3　영국 워킹홀리데이 비자 사용 방법과 생활 정보

01 영국 워킹홀리데이 BRP　　168
02 General Practitioner(GP, 지역보건의)　　171
03 National Insurance(NI) 넘버　　173
04 세금　　175
05 생활에 유용한 카드　　177
06 영국 워킹홀리데이, 런던이어야 하는 이유　　184
07 계좌 개설하기　　185
08 휴대폰 개통하기　　187
09 숙소 구하기　　188
10 교통수단　　193

Contents

11	소셜 커머스 활용하기	**196**
12	쇼핑 핫플레이스	**197**
13	영국의 공휴일	**198**
14	향수병 극복	**199**
15	영국에서 'Meet-up'으로 친구 사귀기	**200**
16	생필품 저렴하게 구입하기	**202**
17	영국 런던의 위험한 지역	**207**
18	미용실 알아보기	**210**
19	택배 보내기	**211**
20	봉사활동하기	**212**
21	클럽 가기	**214**

PART 4　영국 워킹홀리데이 후기

영국 워킹홀리데이 최은지 님 후기

01	영국 워킹홀리데이를 떠나게 된 이유	**218**
02	영국 워킹홀리데이란 무엇일까?	**221**
03	영국 워킹홀리데이를 떠나기 위한 짐 꾸리기	**223**
04	D-Day, 집을 떠나며	**226**
05	공항에서 숙소로	**227**
06	교통 해결하기	**228**
07	영국에서 집 구하기	**230**
08	계좌 개설하기	**236**
09	어학원 선택하기	**238**
10	영국 생활비 정보 안내	**244**

11	런던에서 시장 보기	**245**
12	런던에서 외식하기	**246**
13	런던에서 뮤지컬 보기	**249**
14	휴대폰 개통하기	**252**
15	일자리 구하기	**254**
16	외국인 친구 어떻게 사귀나?	**257**
17	영국에서 한국의 이미지는?	**258**
18	후기를 마무리하며	**260**
19	일자리를 구한 후기	**261**

영국 워킹홀리데이 어학원 후기

01	International House(IH)	**265**
02	Wimbledon School of English(WSE)	**271**
03	St Giles London	**277**
04	Frances King School of English	**283**
05	Bayswater College	**287**
06	Burlington School of English	**293**
07	Speak Up London	**298**
08	Oxford House College(OHC)	**304**
09	Islington Centre for English(ICE)	**309**
10	ETC International College	**312**

버킹엄 궁전(Buckingham Palace)

PART 1

영국 워킹홀리데이 준비

왜 영국 워킹홀리데이일까?
영국 워킹홀리데이 장점
영국 워킹홀리데이 단점
영국 워킹홀리데이 준비 시작하기
영국 워킹홀리데이 대안 준비하기
영국 워킹홀리데이 출국 준비하기

1707년 축조된 버킹엄 궁전은 원래 버킹엄 공작의 사저로, 조지 3세가 1762년에 왕비 샤를로트를 위하여 버킹엄 하우스를 매입하여 사저로 이용하였으며 1873년 빅토리아 여왕의 즉위 이후 영국의 왕과 여왕의 런던 관저로 사용되고 있다. Ball Room, Blue Drawing Room, White Drawing Room, Throne Room, Music Room 등 방 600개와 정원(45에이커, 5만 평), Queen's Gallery(왕실 수집품), Royal Mews(왕실 전용마차, 승용차, State Couch 등)로 구성되어 있다.

영국 워킹홀리데이 준비

왜 영국 워킹홀리데이일까?

우리나라는 현재 여러 국가와 워킹홀리데이 비자 협약을 체결하고 있다. 그중에서도 영국·아일랜드·호주·캐나다·뉴질랜드와 같은 영어권 워킹홀리데이는 선호도가 높고, 매년 경쟁도 치열하다. 그중 영국은 2년이라는 긴 시간동안 체류가 가능한 국가이다. 살면서 한 번쯤 생각해 본 적이 있지 않은가? 영국으로 여행을 가거나 잠시나마 살게 된다면? 그렇다면 당신은 영국에서 무엇을 가장 먼저 하고 싶은가?

지금이라도 늦지 않았으니 영국으로 떠나기 전, 영국에서 하고 싶은 일들을 차근차근 생각해 보자. 그리고 영국 워킹홀리데이를 통해 내가 누릴 수 있는 여러 가지 즐거움을 찾아보자. 우선 영국 워킹홀리데이의 장점이라고 한다면 긴 체류 기간을 들 수 있다. 2년 동안 머무를 수 있기에 다양한 계획을 실현하는 데 충분한 시간이라고 할 수 있다. 특히 영국은 영어의 본고장이라는 점에서부터 매력적으로 느껴지지 않는가? 뿐만 아니라 유럽 여행이 비교적 자유롭다는 점도 우리의 마음을 영국으로 향하게 하기 충분하다.

PART 1 영국 워킹홀리데이 준비

물론 장점만 있는 것은 아니다. 영국 워킹홀리데이의 단점은 바로 높은 물가와 영어 실력에 따른 차별이다. 영어 실력이 기본적으로 갖춰져 있지 않으면 영국에서의 첫출발은 그 어느 곳에서보다 고될 수 있다.

앞서 언급했듯이 영국 워킹홀리데이는 유럽 여행이나 영국식 영어 교육, 꿈에 그리던 영국에서의 생활 등이 가능하다는 뚜렷한 장점이 있는 반면, 물가가 높고 영어 실력에 따른 차별이 심하다는 단점도 있다. 물론 장점만을 보고 성급하게 영국 워킹홀리데이를 결정해서는 안 되겠지만, 단점 때문에 영국 워킹홀리데이를 포기하는 것 역시 섣부른 판단이 아닐까? 지금부터 영국 워킹홀리데이의 장단점을 샅샅이 살펴보자.

영국 워킹홀리데이 장점

꿈꾸던 영국에서의 생활을 할 수 있다.

생각보다 많은 사람이 영국에 대한 환상을 갖고 있다. 그 환상을 직접 체험하는 방법에는 여러 가지가 있지만, 그중에서도 단연 돋보이는 선택지는 영국 워킹홀리데이일 것이다. 영국에서 일과 생활, 공부가 모두 가능하기 때문이다.

영국식 영어를 제대로 배워 볼 기회를 잡을 수 있다.

영국 워킹홀리데이의 가장 큰 장점 중 하나는 어학연수 기간의 제한이 없다는 것이다. 다른 영어권 국가는 워킹홀리데이 중 어학연수 기간이 정해져 있으나, 영국 워킹홀리데이는 체류하는 기간 내에 어학연수 기간에 제한이 없기 때문에 원하는 만큼 어학연수를 받을 수 있다. 어학연수 기간이 긴 만큼 영국식 영어를 접할 기회도 늘어난다고 생각하면 된다.

체류 기간만큼 다양한 경험을 쌓을 수 있다.

영국에서 워킹홀리데이를 하는 대다수 사람들이 말하는 장점은 영국의 지리적 특성상 유럽 여행을 자유로이 떠날 수 있다는 점이다. 영국은 유럽에 있기 때문에 주변의 여러 유럽 국가를 보다 쉽게 방문할 수 있다.

우리나라와 워킹홀리데이 비자 협약을 체결한 국가의 워킹홀리데이 체류 기간은 보통 1년 내외이다. 하지만 영국 워킹홀리데이의 체류 기간은 2년으로, 워킹홀리데이 국가 중 가장 긴 체류 기간을 허용하고 있다. 호주에서도 세컨 비자를 활용하면 체류 기간을 1년 연장할 수 있지만, 연장하기 위해서는 조건이 충족되어야 한다. 조건부 연장을 제외한 체류 기간을 보자면 영국 워킹홀리데이의 체류 기간이 가장 길다. 이 기간을 잘 활용한다면 영국에서는 물론, 다른 유럽 국가에서도 잊지 못할 경험을 쌓을 수 있을 것이다.

PART 1 영국 워킹홀리데이 준비

영국 워킹홀리데이 단점

물가가 지나치게 높다.

영국 워킹홀리데이를 준비하고 있는 많은 사람이 걱정하는 것은 영국의 높은 물가와 생활비이다. 개인차는 있겠지만 영국의 화폐인 파운드는 우리나라 한화(韓貨) 대비 환율이 매우 높기 때문에 걱정이 될 수밖에 없다. 하지만 물가가 높아서 영국에 가지 못한다는 막연한 생각은 바람직하지 않다. 우선 교통비, 주거비 등을 최대한 절약할 수 있는 방법을 찾고, 쓸데없는 지출을 줄여 생활비 역시 최대한 아낄 수 있는 방법들을 찾아보도록 하자.

세웠던 계획이 느슨해지기 쉽다.

2년이라는 긴 기간을 치밀하게 계획해서 생활하는 일은 쉽지 않다. 처음에는 계획대로 생활하더라도, 긴 시간이 흐르다 보면 처음의 의지와 마음이 희미해져 계획대로 실천하기가 어렵기 때문이다. 장기적인 계획보다는, 몇 개월 혹은 몇 주 단위로 계획을 세우는 것부터 시작해 보자.

인종 차별과 영어 차별이 심하다.

영어권 국가들의 특징 중 하나는 인종 차별이 있다는 것이다. 영국은 인종 차별도 심한 편이지만 그보다는 영어 실력과 발음, 억양에 따른 영어 차별이 더 심각하다. 영어의 본고장인 브리티시(British) 특유의 자신감으로 인한 영어 차별은 비영어권 외국인들이 가장 먼저 걱정하고 신경 쓰는 문제이다. 하지만 이러한 부담감은 '주눅 들지 말고 내가 먼저 다가가서 영어를 더 배워야겠다'는 열정을 자극하는 계기로 바꿔 보는 것은 어떨까?

일과 학업의 균형을 맞추기가 어렵다.

영국 워홀러들은 영국에 도착해서 높은 물가와 영어 차별을 체감한 뒤, 어학연수를 받으면서 일자리를 구해서 생활을 하는 경우가 많다. 그러다 보니 가장 많이 나오는 이야기 중 하나가 '여유가 없다'는 것이다. 높은 생활비를 감당하기 위해서는 하루 중 많은 시간을 일하는 데 투자해야 하고, 거기에 어학연수까지 병행한다면 분명 하루 24시간 중에 여유로운 시간이 없을지 모른다.

그러나 영국 워킹홀리데이는 노력한 만큼 성과를 얻을 수 있으므로 조금 더 장기적으로 생각해야 한다. 꾸준한 노력이 뒷받침된다면, 투자한 시간만큼의 영어 실력과 경험을 동시에 쌓아 가며 여유로운 삶을 충분히 기대할 수 있다. 고생에 따른 열매를 반드시 얻을 수 있다는 뜻이다. 여유가 적다는 것은 생각하기 나름이므로 계획적으로 생활한다면 스스로 만족할 수 있는 일상을 보낼 수 있을 것이다.

영국 워킹홀리데이는 분명 단점들이 있지만, 그 몇몇 단점 때문에 포기하기에는 장점이 많은 매력적인 프로그램이다.

영국 워킹홀리데이 계획을 어느 정도 세웠다면, 그다음에는 구체적인 준비가 필요하다. 먼저 영국 워킹홀리데이 비자 준비부터 시작해야 한다.

PART 1 영국 워킹홀리데이 준비

영국 워킹홀리데이 준비 시작하기

여권 준비하기

가장 중요한 준비물이자 없어서는 안 될 준비물은 여권이다. 이미 여권을 가지고 있다면 여권의 유효기간을 확인하고 연장이 필요할 경우 유효기간 연장을 해야 한다. 아직 여권이 없다면 여권 발급을 서둘러야 한다.

여권은 대한민국 국적을 보유하고 있는 국민이라면 누구나 발급받을 수 있다. 18세 미만의 미성년자, 질병이나 장애가 있는 경우가 아니라면 본인이 직접 방문해야 신청이 가능하다. 거주하고 있는 지역에서 가까운 구청·군청·시청 등의 정부기관을 방문하면 된다. 여권 발급을 위해서 신분증(주민등록증, 운전면허증 등), 여권용 사진 1매, 수수료, 이 세 가지를 준비하면 어려움 없이 발급이 가능하다(병역 해당자에 한하여 병역관계서류 준비).

외교부 여권 안내
- 여권 발급 수수료 안내
  - 성인: 만 18세 이상
  - 복수(10년): 26면 – 50,000원 / 58면 – 53,000원
  - 단수(1년): 20,000원
- 여권 발급기관 확인 사이트: www.passport.go.kr/home/kor/substitutional/index.do?menuPos=28

■ 여권법 시행규칙 제3조 [별지 제1호서식]

여 권 발 급 신 청 서

(앞쪽)

※ 뒤쪽의 유의사항을 반드시 읽고 검은색으로 작성하시기 바랍니다.

여권 선택란
※ 아래 여권 종류, 여권 기간, 여권 면수를 선택하여 해당란에 [√] 표시하시기 바랍니다. 표시가 없으면 일반여권의 경우 10년 유효기간의 58면 여권이 발급되며, 자세한 사항은 접수 담당자의 안내를 받으시기 바랍니다.

여권종류	□ 일반 □ 관용 □ 외교관 □ 긴급 □ 여행증명서(□ 왕복 □ 편도)	여권 면수	□ 26 □ 58
여권기간	□ 10년 □ 단수(1년) □ 잔여기간	담당자 문의 후 선택	□ 5년 □ 5년 미만

필수 기재란
※ 뒤쪽의 기재방법을 읽고 신중히 기재하여 주시기 바랍니다.

사 진
- 신청일 전 6개월 이내 촬영한 천연색, 상반신 정면 사진
- 흰색 바탕의 무배경 사진
- 색안경과 모자 착용 금지
- 가로 3.5cm x 세로 4.5cm
- 머리(턱부터 정수리까지) 길이 3.2cm-3.6cm

여권 신청인
- 한글성명
- 주민번호
- 본인연락처 (※ '-' 없이 숫자만 기재)

※ 긴급연락처는 다른 사람의 연락처를 기재하십시오.(해외여행 중 사고발생시 지원을 위하여 필요)

긴급 연락처
- 성명
- 관계 (신청인의)
- 전화번호 (※ '-' 없이 숫자만 기재)

추가 기재란
※ 로마자성명은 여권을 처음 신청하거나 기존의 로마자성명을 변경하는 경우에만 기재하시고, 뒤쪽 아래의 로마자성명 기재방법을 읽고 신중히 기재하여 주시기 바랍니다.

로마자 (대문자)	성
	이름
등 록 기 준 지	※ 담당공무원의 요청이 있을 경우 기재합니다.

선택 기재란
※ 원하는 경우에만 기재합니다.

배우자의 로마자 성(姓)		※ 기재하는 경우 여권에 'spouse of 배우자의 로마자 성'의 형태로 표기되며, 대문자로 기재해 주시기 바랍니다.
점자여권	□ 희망 □ 희망 안 함	※ 시각장애인일 경우에만 네모 칸 안에 [√] 표시하시기 바랍니다.
우편배송 서비스	□ 희망 □ 희망 안 함	(상세주소 기재)

1. 뒤쪽의 유의사항을 확인하고 위의 내용을 작성하였으며, 기재한 내용이 사실임을 확인합니다.
2. 「여권법」 제9조 또는 제11조에 따라 여권의 발급을 신청합니다.

년 월 일

신청인(또는 대리인) 성명   (서명 또는 인)

외 교 부 장 관 귀하

행정정보 공동이용 동의서

본인은 여권 발급 신청과 관련하여 담당 공무원이 「전자정부법」 제36조에 따른 행정정보 공동이용 등을 통하여 본인의 아래 정보를 확인하는 것에 동의합니다. (※ 동의하지 않는 경우에는 신청인 또는 위임받은 사람이 해당 서류를 직접 제출해야 합니다.)

년 월 일

신청인(또는 대리인) 성명   (서명 또는 인)

※ 담당공무원 확인사항 : ① 「병역법」에 따른 병역관계 서류, ② 「가족관계의 등록 등에 관한 법률」에 따른 가족관계등록전산정보자료, ③ 「주민등록법」에 따른 주민등록전산정보자료, ④ 「출입국관리법」에 따른 출입국전산정보자료, ⑤ 장애인증명서

접수 담당자 기재란

접수번호		(영수확인)
특이사항		
심 사 란	접 수 자 / 심 사 자 / 발 급 자	

210mm×297mm[백상지 120g/㎡]

[여권 신청서 앞쪽]

PART 1 영국 워킹홀리데이 준비

(뒤쪽)

유의사항

1. 민원실에 비치된 신청서를 사용하시는 경우에는 반드시 검은색 펜으로 작성하시기 바랍니다.
2. 온라인으로 신청서를 다운로드해 사용하시는 경우에는 반드시 컬러로 인쇄하고 아래를 참고해 작성하시기 바랍니다.
   ※ 여권안내 홈페이지(http://www.passport.go.kr), 법제처 국가법령정보센터(https://www.law.go.kr)에서 인쇄 후 검은색 펜으로 작성하시거나 편집 프로그램을 활용하여 기재 사항을 작성 후 인쇄하시고, 서명은 반드시 검은색 펜으로 하여 주시기 바랍니다.
3. 이 신청서는 기계로 읽혀지므로 접거나 찢는 등 훼손되지 않도록 주의하시기 바랍니다.
4. 유효기간이 남아있는 여권이 있는 상태에서 새로운 여권을 발급받으려면 유효기간이 남아있는 기존 여권을 반드시 반납해야 합니다. 새로운 여권이 발급되면 여권번호는 바뀝니다.
5. 사진은 여권 사진 규정에 부합해야 하며, 여권용 사진 기준에 맞지 않는 사진에 대해서는 보완을 요구할 수 있습니다.
6. 로마자성명 기재방법은 아래 별도 설명을 참고하시기 바랍니다.
7. 신청서에 기재한 본인 연락처는 여권법 시행령 제45조에 따라 여권 유효기간 만료 등 알림서비스에 활용됩니다. 다만, 국내 휴대전화가 아닌 연락처에 대해서는 알림서비스 제공이 불가하오니 양해하여 주시기 바랍니다.
8. 무단으로 다른 사람의 서명을 하거나 거짓된 내용을 기재할 경우 「여권법」 등 관련 규정에 따라 처벌을 받게 되며, 여권명의인도 불이익을 받을 수 있습니다.
9. 단수여권과 여행증명서는 유효기간이 1년 이내로 제한됩니다. 단수여권으로는 발급지 기준 1회만 출·입국할 수 있으며, 여행증명서로는 표기된 국가만 여행할 수 있습니다.
10. 18세 미만인 사람은 법정대리인 동의서를 제출해야 하며, 유효기간 5년 이하의 여권만 발급받을 수 있습니다.
11. 여권 발급을 신청한 날부터 수령까지 처리 기간은 근무일 기준 통상 8일(국내 기준)입니다. 다만, 여권 발급 신청이 급증하는 경우 등 상황에 따라서는 부득이하게 처리 기간이 지연될 수 있습니다.
12. 발급된 지 6개월이 지나도록 찾아가지 않는 여권은 「여권법」에 따라 효력이 상실되며 발급 수수료도 반환되지 않습니다.
13. 여권은 해외에서 신원확인을 위해 매우 중요한 신분증이므로 이를 잘 보관하시기 바랍니다.
14. 여권을 잃어버린 경우에는 여권의 부정사용과 국제적 유통을 방지하기 위하여 여권사무 대행기관이나 재외공관에서, 또는 온라인으로 분실신고를 하시기 바랍니다. 분실신고가 된 여권은 되찾았다 하더라도 다시 사용할 수 없습니다.

로마자성명 기재 유의사항

1. 여권의 로마자성명은 해외에서 신원확인의 기준이 되며, 「여권법 시행령」에 따라 정정 또는 변경이 엄격히 제한되므로 신중하고 정확하게 기재해야 합니다.
2. 여권의 로마자성명은 가족관계등록부에 등록된 한글성명을 문화체육관광부장관이 정하여 고시하는 표기 방법에 따라 음절 단위로 음역(音譯)에 맞게 표기하며, 이름은 각 음절을 붙여서 표기하는 것을 원칙으로 하되 음절 사이에 붙임표(-)를 쓸 수 있습니다.
3. 여권을 처음 발급받는 경우 특별한 사유가 없을 때는 이미 여권을 발급받아 사용 중인 가족(예:아버지)의 로마자 성(姓)과 일치시키기를 권장합니다.
4. 여권의 로마자성명은 여권을 재발급받는 경우에도 동일하게 표기되며[배우자 성(姓) 표기 및 로마자성명 띄어쓰기 포함], 「여권법 시행령」 제3조의2제2항에서 규정된 사유에 한정하여 예외적으로 정정 또는 변경할 수 있습니다.

처리절차

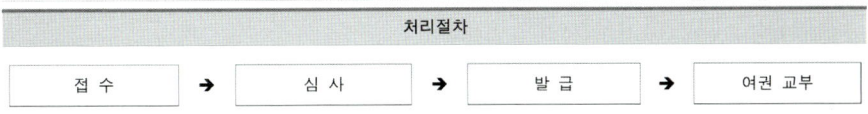

210mm×297mm[백상지 120g/㎡]

[여권 신청서 뒤쪽]

여권 발급 시 자주 묻는 질문 FAQ

Q. 여권 신청은 반드시 주민등록지 관할 시·군·구청에서 해야 하나요?
A. 그렇지 않습니다. 주민등록지와 상관없이 전국 지방자치단체에 설치된 250여 개 여권 사무 대행기관에서 접수가 가능합니다.

Q. 다른 사람이 대신하여 여권을 신청할 수 있나요?
A. 만 18세 이상 성인의 경우 여권 발급 신청은 반드시 본인이 직접 하여야 합니다(여권법 제9조).
단, ① 의전상 필요한 경우, ② 본인이 직접 신청할 수 없을 정도의 신체적·정신적 질병, 장애나 사고 등으로 인하여 대리인에 의한 신청이 특별히 필요한 경우, ③ 18세 미만인 미성년자인 경우에는 대리인을 통한 신청이 가능합니다.

Q. 개명이나 주민등록번호가 정정된 경우의 여권 발급 절차는 어떻게 되나요?
A. 기존 가족관계등록부 및 주민등록등본 등의 증명 서류의 변경된 이름이나 주민등록번호를 수정하고 주민등록증을 갱신발급받은 뒤, 변경된 주민등록증을 제시하여 새로운 여권으로 발급 신청을 하면 됩니다.

Q. 현역 복무 중인 군인은 어떻게 여권을 발급받아야 하나요?
A. 유효기간이 10년인 복수여권을 발급받을 수 있으며, 여권 신청 기본 서류는 다음과 같습니다.
- 여권발급신청서
- 여권용 사진 1매(6개월 이내 촬영)
- 신분증
- 수수료

PART 1 영국 워킹홀리데이 준비

Q. 전자여권 취급 시 주의사항은 무엇인가요?
A. 표지를 심하게 휘거나 스테이플러를 찍을 경우 내장된 칩과 안테나가 훼손될 수 있으니 취급에 주의하시기 바랍니다. 또한 여권 표지에 커버(케이스) 등을 씌워 사용하는 경우, 출입국 심사 시 판독을 위해 커버 등을 벗기는 과정에서 표지가 휘거나 접힐 수 있으므로 각별한 주의를 요합니다.

Q. 여권 분실 시에는 어떻게 해야 하나요?
A. 여권을 분실하였을 경우는 즉시 가까운 여권 발급기관(전국 249개 광역 및 기초자치단체)에 여권 분실 사실을 신고하시기 바랍니다. 해외여행 중 여권을 분실하였을 경우는 가까운 대사관 또는 총영사관에 여권 분실 신고를 하고 여행증명서나 단수여권을 발급받으시기 바랍니다.

영국 워킹홀리데이 공지 확인하기

여권 발급을 마쳤다면 다음으로 할 일은 영국 워킹홀리데이 공지를 확인하고 관련 서류들을 준비하는 것이다. 영국 국경청 홈페이지 GOV.UK에서 영국 워킹홀리데이 공지 및 정보를 미리 확인하자. 영국 국경청 홈페이지의 워킹홀리데이 공지는 외교부 워킹홀리데이 인포센터 홈페이지에서도 확인할 수 있다.

[영국 국경청 워킹홀리데이 공지]

[외교부 워킹홀리데이 인포센터 공지]

PART 1 영국 워킹홀리데이 준비

목적
대한민국과 영국 간의 청년 교류를 통한 양국의 우호관계 증진 및 세계적 안목을 갖춘 글로벌 인재 양성

개요
대한민국 청년들이 다양한 경험과 도전 등을 통해 글로벌 인재로서의 자질을 함양할 수 있도록 최대 2년까지 영국에서의 체류를 허가하는 제도(부양가족 동반 불가 및 취업제한 업종 있음)

YMS 참가 신청 방법 및 절차
1) UK Visas & Immigration 웹사이트에서 YMS 비자 신청서 작성(사증 수수료 결제 및 건강 부담금 지불)
   → 비자 신청서 작성 시 영국 비자 지원센터 방문 예약일 지정
2) 결핵 검사(영국정부 지정 병원에서만 가능)
3) 영국 비자 지원 센터 방문(구비서류 지참)

YMS 신청 자격 조건(2024년 공지 기준)
- 대한민국 국민으로 만 18~35세
   → 영국 청년교류제도 비자 신청서 작성 시, 만 18세 이상부터 만 36세 미만
- 영국에 입국 후 초기 체류를 위한 경비(2,530파운드 이상)를 가진 자
- 영국 및 한국에서 범죄경력이 없는 자
- 이전에 YMS 비자를 발급받은 적이 없는 자

 워킹홀리데이 공지 바로 확인하기

영국 워킹홀리데이(청년교류제도, YMS) 준비하기

UKVI(영국비자이민국)은 연간 쿼터 5,000명에게 선착순으로 비자를 발급한다. 신청 개시일(2024년 기준 1월 31일)로부터 비자 수수료 및 건강 부담금의 결제까지 마치는 시점에 5,000명 안에 포함되어야 한다.

그동안 무작위로 추첨하여 신청 인원을 결정했으나, 2024년부터 신청 방법이 변경되어 개시일로부터 인원 마감 시까지 신청한 인원에게 비자를 발급해 준다. 인원 마감일을 알 수 없으므로 비자를 안전하고 확실하게 발급받기 원한다면 일찍 신청하는 것이 좋다.

[YMS 비자]

PART 1 영국 워킹홀리데이 준비

YMS란?

YMS는 영국 워킹홀리데이의 정식 명칭인 'Youth Mobility Scheme(청년교류제도)'의 약자이다. 우리나라는 현재 23개 국가와 워킹홀리데이를, 1개 국가와 YMS를 체결하고 있다. 워킹홀리데이와 YMS에 큰 차이가 있는 것은 아니지만, 영국 워킹홀리데이의 정식 명칭인 YMS를 이해한다면 영국 워킹홀리데이 준비가 한결 수월해질 것이다.

2020년부터 정부후원보증서(COS)가 사라졌으며, 2024년부터는 선발 인원과 나이 조건이 변경되었다. 개편 전의 영국 워킹홀리데이 준비 절차를 보고 워홀을 준비하면, 떠나고자 하는 시기나 비자 발급에 문제가 생길 수 있으니 새로이 바뀐 내용과 절차를 보며 꼼꼼하게 준비하도록 하자.

> **YMS 비자 신청**
> - YMS 비자 신청 관련 절차는 예고 없이 변경될 수 있으며, 비자 신청 전 반드시 영국 YMS 비자 안내 웹페이지에서 확인 요망(www.gov.uk/youth-mobility)
>   ※ 건강 부담금: 1,552파운드(776파운드×2년=1,552파운드)(예고 없이 변동될 수 있으므로 상시 확인 요망)
>   ※ 비자 발급 수수료: 298파운드(예고 없이 변동될 수 있으므로 상시 확인 요망)
>   ※ 온라인 신청 시 예상 영국 입국일 및 영국 비자 지원센터 방문 예약일 지정
> - 기타 참고사항
>   병역의무자(미필자)의 경우 영국 YMS 비자 신청 전 병무청에 국외여행 허가 및 여권 연장 관련 사항 반드시 문의(1588-9090, www.mma.go.kr)

영국 워킹홀리데이(YMS) 신청 서류

1. 결핵 검사 진단서

한국은 세계보건기구에서 지정한 결핵 발생 위험국에 속한다. 그러므로 영국에서 6개월 이상 체류하고자 한다면 결핵에 걸리지 않았더라도 반드시 검사를 받고 비자 신청 과정에서 결핵 검사 진단서를 제출해야 한다.

결핵 검사 진단서는 영국 워킹홀리데이뿐만 아니라 학생비자로 영국에 입국할 경우에도 제출해야 한다. 영국 국경청이 지정한 병원에서 결핵 검사를 받고 진단서를 발급받아야 하므로 미리 지정 병원을 확인해야 한다.

결핵 검사 진단서는 병원의 예약 상황에 따라 발급까지 시간이 오래 걸릴 수 있으니 비자 발급을 고려 중이라면 미리 결핵 검사를 예약해 두는 것도 괜찮은 방법이다.

- 결핵 검사 면제 조건

결핵 발생 위험국을 떠나서 결핵 발생 위험국이 아닌 국가에서 6개월 이상 체류했다면 결핵 검사가 면제된다. 따라서 대한민국을 떠나서 결핵 발생 위험국이 아닌 국가에서 6개월 이상 체류했다면 결핵 검사를 받지 않아도 무방하다. 반대로 결핵 발생 위험국이 아닌 국가에서 6개월 이상 체류하다가, 결핵 발생 위험국을 하루라도 방문한다면 결핵 검사를 받아야 한다.

결핵 발생 위험국 리스트는 아래의 페이지에서 확인할 수 있다.

www.gov.uk/tb-test-visa/countries-where-you-need-a-tb-test-to-enter-the-uk

Check if you need a TB test for your visa application

You'll need to have a tuberculosis (TB) test if all of the following are true:

- you're coming to the UK for 6 months or more
- you've lived in any of these listed countries for 6 months or more
- you were living there (or another listed country) within the last 6 months

If you're coming to the UK for less than 6 months, you'll still need a TB test if you're applying for a Returning Resident visa, or a family visa as a fiancé, fiancée or proposed civil partner.

PART 1 영국 워킹홀리데이 준비

결핵 검사 지정병원(두 병원 모두 인터넷으로 예약 가능)

- 강남 세브란스 병원(gs.severance.healthcare)
  - 주소: (우 06273) 서울시 강남구 언주로 211(도곡동 146-92)
  - 전화: 1599-6114
- 연세 세브란스 병원(sev.severance.healthcare)
  - 주소: (우 03722) 서울시 서대문구 연세로 50-1
  - 전화: 1559-1004
- 결핵 검사 준비물
  - 여권(유효기간이 6개월 이상 남아 있어야 함)
  - 여권용 또는 반명함판 사진 2매(최근 6개월 이내 촬영)
  - 영국 내 체류 예정 주소, 우편번호
  - 한국 주소지(영문)
  - 수수료(강남 세브란스 110,450원, 연세 세브란스 113,000원)

[결핵 검사 진단서]

2. 본인 명의 잔고 증명서(2,530파운드 이상) 및 거래 내역서(28일 이상 유지)

어느 나라로든 워킹홀리데이를 떠난다면 체류할 수 있을 정도로 충분한 자금을 가지고 있다는 것을 잔고 증명서를 통해 증명해야 한다. 국가마다 환율이나 물가에 차이가 있기 때문에 잔고 증명서에서 기준으로 삼는 금액이 각각 다른데, 영국 워킹홀리데이를 위해서는 2,530파운드 이상의 금액을 소지하고 있어야 한다. 잔고 증명서는 반드시 영문으로 출력해야 하니 꼭 기억해 두도록 하자.

가장 많이 하는 질문 중 하나는 본인 명의의 은행 잔고 증명서를 영문으로 출력했는데, 화폐 단위가 달러로 발급될 경우에는 어떻게 해야 하는가이다. 달러로 발급됐을 경우, 은행에 파운드로 변경해서 출력해 달라고 요청하면 된다. 달러로 출력할 시 환율에 따라 금액이 변동될 수 있기 때문에 파운드로 출력하는 것이 가장 좋은 방법이다.

본인 명의의 잔고 증명서는 YMS 신청일 기준으로 1개월 이내에 발급된 것이어야 하므로, 비자 센터 방문 날짜를 확인한 뒤에 준비해도 된다. 잔고 증명서를 발급 받은 당일에는 입출금이 불가능하고, 그 이후에는 자유롭게 입출금이 가능하다.

또한 잔고 증명서와 함께 28일치의 거래 내역서도 발급받아야 한다. 거래 내역서는 잔고 증명서 발급일과 동일하게 발급받으면 되며 28일 동안 잔고가 2,530파운드 이하로 내려가서는 안 된다.

PART 1 영국 워킹홀리데이 준비

NongHyup Bank

ISSUE NO. 0010807601   2012- **0133751**

DATE : 2015 · 12 · 04 (14:31:26)

CERTIFICATE OF DEPOSIT BALANCE

TO(NAME) : JEONG CHAERRY

ACCOUNT NO.	TITLE OF DEPOSIT BALANCE		UNCOLLECTED CHECK & BILLS	CONNECTED LOAN
SAVINGS DEPOSITS 000-00-00000000	KRW	7,157,709	0	0
	GBP	4,049.48	0.00	0.00

We hereby certify that your deposit in our office as of the close of the business on ~~2015.12.04~~ is as upwards.

TOTAL GBP AMOUNT
(4,049.48)

AUDITOR	CHIEF MANAGER

YOURS TRULY

PYEONGCHON BR.   BRANCH, KOREA

AUTHORIZED SIGNATURE

The certificate of bank balances details can be inquired from "Check Issuance of Balance Certificate" on the first page of the NACF internet banking website.
(http://banking.nonghyup.com)

ⓝNH농협은행

[은행 잔고 증명서]

YMS 온라인 신청서 작성 따라 하기

각 항목은 개개인의 체크 내역에 따라 따라 변경될 수 있다. 여기서 다루지 않은 항목을 기입해야 할 수도 있고, 이 책에서 다룬 내용이 신청서 작성 시에는 기입해야 할 항목으로 노출되지 않을 수도 있다.

1. 신청 홈페이지(www.gov.uk/youth-mobility/apply) 접속

안내 창에서 'Apply online'를 클릭한다.

PART 1 영국 워킹홀리데이 준비

2. 영국 내 거주 계획 확인

'England, Scotland, Wales or Northern Ireland'를 선택한다.

3. EU, EEA, 스위스 여권 소지 여부 확인

'No'를 선택한다.

21

4. 비자 센터 방문 국가 선택

온라인 신청서 작성 후 방문할 비자 센터를 선택한다. 한국에서 비자 신청을 하고 비자 센터에 방문할 예정이라면 'Korea, South(Republic of Korea)'를 선택한다.

5. 해당 국가 비자 센터 방문 가능 여부 재확인

'I have identified the location where I will provide my biometrics(or I am unable to provide my biometrics at any location).'를 선택한다.

PART 1 영국 워킹홀리데이 준비

6. YMS 비자 기본 안내

'Apply now'를 눌러 신청을 진행한다.

Temporary Worker or Youth Mobility Scheme visa

You cannot add family members ('dependants') to this application. You must complete a separate form for your dependants, if you are applying under a route which allows dependants.

You can use this form to apply for a Temporary Worker or Youth Mobility Scheme visa.

Before you start

Before you start your application, read the guidance for your category type:

- Charity Worker
- Creative Worker
- Government Authorised Exchange
- International Agreement
- Religious Worker
- Seasonal Worker
- Youth Mobility Scheme

The guidance includes information on eligibility, how long you can stay, fees and documents you must provide with your application.

Certificate of Sponsorship

All of these routes require a Certificate of Sponsorship, apart from the Youth Mobility Scheme.

You should make sure that you have your Certificate of Sponsorship (your sponsor will give this to you) available when you apply. It has information you will need to complete the form.

How to apply

To apply for a Temporary Worker or Youth Mobility Scheme visa, you need to:

- complete the application form and answer in English
- pay the health surcharge (unless you are applying for a Seasonal Worker visa)
- pay the visa fee
- provide your biometrics (fingerprints and facial photograph) for a biometric residence permit

If you are inactive for 25 minutes you will be automatically logged out. You will be able to save your application and come back to it another time if you need to.

Biometric information

As part of the application process, you are also required to apply for a biometric immigration document, commonly known as a biometric residence permit (BRP).

How we use your data

The Home Office will use the personal information you provide to consider your application. We may also share your information with other public and private sector organisations in the UK and overseas. For more detail please see the Privacy Notice for the Border, Immigration and Citizenship system. This also sets out your rights under the Data Protection Act 2018 and explains how you can access your personal information and complain if you have concerns about how we are using it.

  클릭

7. 이메일 등록

이메일 주소를 입력한 뒤 'An email will be sent to:' 아래에 동일한 주소가 입력되는지 확인한다.

PART 1 영국 워킹홀리데이 준비

8. 비자 카테고리 선택

'Youth Mobility Scheme'를 선택한다.

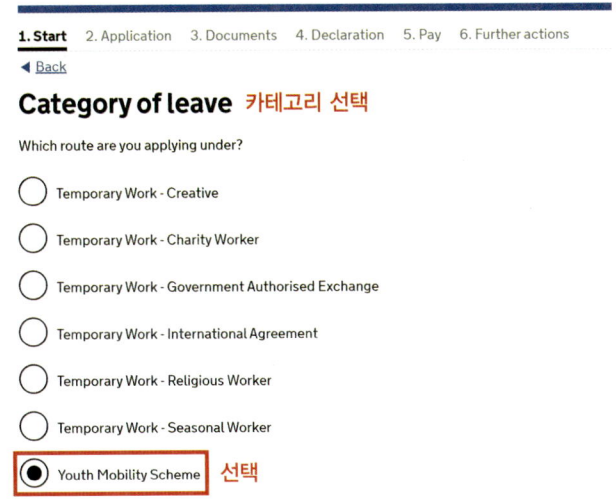

9. 입력 내용 확인

입력한 내용을 확인 후 문제없으면 'Continue'를 선택한다.

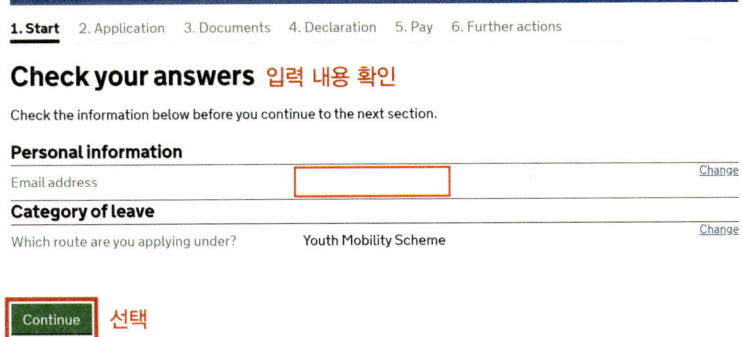

25

10. 이메일 소유자 확인

다시 한번 이메일 주소를 확인한 뒤, 이메일 주소가 누구 것인지 묻는 항목에서 'You'를 선택한다.

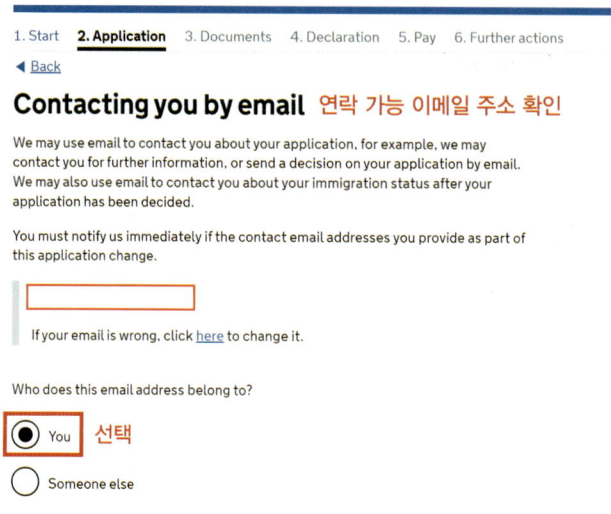

11. 다른 이메일 추가 여부 확인

이메일 추가를 원치 않는다면 'No' 선택 후 다음으로 진행한다.

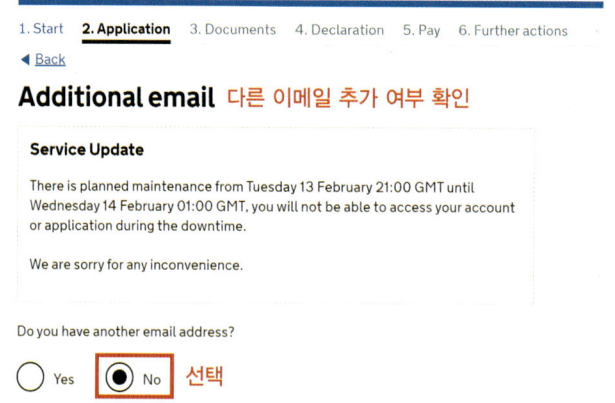

PART 1 영국 워킹홀리데이 준비

12. 핸드폰 번호 입력

핸드폰 번호를 입력한 후, 입력한 번호를 어디에서 사용하는지 묻는 항목에서 'For use whilst out of the UK(영국 외에서 사용)'를 선택한다. 어떤 전화번호인지 묻는 항목에서는 'Mobile telephone number(핸드폰 번호)'를 선택한다.

---

1. Start **2. Application** 3. Documents 4. Declaration 5. Pay 6. Further actions

◀ Back

Your telephone number 전화번호 입력

We may contact you by telephone if we have any further questions about your application, or about your immigration status after your application has been decided.

You must notify us immediately if the contact telephone number(s) you provide as part of this application change.

Provide your telephone number

Only include numbers, and for international numbers include the country code. You will be able to add any additional telephone numbers after you click 'Save and continue'.

`821012345678`   전화번호 입력(82 10 1234 5678 형태)

Where do you use this telephone number?

You can select more than one option

☐ For use whilst in the UK

☑ For use whilst out of the UK

Select whether this is your home, mobile or work telephone number

You can select more than one option

☐ Home telephone number

☐ Business telephone number

☑ Mobile telephone number

27

13. 추가 핸드폰 번호 등록

다른 핸드폰 번호를 추가할 수 있는 항목이다. 추가할 번호가 없다면 'No' 선택 후 다음으로 진행한다.

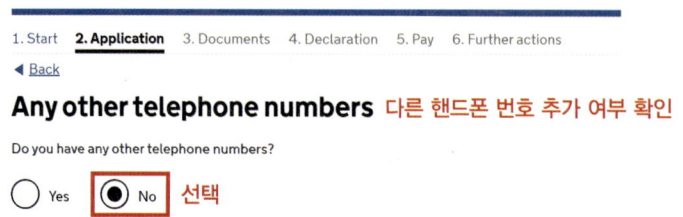

14. 핸드폰 연락 가능 여부 확인

입력한 핸드폰 번호로 연락이 가능한지 선택해야 한다. 전화와 문자 모두 가능하다면 첫 번째 항목을 선택한다.

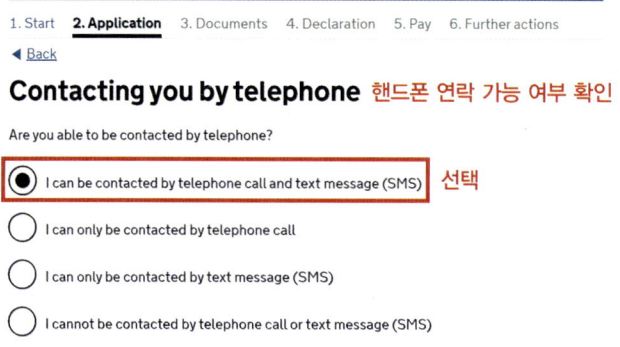

PART 1 영국 워킹홀리데이 준비

15. 이름 입력

여권상 영문 이름, 여권상 영문 성을 차례로 입력한다.

16. 다른 이름 유무 확인

다른 이름을 사용하는지 확인한다.

17. 성별, 결혼 여부 선택

신청자 본인의 성별과 결혼 여부를 선택한다.

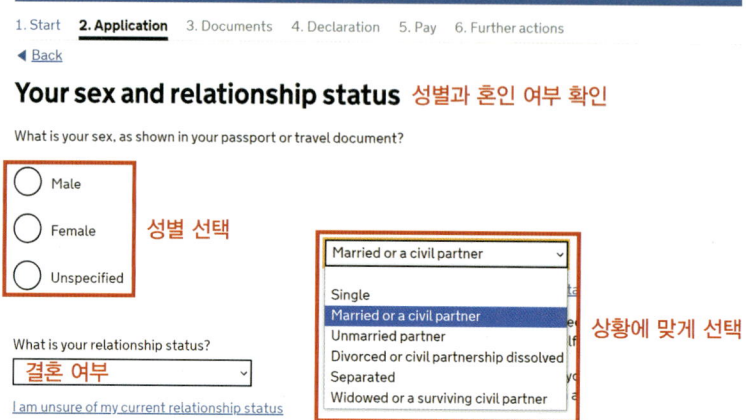

18. YMS 신청 대상 국가 확인

신청자 본인이 YMS 신청 가능 국가의 국적을 가졌는지 확인하는 항목이다. 'Yes' 선택 후 다음으로 진행한다.

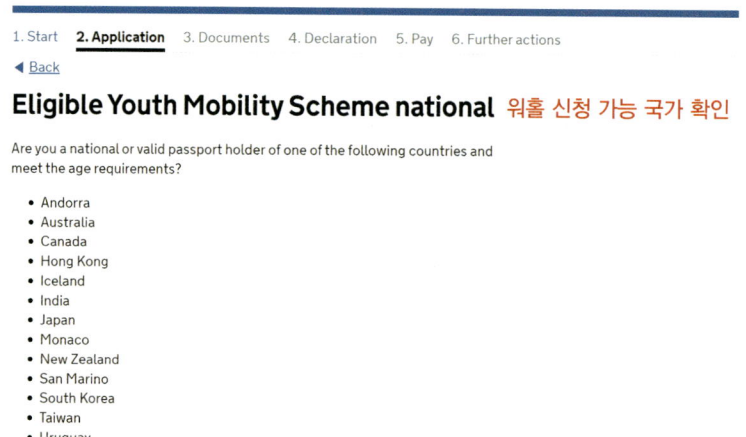

PART 1 영국 워킹홀리데이 준비

19. YMS 발급받은 이력 여부 확인

워킹홀리데이 비자는 각 나라별로 단 한 번 발급되는 것이므로 이전에 영국 YMS 비자를 발급받은 적이 없어야만 신청이 가능하다.

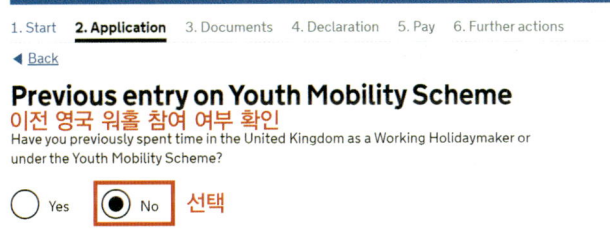

20. 주소 입력

한국 내에서 거주 중인 현재의 거주지 주소를 입력한다.

31

21. 거주 상태 확인

입력한 거주지에서의 거주 상태를 입력한다.

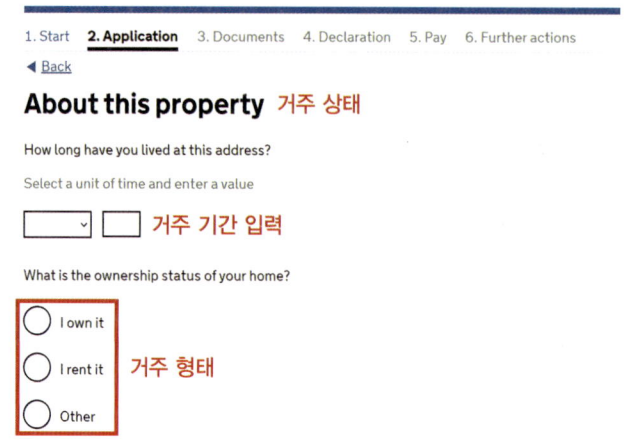

22. 여권 정보 입력

PART 1 영국 워킹홀리데이 준비

23. 신분증 정보 입력

1. Start **2. Application** 3. Documents 4. Declaration 5. Pay 6. Further actions

◀ Back

Your identity card 신분증 정보 입력(운전면허증 불가)

Service Update

There is planned maintenance of the Immigration Health Surcharge (IHS) site on Thursday 22 February from 03:00 GMT until 08:00 GMT. You will not be able to complete your application during this time.

Do you have a valid national identity card?

This includes identity cards, issued from non-UK governments. This does not include driving licences. If you have an internal passport, provide the details here.

선택 (●) Yes   ( ) No

National identity card number
Provide the number as shown on your identity card

[   ] 주민등록번호

Issuing authority
On your identity card, this could also be referred to as 'country of issue' or 'place of issue'.

[   ] 발급기관

Issue date (if applicable)

Enter date in the format DD MM YYYY

Day Month Year
[ ] [ ] [   ] 주민등록증 발급 날짜

Expiry date (if applicable)

Enter date in the format DD MM YYYY

Day Month Year
[ ] [ ] [   ]

33

24. 국적, 생년월일 입력

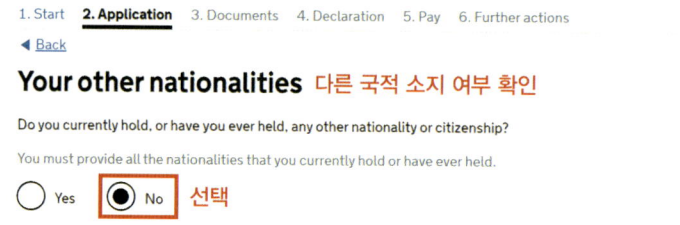

25. 다른 국적 소지 여부 확인

26. 언어 선택

'English' 선택. 'Other'를 선택하면 신청자가 선택한 언어가 보장되지 않으며 영어로 소통해야 할 것이라는 안내가 노출된다.

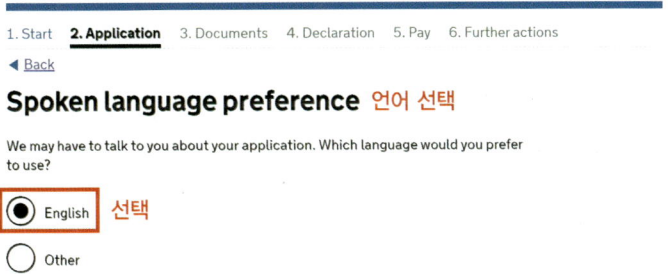

27. 재정상태 확인

신청자에게 경제적으로 의존하고 있는, 부양해야 할 사람이 있는지 묻는 항목이다. 안내 사항을 확인한 후 'No'를 선택한다.

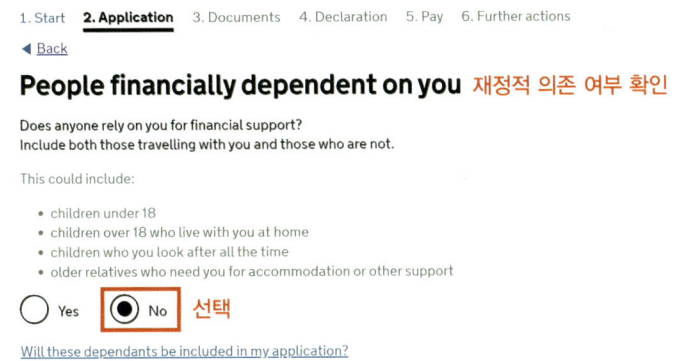

28. 부모님 정보 입력

관계 선택 후, 부모님의 정보를 입력한다. 입력할 정보가 없다면 'What if I do not have my parents' details?'를 선택, 노출되는 체크박스에 체크하면 된다.

1. Start   **2. Application**   3. Documents   4. Declaration   5. Pay   6. Further actions

◀ Back

Give details about your first parent 부모님 정보 입력

Give details about 2 of your parents.

What if I do not have my parents' details?

What is this person's relationship to you?

◯ Mother

◯ Father

Given names
[_____] 부모님 이름

Family name
[_____] 부모님 성

If they do not have both a given and family name, enter their name(s) in the Given names field.

Date of birth
Enter date in the format DD MM YYYY

Day Month Year
[__] [__] [____] 부모님 생년월일

Country of nationality
[_____] 부모님 국적

Have they always had the same nationality?

선택 ⦿ Yes   ◯ No

PART 1 영국 워킹홀리데이 준비

29. 영국 거주 중인 가족 유무 확인

1. Start   **2. Application**   3. Documents   4. Declaration   5. Pay   6. Further actions

◀ Back

Family who live in the UK   영국 거주 가족 유무 확인

Service Update

There is planned maintenance of the Immigration Health Surcharge (IHS) site on Thursday 22 February from 03:00 GMT until 08:00 GMT. You will not be able to complete your application during this time.

Do you have any family in the UK?

This includes:

- immediate family - such as spouse, civil partner, parents or children
- grandparents or grandchildren
- your spouse or civil partner's family
- your child's spouse, civil partner or partner
- your partner, if you have lived with them for 2 out of the last 3 years

  선택

30. 특정 그룹의 구성원으로 방문 여부 확인

1. Start   **2. Application**   3. Documents   4. Declaration   5. Pay   6. Further actions

◀ Back

특정 그룹의 구성원으로 방문 여부 확인
Travelling as part of an organised group

Will you be travelling to the UK as part of an organised group?

This include travel companies or sports, work, or study groups.

  선택

37

31. 다른 사람과 동반 입국 여부 확인

32. 영국 내 체류 예정 주소 입력

영국 내에서 체류할 곳의 우편번호와 주소를 입력한다.

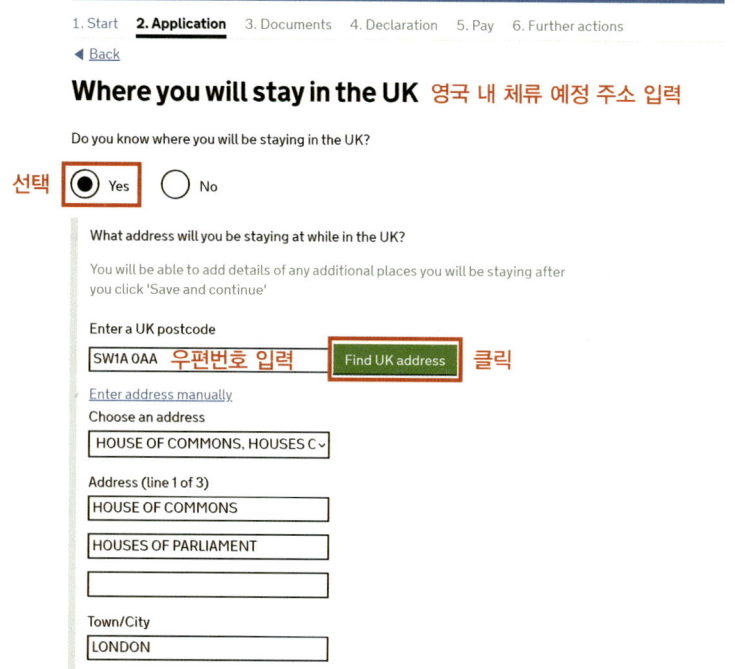

33. 다른 체류 예정 주소 입력

34. 영국 방문 기록

최근 10년 이내에 영국에 입국한 적이 있는지 적는 항목이다. 해당되는 항목을 선택한 후 정보를 입력한다. 'Yes' 선택 시 다음 페이지에서 가장 최근 영국 방문 정보를 입력한다.

35. 영국 비자발급 기록

영국에서 비자를 발급받은 적이 있는지 확인하는 항목이다. 해당되는 항목을 선택한 후 정보를 입력한다.

1. Start **2. Application** 3. Documents 4. Declaration 5. Pay 6. Further actions
◀ Back

Your most recent time in the UK Yes 선택 시, 영국 체류 기록 입력

Select why you were in the UK: 영국 체류 목적 선택

○ Tourism (including visiting family and friends) 여행

○ Work 취업

○ Study 학업

○ Transit (travelling through the country) 경유

○ Other reason 기타

Date you arrived in the UK 영국 입국 날짜

Enter date in the format MM YYYY

Month Year
[   ] [   ] 년/월 입력

How long were you in the UK? 영국 체류 기간

Select a unit of time and enter a value

[▾] [   ]

---

1. Start **2. Application** 3. Documents 4. Declaration 5. Pay 6. Further actions
◀ Back

Medical treatment in the UK Yes 선택 시, 영국 진료 경험 유무 확인

Have you ever been given medical treatment in the UK?

For example, if you visited a doctor, clinic or hospital, this counts as having medical treatment

○ Yes   ○ No

PART 1 영국 워킹홀리데이 준비

1. Start   **2. Application**   3. Documents   4. Declaration   5. Pay   6. Further actions
◀ Back

UK leave to remain   Yes 선택 시, 영국 내 비자 신청 여부 확인

Have you applied for leave to remain in the UK in the past 10 years?

◯ Yes   ◯ No

What is leave to remain?

---

1. Start   **2. Application**   3. Documents   4. Declaration   5. Pay   6. Further actions
◀ Back

National Insurance numbers   Yes 선택 시, NI 넘버 발급 여부 확인

Do you have a UK National Insurance number?

◯ Yes   ◯ No

---

1. Start   **2. Application**   3. Documents   4. Declaration   5. Pay   6. Further actions
◀ Back

Driving licence   Yes 선택 시, 영국 운전면허 발급 여부 확인

Do you have a UK driving licence?

◯ Yes   ◯ No

---

1. Start   **2. Application**   3. Documents   4. Declaration   5. Pay   6. Further actions
◀ Back

Public funds   Yes 선택 시, 영국 공공 요금 수령 여부 확인

Have you received any public funds (money) in the UK?

This includes benefits for people on low incomes, housing or child benefit
If you are applying from inside the UK, you only need to tell us about the public funds
you have received since you were last granted permission

◯ Yes   ◯ No

36. 호주, 캐나다, 뉴질랜드, 미국, 스위스, EEA 방문 기록

최근 10년 이내에 위 국가에 방문한 적이 있는지 확인하는 항목이다. 방문 경험이 있을 경우에는 다음 페이지에서 방문 세부 정보를 입력한다.

---

1. Start   **2. Application**   3. Documents   4. Declaration   5. Pay   6. Further actions

◀ Back

Travel to Australia, Canada, New Zealand, USA, Switzerland or the European Economic Area 호주, 캐나다, 뉴질랜드, 미국, 스위스, EEA 국가 방문 여부 확인

How many times have you visited the following places in the past 10 years?

- Australia
- Canada
- New Zealand
- USA
- Switzerland
- European Economic Area (do not include travel to the UK)

Which countries are part of the European Economic Area (EEA)?

◯ Zero

◯ Once

◯ 2 to 5 times

◯ 6 or more times

PART 1 영국 워킹홀리데이 준비

1. Start   **2. Application**   3. Documents   4. Declaration   5. Pay   6. Further actions

◀ Back

Details of your most recent travel
방문 기록 있을 시, 여행 기록 작성

❗ This is about your most recent visit to either Australia, Canada, New Zealand, USA, Switzerland or the European Economic Area

Which country did you visit?

Which countries are part of the European Economic Area (EEA)?

○ Australia

○ Canada

○ New Zealand

○ USA

○ European Economic Area and Switzerland

What was the reason for your visit?

○ Tourism (including visiting family and friends)

○ Work

○ Study

○ Transit (travelling through the country)

○ Other reason

Date of visit

Enter date in the format MM YYYY

Month Year
☐   ☐   방문 시기

How long was your visit?

Select a unit of time and enter a value

☐ ☐   체류 기간

43

37. 그 외 국가 방문 기록

앞선 페이지에서 제시되지 않은 국가에 방문한 적이 있는지 확인하는 항목이다. 최근 10년 이내에 다른 국가에 방문한 적이 있다면 다음 페이지에서 세부 정보를 입력한다.

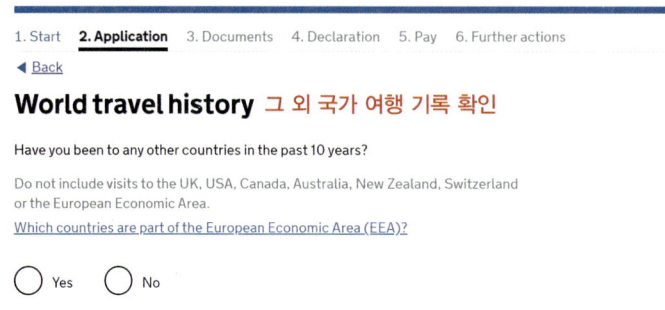

38. 비자 시작일 지정

비자 시작일은 신청서 작성 날짜 기준 6개월 뒤까지 지정할 수 있으며, 비자 시작일로부터 90일 이내에 영국에 입국해야 한다. 6개월보다 더 먼 날짜로 지정할 시, 임의의 날짜로 비자가 발급되니 주의해야 한다.

PART 1 영국 워킹홀리데이 준비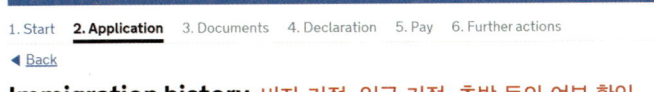

39. 비자 거절, 추방 기록

40. 영국 이민법 위반 기록

45

41. 범죄 경력 유무

1. Start **2. Application** 3. Documents 4. Declaration 5. Pay 6. Further actions

◀ Back

Convictions and other penalties 범죄 경력 유무 확인

At any time have you ever had any of the following, in the UK or in another country?

Only select one answer at a time. If you need to give more than one answer, you can do so on another page.

○ A criminal conviction

○ A penalty for a driving offence, for example disqualification for speeding or no motor insurance

○ An arrest or charge for which you are currently on, or awaiting trial

○ A caution, warning, reprimand or other out-of-court penalty

○ A civil court judgment against you, for example for non payment of debt, bankruptcy proceedings or anti-social behaviour

○ A civil penalty issued under UK immigration law

● No, I have never had any of these 선택

You must tell us about spent as well as unspent convictions. You must tell us about any absolute or conditional discharges you have received for an offence.

42. 전쟁범죄 유무

1. Start **2. Application** 3. Documents 4. Declaration 5. Pay 6. Further actions

◀ Back

War crimes 전쟁 범죄 유무 확인

You must read all of the information on this page before answering.

War crimes

전쟁 범죄, 반인도적 범죄, 집단 학살 연루 여부 확인
In either peace or war time have you ever been involved in, or suspected of involvement in, war crimes, crimes against humanity, or genocide?

○ Yes   ● No 선택

체크 ☑ I have read all of the information about war crimes, including the guidance

46

PART 1 영국 워킹홀리데이 준비

43. 테러 활동 유무

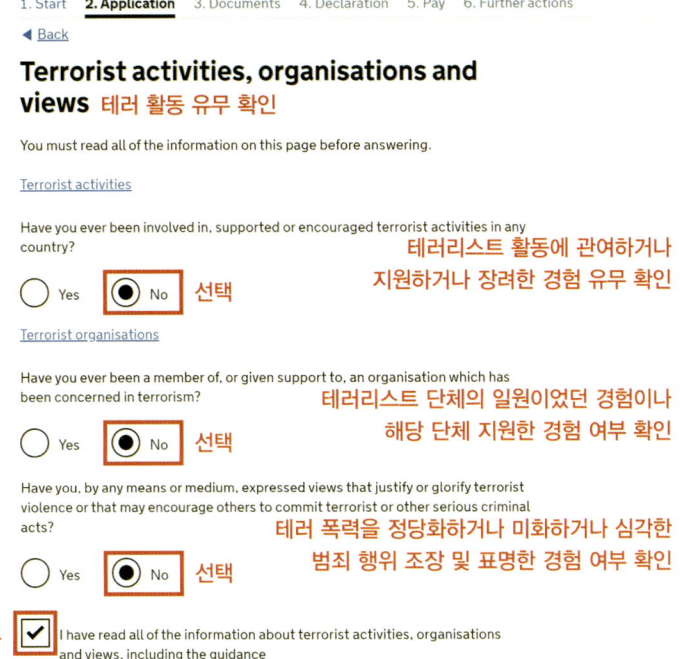

44. 극단주의 단체와의 관련 여부

1. Start **2. Application** 3. Documents 4. Declaration 5. Pay 6. Further actions

◀ Back

Extremist organisations and views — 극단주의 단체와의 관련 여부 확인

You must read all of the information on this page before answering.

Extremist organisations

Have you ever been a member of, or given support to, an organisation which is or has been concerned with extremism? — 극단주의 단체의 회원이었던 경험이나 지원한 경험, 관심 유무 확인

○ Yes ●No 선택

Extremist views

Have you, by any means or medium, expressed any extremist views? — 극단주의 견해를 매체를 통한 표현 유무 확인

○ Yes ●No 선택

체크 ☑ I have read all of the information about extremist organisations and views, including the guidance

45. 좋은 성품을 가진 사람인지 확인

1. Start **2. Application** 3. Documents 4. Declaration 5. Pay 6. Further actions

◀ Back

Person of good character 좋은 성품을 가진 사람인지 확인

Have you, as a part of your employment or otherwise, undertaken paid or unpaid activity on behalf of a non-UK government which you know to be dangerous to the interests or national security of the UK or its allies? — 영국이나 영국 동맹국의 이익에 반하는 활동 여부 확인

○ Yes ●No 선택

Have you ever engaged in any other activities which might indicate that you may not be considered to be a person of good character? — 좋은 인격을 가지지 않은 것으로 보일 수 있는 활동 여부 확인

○ Yes ●No 선택

Is there any other information about your character or behaviour which you would like to make us aware of? — 성격이나 활동에 대한 추가 정보 제공 여부 확인

○ Yes ●No 선택

48

46. 특정 직업군 경력 유무

아래 제시한 직군에 소속되어 일한 적이 있는지 확인 후 해당 항목에 체크한다.

1. Start **2. Application** 3. Documents 4. Declaration 5. Pay 6. Further actions

◀ Back

Your employment history 특정 직업군 경력 유무 확인(유급/무급 포함)

Have you ever worked for any of the following types of organisation?
Include information for any paid or unpaid work. Select all that apply.

☐ Armed Forces (career) 군대(직업군인)

☐ Armed Forces (compulsory national or military service) 군대(의무 복무)

☐ Government (including Public or Civil Administration and non-military compulsory national service) 공무원

☐ Intelligence services 정보 서비스

☐ Security organisations (including police and private security services) 보안 기관(경찰, 사설 보안 포함)

☐ Media organisations 미디어 기관

☐ Judiciary (including work as a judge or magistrate) 사법부

☐ I have not worked in any of the jobs listed above 해당 없음

47. 추가 정보

1. Start 2. Application 3. Documents 4. Declaration 5. Pay 6. Further actions
◀ Back

Additional information about your application 추가 정보

If you needed to add more information about your application but were not able to, you can write it here.

If there is no further information you want to add, click the 'Save and continue' button.

Add further details:

추가 제공 정도 예) 결핵 검사 면제 등

Maximum of 1,000 characters

Save and continue

48. 작성 내용 확인

지금까지 작성한 내용들이 올바르게 기입되었는지 확인한다. 잘못된 내용은 없는지 다시 한번 체크하도록 하자. 수정할 사항이 있다면 해당 항목 옆의 Change 버튼을 눌러 수정할 수 있다.

PART 1 영국 워킹홀리데이 준비

49. 재정 서류 선택

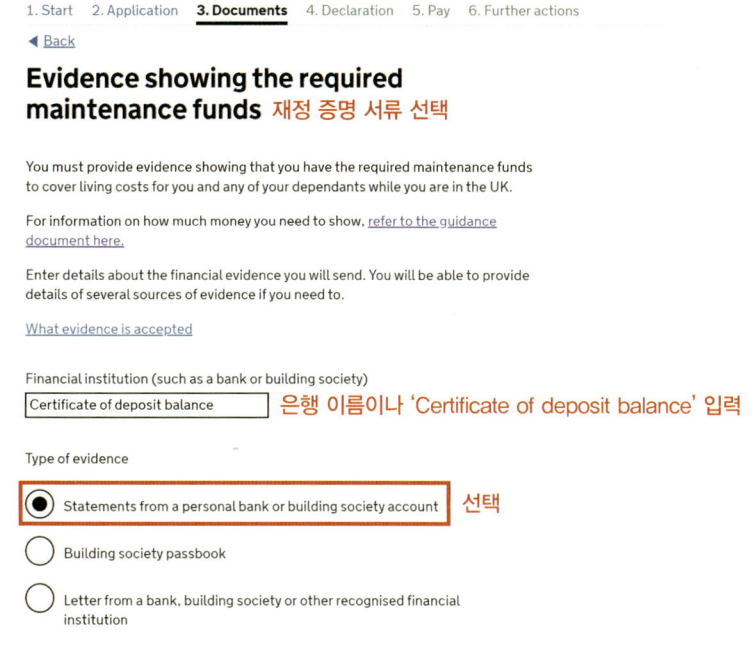

50. 추가 재정 서류

51. 제출 서류 선택

1. Start 2. Application **3. Documents** 4. Declaration 5. Pay 6. Further actions

◀ Back

Documents 서류 안내

Mandatory documents

These documents are mandatory and you must provide them as part of your application. Tick the box to agree that you will provide each document:

체크 The passport or travel document for Yeongju lee from Korea, South (Republic of Korea)

Other documents

If you do not provide these documents, your application may be delayed or refused.

체크 Statements from a personal bank or building society account (Certificate of deposit balance)

After you submit your application, you must provide your documents to our commercial partner. You can provide your documents by:

- uploading copies of your documents yourself through our commercial partner's website, free of charge
- taking your documents (originals or copies) to your appointment where our commercial partner will scan them for you, for a fee

If you choose to pay for the assisted scanning service, all documents (originals or copies) need to be A4 size or you may be charged to make them suitable for scanning.

If we require passports, you must take the originals to your appointment. If you have self-uploaded copies on our commercial partner's website you must still take your original passports, but will not be charged for scanning.

Tuberculosis test results

You may need to be tested for tuberculosis (TB). If your test shows that you do not have TB, you will be given a certificate which is valid for 6 months from the date of your x-ray. Include this certificate with your UK visa application. Check if you need to get tested.

52. 작성 내용 확인

재정 관련 서류와 관련된 답변 작성 내용을 확인한다.

53. 컨디션

허가 없이 영국에서 머물 경우 받게 되는 제약을 설명하고 있다. 각 항목을 읽어 본 후 체크박스에 체크한다.

54. 선언문

각 항목을 잘 읽어 본 후 첫 번째 항목을 선택한다.

1. Start 2. Application 3. Documents **4. Declaration** 5. Pay 6. Further actions

◀ Back

Declaration 선언문

By sending this application, you confirm that to the best of your knowledge and belief the following is correct:

- the information relating to the application
- the supporting evidence

I understand that the data I have given can be used as set out in the privacy policy

I consent to organisations, including financial institutions, providing information to the Home Office when requested in relation to this application.

I understand that any passports/travel documents submitted in support of my application, which remain uncollected after 3 months from the date they were ready for collection, will be returned to an office of the authority that issued the document. If this happens, the Visa Application Centre will be able to advise where the document has been sent.

I have discussed with any other applicants that I am acting on behalf of, and confirmed that the contents of the application are correct and complete.

I agree to the terms and conditions.

I understand that if false information is given, the application can be refused and I may be prosecuted, and, if I am the applicant, I may be banned from the UK.

I confirm that:

◉ I am the applicant aged 18 or over   선택

○ I am the applicant aged under 18

○ I am the parent or legal guardian of the applicant who is aged under 18 and completing and submitting the form on their behalf

○ I am submitting the form on behalf of the applicant

55. 작성 내용 확인

'Declaration' 아래에 앞서 선택한 'I am the applicant aged 18 or over'가 노출되는지 확인한 후 다음으로 진행한다.

56. 건강 부담금 결제

건강 부담금 결제를 위한 안내 페이지이다. IHS 사이트로 이동한 뒤 다음의 절차에 따라 진행한다.

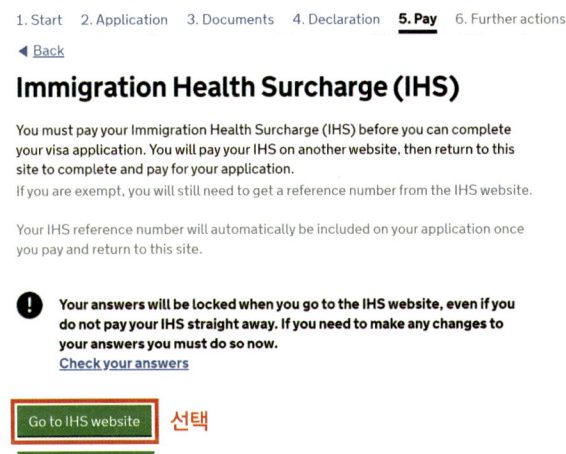

57. 건강 부담금 결제 안내

안내 사항과 결제 금액을 확인한 후 다음으로 진행한다.

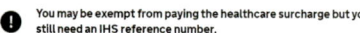

PART 1 영국 워킹홀리데이 준비

58. 요약

빨갛게 강조된 항목을 선택한다.

59. 위치 확인

Your Location

Are you applying from within the UK?

Are you applying to stay in the Isle of Man, Jersey or Guernsey?

 선택

PART 1 영국 워킹홀리데이 준비

60. 정보 확인

개인 정보를 입력한 후 다음으로 진행한다.

ALPHA This is a new service – your feedback will help us to improve it.

Your details

Title
[Mr] 선택

Given name(s)
[영문 이름]
› I don't know how to enter my given name

Family name
[영문 성]
› I don't know how to enter my family name

Email
[이메일 주소]

Nationality
[Korea, South (Republic of Korea)]

Visa route
[Youth Mobility Scheme]

Visa type
[Youth Mobility Scheme]

Passport, travel document or biometric residence permit number
[여권 번호]
› I don't know my passport, travel document or biometric residence permit number

Date of birth
For example, 20 3 1976
Day   Month   Year
[일]   [월]   [년도]
› Help with date of birth

59

61. 요약

입력한 정보가 맞는지 확인한 후 'These details are correct'를 선택한다.

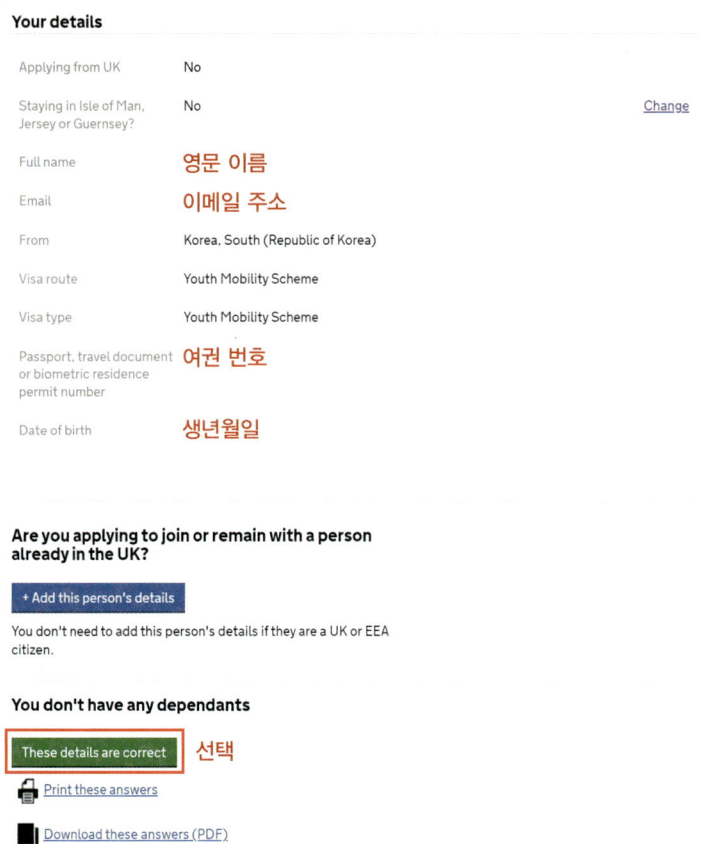

PART 1 영국 워킹홀리데이 준비

62. 선언문

63. 결제 금액 확인

64. 결제 정보 입력

결제를 위해서는 해외 결제가 가능한 카드가 있어야 한다. 결제할 카드를 선택한 뒤, 카드 정보를 입력한다.

65. 결제 완료

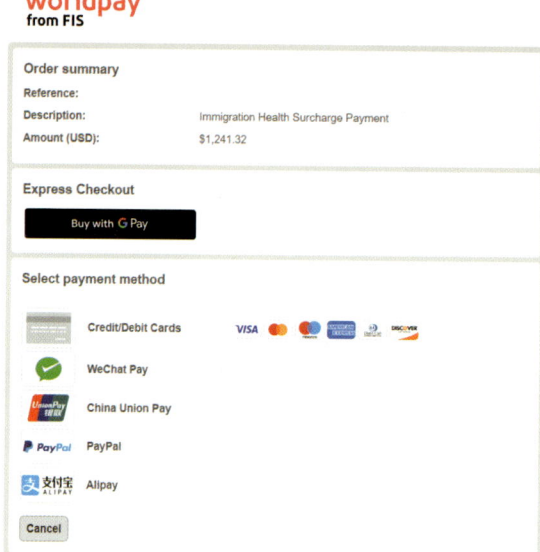

PART 1 영국 워킹홀리데이 준비

 선택

66. 신청서로 이동

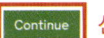 선택

67. BRP 수령 장소 지정

BRP를 수령할 장소를 지정해야 한다. 예상 체류 주소의 우편번호를 입력하면 인근 우체국으로 자동 지정된다. BRP 수령은 매우 중요하니 어느 우체국인지 위치를 반드시 확인해야 한다.

1. Start 2. Application 3. Documents 4. Declaration **5. Pay** 6. Further actions

◀ Back

Demonstrating your permission to be in the UK

If your application is successful you may need to collect evidence of your immigration status in the UK.

You will usually need to do this if you are given permission to stay in the UK for more than six months.

If you need a biometric residence permit (BRP) in the UK, where do you want to collect it from?

What is a BRP?

What if I do not need a BRP?

If you have a sponsor, they may have made arrangements to receive your BRP, and they will give you an Alternative Collection Location (ACL) code to enter below.

Otherwise, you will need to collect your BRP from a UK Post Office. Enter a UK postcode below to find out where your nearest UK Post Office will be.

◉ Collect from a UK Post Office   **BRP 픽업 주소 지정(매우 중요!)**
Post Office - Broadway   예상 체류 주소지의 우편번호 입력 시,
1 Broadway   BRP 픽업 서비스가 가능한 인근 우체국 주소 자동 지정
London
SW1H 0AX

Enter a UK postcode
SW1A 0AA

[Find a Post Office near you]

○ Collect from an alternative location (for example, your sponsor)

PART 1 영국 워킹홀리데이 준비

68. 서비스 선택

1. Start   2. Application   3. Documents   4. Declaration   **5. Pay**   6. Further actions

◀ Back

Choose a service

Select a service from the options below:

⦿ **Standard service : pay 394.00 USD** in total, most people get a decision within 15 working days after attending their biometrics appointment

UK Visas and Immigration will contact you if it will take longer to process your application.

69. 결제 진행

1. Start   2. Application   3. Documents   4. Declaration   **5. Pay**   6. Further actions

◀ Back

Your payment

You are paying

394.00 USD - 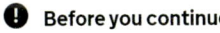's application for Temporary Worker or Youth Mobility Scheme visa

394.00 USD in total

❗ **Before you continue**
You should only move to the next page if you have checked your answers and you are ready to submit your application. Once you select 'Continue to Worldpay' you will not be able to return and edit your application.

Continue to Worldpay to make a secure payment. You will be able to download a copy of your application form after payment has been taken.

[Continue to WorldPay]

70. 비자 수수료 결제 완료

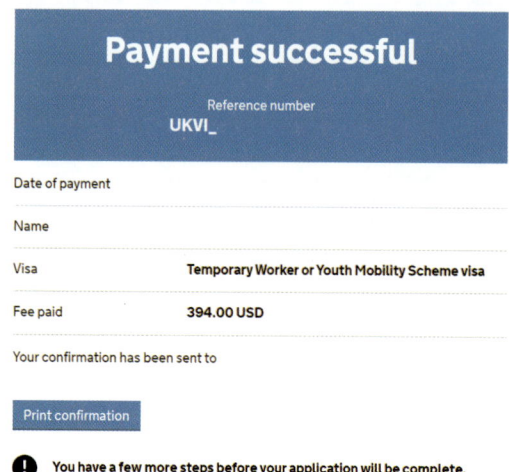

PART 1 영국 워킹홀리데이 준비

71. 이후 진행 과정

72. 바이오메트릭스(생체 인식) 제출

73. 비자 센터 및 비자 서비스 선택

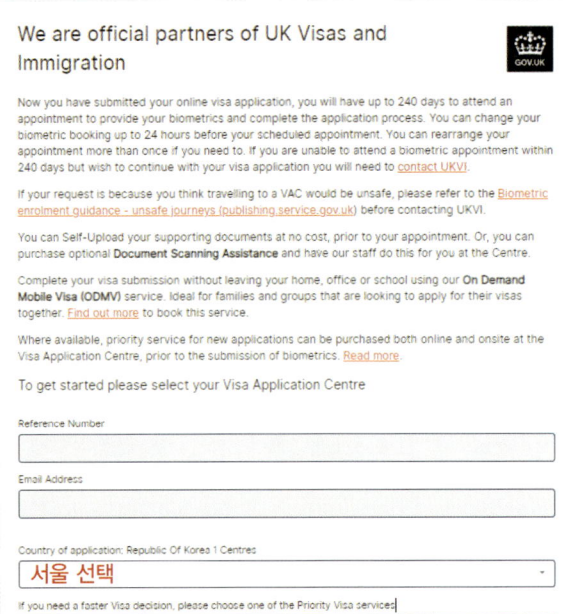

74. 비자 센터 예약

비자 센터 방문 가능 날짜와 시간을 선택한다.

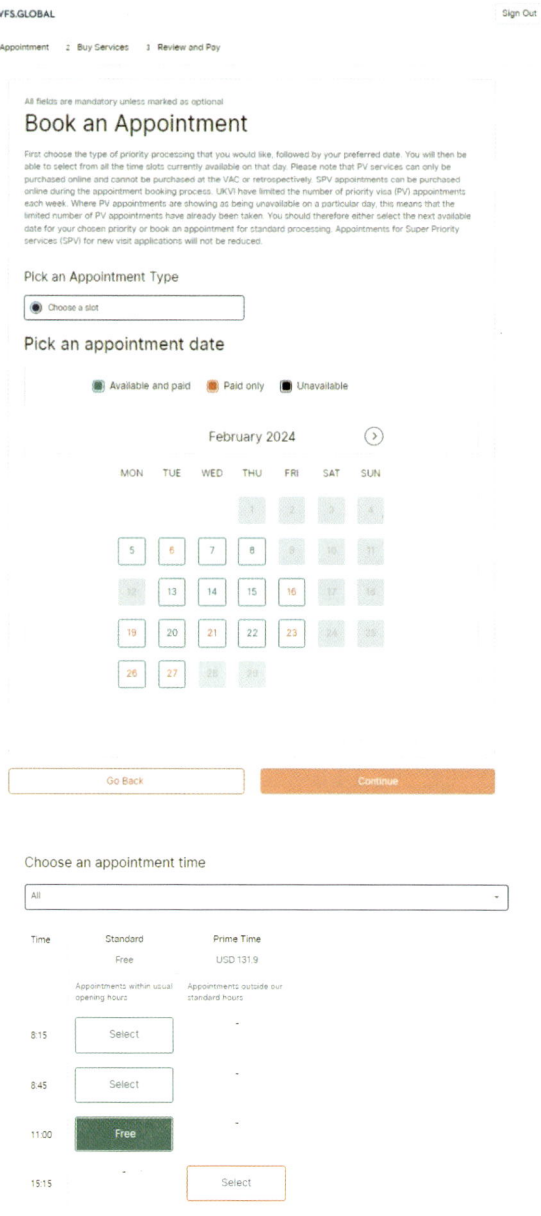

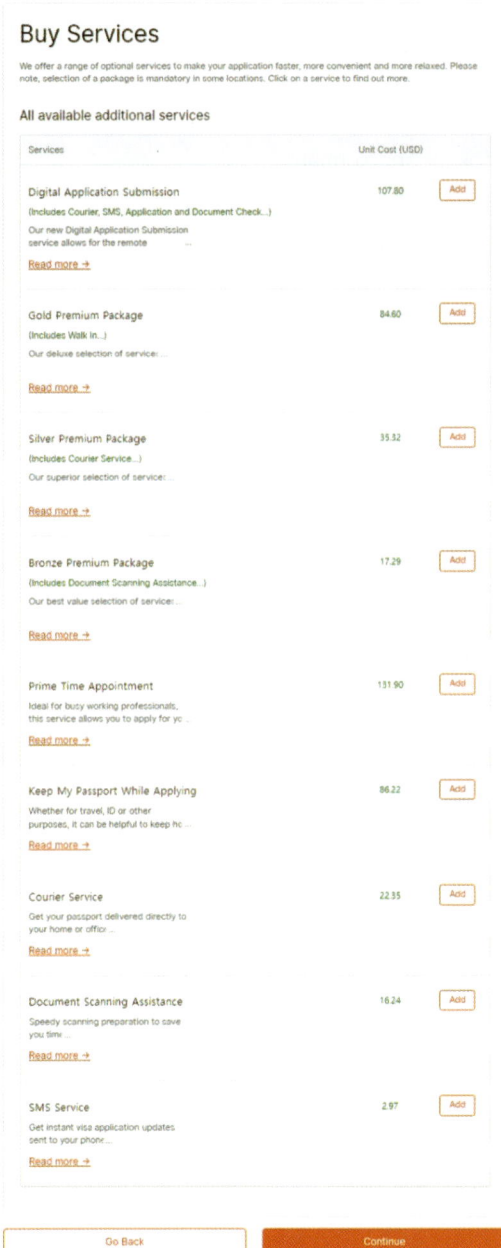

75. 확인 및 비용 납부

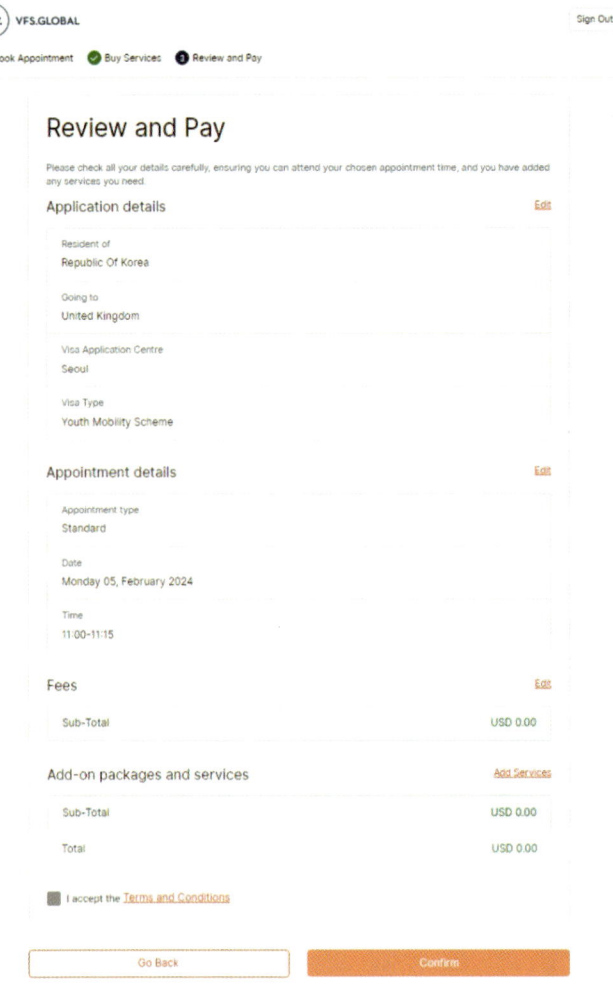

76. 예약 완료

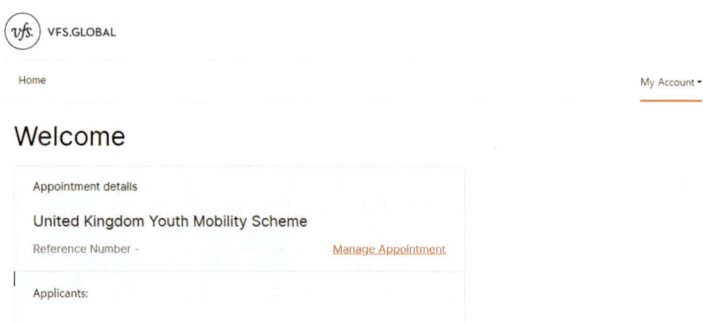

77. 예약 변경, 서류 업로드 등

PART 1 영국 워킹홀리데이 준비

78. 예약 확인증

Appointment Confirmation

Please visit the following address for submission of your visa application unless you have selected our On Demand Mobile Visa (ODMV) service. Instructions for your appointment are set out below.

Seoul
VFS South Korea LLC, 5F Danam Building, 10, Sowol-Ro, Jung-Gu
Seoul,
South Korea,

Appointment Details

Name	Reference Number Barcode	Appointment Date/Time	Visa Category
이름		예약 날짜	Youth Mobility Scheme

* Please note that reschedule is not allowed before 1 day from your appointment date.
* Please note that if you are more than 45 minutes late than your appointment time, you will be considered a NO-SHOW and incur an additional service fee.
* Please ensure that you upload your documents and print out details of your appointment 24 hours before you attend the centre.
* Please make sure to bring a valid PASSPORT original and CHECKLIST when you visit the centre.

비자 센터

영국 워킹홀리데이 비자 신청을 마무리하기 위해서는 온라인 신청서 작성 및 비자 수수료 결제 후, 비자 센터에 방문해야 한다. VFS라는 글로벌 영리회사의 비자 센터에 방문해 YMS 신청을 진행해야 하며 비자 센터 방문 전 YMS 신청 서류를 꼼꼼히 준비하는 것이 중요하다.

> **비자 센터**
> - 위치: 서울특별시 중구 소월로 10, 단암빌딩 5층(남대문로5가 120, 단암빌딩 5층)
> - 비자 센터 업무 시간: 월~금 08:00~14:30
> - 프라임 타임 예약자: 월~금 14:30~15:30
> - 비자 센터 여권 수령 시간: 월~금 13:00~15:00
> - 영국 비자 신청 센터 홈페이지: visa.vfsglobal.com/kor/ko/gbr

온라인 신청서를 작성할 때 잡은 예약일에 비자 센터를 방문하지 못하거나 시간을 어기게 될 경우, 유료 부가 서비스를 통해 신청 업무를 진행할 수 있다. 비자 센터는 비자 신청 및 수수료 결제, 건강 부담금 결제일로부터 최대 3개월(90일) 내에 자유롭게 방문할 수 있다.

프라임 타임 서비스

비자 센터의 업무 시간은 오전 8시부터 오후 2시 30분까지지만, 프라임 타임 (오후 2시 30분~오후 3시 30분)에도 이용이 가능하다. 단, 프라임 타임 서비스 이용 시에는 추가 이용료가 발생한다[2024년 2월 기준 약 17만 5천 원(USD 131.9)].

PART 1 영국 워킹홀리데이 준비

우선순위 비자 심사 서비스

영국 워킹홀리데이 신청 뒤, 서둘러 비자를 받아야 할 때 이용할 수 있는 부가 서비스로는 우선순위 비자 심사 서비스가 있다. 일반적으로 비자 발급은 영국 비자 이민국 심사를 거쳐야 하기에 3주 정도 소요되지만, 우선순위 비자 심사 서비스를 이용한다면 3~5일 이내에 비자를 받을 수 있다(이민 비자 제외). 이용료는 비싼 편이지만 급하게 비자를 발급받아야 한다면 이 서비스가 도움 될 것이다[2024년 2월 기준 약 88만 원(USD 662)].

기타 유료 부가 서비스

- 택배 서비스: 약 3만 원(USD 22.35), 심사 완료된 여권을 택배로 받을 수 있는 서비스
- 스캔 서비스: 약 2만 2천 원(USD 16.24), 준비한 서류의 분류와 스캔을 도와주는 서비스
- 문자 메시지 알림 서비스: 약 4천 원(USD 2.97), 진행 상황에 대한 문자 알림을 받을 수 있는 서비스(영문)
- 락커 서비스: 약 3천 5백 원(USD 2.65), 노트북, 카메라 등 비자 센터 반입 금지 물품 보관 서비스

이 밖에도 출력 서비스, 번역 서비스, 인증 서비스 등 유료 부가 서비스들이 있다. 문자 메시지 알림 서비스나 우선순위 비자 심사 서비스는 복잡하고 불편한 비자 신청 과정을 편리하게 만들어주므로 필요하다면 이용해 보는 것도 좋은 방법이다.

이른 오전에 비자 센터를 방문하면 비교적 빠른 시간 안에 서류들을 제출하고 YMS 신청을 마칠 수 있지만, 11:00~12:00 사이에는 신청자가 몰려 시간이 오래 걸릴 수 있으니 방문 일정을 잡을 때 참고하기 바란다.

영국 워킹홀리데이 비네트(Vignette)

YMS 신청을 마치면 비네트(Vignette)가 부착된 여권을 최종 수령하게 된다. 비네트는 YMS 신청 시 지정한 비자 시작일로부터 90일간 유효한 임시 비자로, 영국 워킹홀리데이 비자(BRP) 수령을 위해 영국 현지 우체국 방문 시 반드시 지참해야 한다.

영국 워킹홀리데이 YMS 신청 시 비네트는 지정한 입국일로부터 90일 동안만 유효하므로 지정 입국일로부터 90일 이내라는 제한 기간 이내에 입국해야 하고, 만약 그 이후에 출국하기를 원한다면 별도의 수수료를 내고 비네트 트랜스퍼 서비스를 이용해야 한다. 하지만, 비네트 트랜스퍼를 진행해도 체류 기간이 줄어들기 때문에 정말 부득이한 경우가 아니라면 트랜스퍼하는 일 없이 날짜에 맞추어 입국하는 것이 좋다.

참고로, 영국 워킹홀리데이는 온라인 신청 시점으로부터 6개월 이내로 비자 시작일을 지정할 수 있고, 지정한 시작일로부터 90일 이내에 영국에 입국해야 한다. 이론적으로 계산했을 때 비네트로 보장되는 영국 입국 기간의 최대치는 온라인 신청 시점으로부터 9개월까지이다.

예)
- 2024년 기준 YMS 온라인 신청 시작 날짜는 1월 31일이다.
- 1월 31일에 온라인 비자 신청서를 작성하고 비자 수수료를 결제했다면 7월 30일까지 비자 시작일을 지정할 수 있다.
- 이때 발급받은 비네트의 유효기간은 7월 30일부터 10월 28일이다(10월 28일까지 영국 입국 가능).

위의 예시는 어디까지나 참고사항이다. 출국 시 변수가 생길 수 있다는 점을 감안하여 실제 비자 신청 시에는 반드시 넉넉하게 날짜를 지정해야 한다.

PART 1 영국 워킹홀리데이 준비

비네트 트랜스퍼(Vignette Transfer)

영국 워킹홀리데이 YMS 발급이 완료된 후, 부득이하게 입국을 늦춰야 한다면 비네트를 재발급받아야 한다. 비네트 재발급 방법은 온라인 비자 신청서 작성 방법과 비슷하다.

www.visas-immigration.service.gov.uk/apply-uk-visa

위의 페이지에서 BRP Vignette Transfer를 선택 후, 비자 센터 방문 국가를 선택한 후에 다시 한번 비네트 트랜스퍼 신청을 위한 이메일 주소를 작성해서 진행한다.

○ Appendix FM Child
○ EU Settlement Scheme Family Permit and Travel Permit
○ Exempt Vignette
○ Right of Abode, Returning Resident, UK Ancestry
● **BRP Vignette Transfer**
○ Global Business Mobility
○ High Potential Individual
○ Scale Up
○ **Exempt** from UK immigration control

이후 YMS 신청과 동일하게 온라인 신청서를 작성하고 비자 센터 방문을 예약한 후, 여권을 지참하여 비자 센터에서 신청하면 된다.

비네트 트랜스퍼 시 알아 두어야 할 점이 있다. 첫 번째는 비네트 트랜스퍼를 반드시 비네트 기간 내에 진행하지 않아도 된다는 점이다. 예를 들어 2024년 3월 1일부터 5월 30일까지 유효한 비네트를 갖고 있고, 9월 1일로 비네트 트랜스퍼를 진행하고자 한다면 그냥 5월 30일 이후에 트랜스퍼를 진행하면 된다. 기존 비네트 만료 여부는 상관이 없다.

두 번째는 너무 일찍 비네트 트랜스퍼를 진행해서는 안 된다는 점이다. 예를 들어 2024년 3월 1일부터 5월 30일까지 유효한 비네트를 갖고 있는데 2025년 3월 1일에 영국 입국을 해야 하는 상황이라면, 최소한 2025년 1월 1일 이후에 비네트 트랜스퍼를 진행해야 한다. 너무 일찍 비네트 트랜스퍼를 신청할 경우(예를 들어서 2024년에 진행할 경우) 비네트 트랜스퍼 신청 시점으로부터 너무 먼 날짜는 시작일로 지정할 수 없기에 더 가까운 날짜로 지정하라고 안내받게 될 것이다. 이 경우 부득이하게 트랜스퍼를 다시 진행해야 할 수도 있다.

그리고 무엇보다 비네트 트랜스퍼를 진행해도 초기의 비자 시작일은 변경이 되지 않는 만큼, 결국 비자에서 트랜스퍼를 진행한 기간만큼 비자가 줄어들게 된다. 가급적 비네트 트랜스퍼를 하기보다는 일정에 맞추어 입국하자.

영국 워킹홀리데이 경쟁률

영국 워킹홀리데이는 2012년 7월 9일 청년교류제도(YMS)라는 정식 명칭으로 발효됨으로써 시작되었다.

2012년에는 상반기 모집 인원에게 COS를 발급하고, 하반기에 추가 신청을 받았고, 2013년부터는 상반기 모집에서 생긴 결원을 하반기 모집으로 보충하는 방식으로 진행되었다.

연도	구분	경쟁률
2012	–	2.83:1
2013	상반기	3.04:1
	하반기	5.73:1
2014	상반기	1.57:1
	하반기	3.67:1
2015	상반기	1.99:1
	하반기	4.02:1
2016	상반기	1.97:1
	하반기	3.24:1
2017	상반기	1.96:1
	하반기	5.80:1
2018	상반기	1.79:1
	하반기	4.88:1
2019	상반기	1.87:1
	하반기	2.81:1

※ 2020년 이후로는 경쟁률을 발표하고 있지 않다.

[영국 워킹홀리데이 경쟁률]

2024년부터는 신청 방식이 변경되어 상반기와 하반기의 구분 없이 모집 인원이 채워지면 마감된다.

영국 워킹홀리데이 예산과 평균 생활비

영국 워킹홀리데이 준비 과정에서 가장 중요한 절차는 비자 신청과 발급이다. 하지만 이것이 영국 워홀 준비의 전부라고 생각하면 오산이다. 영국은 다른 나라들에 비해 물가가 비싸 다른 나라에서의 워킹홀리데이보다 생활비가 많이 든다. 사실 예산은 영어 실력과 평소 소비 성향 등 개인 사정에 따라 천차만별이므로 계획을 세우는 데에 정답은 없다. 영국 워킹홀리데이를 다녀온 사람들의 이야기를 참고해 자신에게 맞는 기준을 세워 예산을 준비하는 것이 중요하다.

영국 워킹홀리데이 예산을 계획할 때에는 크게 비자 준비, 출국 준비, 현지 정착 세 가지 항목으로 나누어 생각할 수 있다. 각 부분에서 발생하는 평균적인 금액이 어느 정도인지 확인하고 예산을 준비하는 것이 중요하다.

비자 준비 비용

영국 워킹홀리데이 비자 신청과 발급 과정에서 발생하는 개인차가 크지는 않다. 비자 준비 과정에서 발생하는 교통비나 유료 부가 서비스 신청 여부에 따라 비용 차이가 발생할 수 있다는 것을 알아 두자. 비자 준비 비용의 세부 항목은 다음과 같다. 이하 비용은 사전 고지 없이 변경될 수 있으며, 환율에 따라 실제 결제 금액은 달라질 수 있으니 수시로 관련 기관에서 비용을 확인해야 한다.

- 결핵 검사 및 진단서 발급: 강남 세브란스 110,450원, 연세 세브란스 113,000원
- 영국 워킹홀리데이 비자 수수료: 약 50만 원(298파운드)
- 2년치 건강 부담금(IHS): 약 263만 원(1,552파운드)

비자 준비 비용으로는 YMS 신청 서류 중 결핵 검사 진단서와 온라인 비자 신청서 작성 시 결제하게 되는 비자비, 건강 부담금이 있다.

※ IHS(Immigration Health Surcharge)란?
일종의 건강보험료이며, 정부 운영의 보건소 기관을 이용할 수 있는 비용이다. 영국 내 NHS(보건소와 비슷한 곳)에서 받는 진료와 치료 일체는 무료이며, 약이나 대규모 응급 수술이 필요한 경우에도 저렴하게 이용할 수 있다(24시간 의료 상담 가능).

PART 1 영국 워킹홀리데이 준비

출국 준비 비용

항공권

YMS 신청을 마치고 비네트를 기다리면서 할 일은 항공권을 알아보는 것이다. 비행기 탑승 날짜에 따라 항공권 비용이 달라지기 때문에 미리미리 항공편 일정과 비용을 확인해야 한다.

영국 워킹홀리데이는 다른 나라들과 달리 2년 동안 체류가 가능하다. 항공권은 항공법상 1년 이내로만 예매할 수 있어 1년 내에 한국 귀국 계획이 없다면 편도 항공권을 예매하는 것이 일반적이다. 영국에서 지내다 보면 예기치 못한 상황이나 변수가 작용할 수 있기 때문에 굳이 한참 뒤의 항공권을 잡아둘 필요는 없다. 지금부터 대표적인 영국 항공권 구매 사이트를 알아보자.

- 스카이 스캐너(www.skyscanner.co.kr)

전 세계의 항공권 가격을 비교할 수 있는 대표적인 사이트이다. 항공권은 물론, 호텔, 렌터카 등을 비교 검색할 수 있고, 땡처리, 얼리버드 등 다양한 특가 항공권 예매도 가능하다.

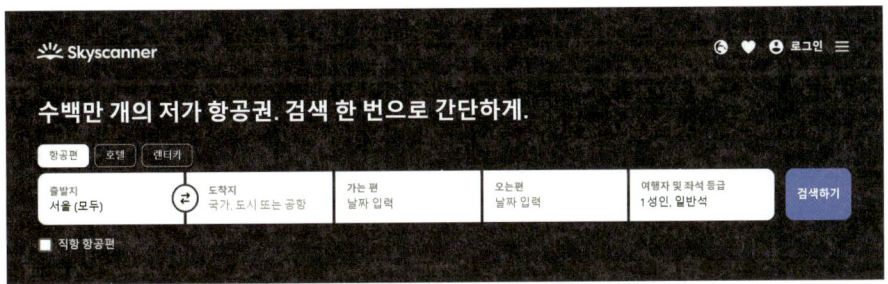

[스카이 스캐너 홈페이지]

- 키세스(www.kises.co.kr)

유효한 국제 학생증(ISIC) 또는 국제 청소년증(IYTC) 카드를 가지고 있거나 신청 계획이 있다면 ISIC · IYTC 소지자 특별 요금 및 추가 수하물 혜택을 제공하는 항공사에서 왕복 및 편도 항공권을 싸게 구매할 수 있다. 또한 유럽 및 미국 등에서 출발하는 특별 요금 항공권도 구매할 수 있다.

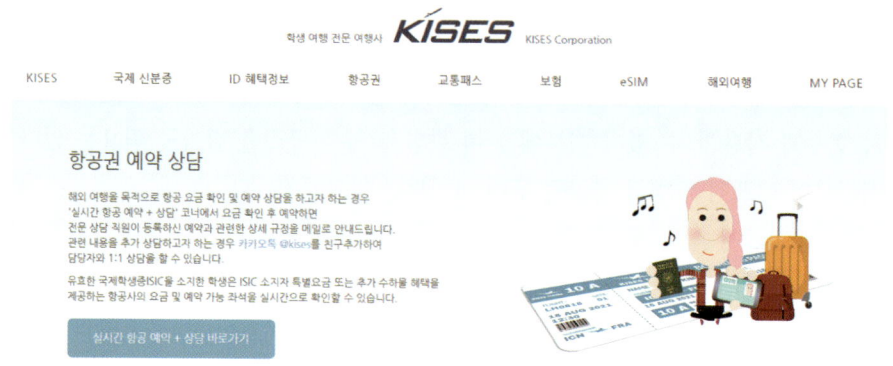

[키세스 홈페이지]

- 와이페이모어(www.whypaymore.co.kr)

시기에 따라 다르지만 성수기에 저렴한 항공권을 판매하는 대표적인 사이트이다. 국내 사이트 중 가장 저렴하게 항공권을 판매하고 있다.

[와이페이모어 홈페이지]

PART 1 영국 워킹홀리데이 준비

보험

이미 영국 건강 부담금(IHS)을 냈는데, 워킹홀리데이 보험에 또 가입해야 하는가를 고민하는 사람들이 많다. 들리는 말에 의하면, 영국 NHS(보건소)를 이용하기 위한 예약 과정에서 많은 불편함이 있다고 한다. 한 병원에 평균 5,000명 이상의 환자들이 등록되어 있고, 무료로 이용할 수 있기 때문에 항상 예약이 과부하 상태라는 것이다. 응급 상황이 아닌 경우 병원 예약 후 진료까지 2~3주가 걸리게 되는데, 감기나 몸살로 병원 진료를 예약하게 되면 몸이 다 나은 후 병원에 가야 하는 웃지 못할 상황이 생기기도 한다. 이런 경우에 대비해 한국에 있는 사설 워킹홀리데이 보험에 추가적으로 가입하는 것도 추천한다.

- 마이뱅크 워킹홀리데이 보험

마이뱅크의 가장 큰 장점은 가성비이다. 약 25만 원의 보험료(보험 가입 기간 1년, 25세 기준)로, 영국에서 상해·질병으로 인한 의료비가 발생할 경우 한화 기준 최대 6천 5백만 원(적용 환율 USD/KRW 1,300.00)까지 보상받을 수 있다. 보상 청구가 간결하여 보험금 지급도 빠르게 처리된다는 후기가 많다. 가입 절차도 간편하여 워홀 준비과정에서의 시간과 노력을 덜어준다.

[마이뱅크 워킹홀리데이 보험]

83

준비물 구입

준비물 구입의 경우 노트북·카메라 등의 고가품이나 새 옷을 사지 않는다면 별도의 비용이 들어가지 않을 것이다. 다만 꼭 필요한 물건이 있는데도 무조건 절약하는 것은 좋은 방법이 아니다. 영국에서 체류할 때 본인에게 필요한 것인지 체크해 보고 정말 필요한 것이라면 어느 정도의 비용을 예상해 두는 편이 예산을 측정하기 수월하다. 또 별도로 환전을 해서 파운드를 챙겨 두는 것도 좋은 방법이다.

'출국 준비 비용'을 정리하면 편도 저가 항공권 구매에 약 60만 원, 보험 가입에 약 35만 원, 기타 준비물 구입에 약 50~100만 원으로, 예상 총비용은 145~195만 원 정도이다.

초기 정착 비용

예상했던 것보다 가장 많이 초과되는 비용은 초기 정착 비용이다. 일반적으로 초기 정착은 영국에서 일자리를 구하기에 앞서 취업을 준비하는 기본적인 생활을 가리킨다. 대개 3개월을 기준으로 예산을 준비하는 경우가 많다. 그리고 어학연수를 진행한다면 추가적으로 비용이 발생하게 될 것이다. '3개월 어학연수 비용 +3개월 생활비'로 생각하면 된다.

먼저 어학연수 비용에 대해 언급하자면, 어학연수 비용은 각 개인의 영어 능력에 따라 개인차가 크게 발생하는 부분이다. 어학연수 기간도 물론 어학연수 비용에 영향을 미치지만, 어떤 기관을 선택하여 어떤 과정을 수료하는지가 어학연수 비용에 큰 영향을 미친다.

영국에 처음 도착해 영국식 영어를 들으면서 바로 일자리를 구하기는 어려울뿐더러, 앞으로의 생활에 있어서 도움이 되는 정보나 인맥을 형성하기 위해서는 어학연수가 필요할 것이다. 본인의 영어 실력에 따라 어학연수 기간을 더 길게 또는 짧게 조정할 수 있으므로 우선 3개월의 기간을 기준으로 어학연수 비용을 계산하

PART 1 영국 워킹홀리데이 준비

는 것이 좋다.

어학연수 비용은 어학연수 기관의 개강 시기와 어학연수 기관의 프로모션에 따라 천차만별이다. 이 책 후반부에 있는 어학원 후기를 통해 어학원 비용 또는 프로그램을 참고하면 도움이 될 것이다. 어학연수 기간을 12주로 잡을 경우 최소 300만 원에서 500만 원을 예상할 수 있다.

다음으로 3개월을 기준으로 생활비를 생각해 보자. 3개월이라는 기간 동안 어학연수와 생활비의 적정선을 따져 보아야 한다. 그래야만 앞으로 생활을 이어나가면서 문제가 발생하지 않을 것이다. 물론 생활비는 수입과 지출 비용이 저마다 다르고 생활 패턴에 따라 편차가 발생하기 때문에 정해진 정답은 없다. 다만, 일반적으로 지출하는 평균적인 비용은 알 수 있다. 지금부터 생활비에 대해 자세히 알아보자.

숙소 비용

런던에는 영국의 여러 도시 중 가장 많은 워홀러가 머무르고 있다. 런던은 영국에서 가장 집값이 비싼 도시이다. 살인적인 숙소 비용 때문에 런던 직장인들이 스페인에서 비행기로 출퇴근을 해도 드는 금액이 런던 집값보다 적다는 말까지 있으니 '극한의 주거비'라 해도 과언이 아니다. 숙소 비용을 이야기하기 위해서는 기본적으로 런던의 Zone 개념을 알아야 한다. 런던의 지하철에서는 구역을 Zone(존)이라는 개념으로 나누어 요금을 부과한다. 1존부터 9존까지 9개의 구역으로 이루어져 있으며 그중 1존부터 6존까지의 지역을 'Great London'이라고 부른다. 런던 시내의 중심가를 1존이라고 하고, 중심가에서 멀어질수록 존의 숫자가 커진다.

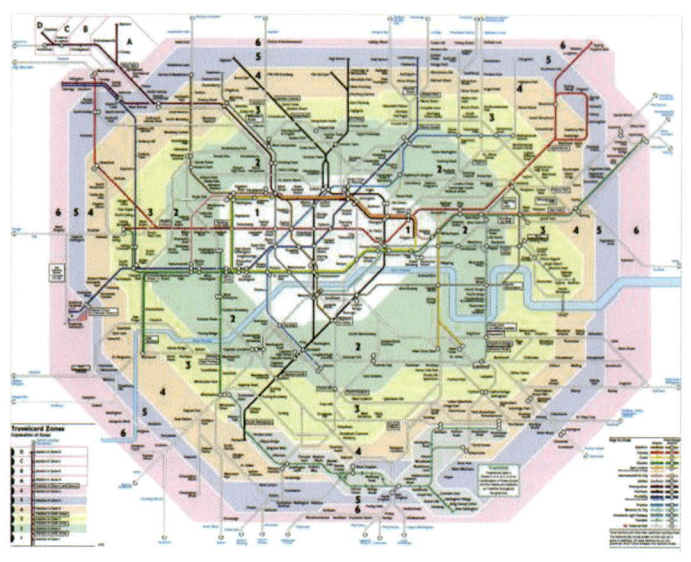

[런던 지하철 노선도]

존은 색깔별로 나뉘며 존에 따라 지하철 요금이 다르고, 집값도 다르다. 서울에 비유하자면 중심지인 1존은 강남, 5~6존은 경기도 정도라 생각하면 이해하기 쉽다. 그중 2존은 영국 워홀러들이 가장 많이 거주하는 지역이다.

영국 워홀러들이 가장 많이 거주하는 숙소 형태는 Flat(플랏)인데, 쉽게 말해 하우스를 셰어(Share)하는 형식이다. 방 3개인 일반 가정집 하나를 공유하여 방마다 따로 계약하는 형태이다. 이때, 하우스 셰어보다 더 세분화하여 방을 셰어하기도 하는데, 이를 '룸 셰어' 또는 '방 셰어'라고 부른다. 혼자 방을 쓰는 형태를 '1인실' 또는 '싱글룸'이라 부르며, 방을 다시 2명이 셰어하는 형태를 '2인실' 또는 '룸 셰어'라고 부른다.

누군가와 같이 생활하는 것이 쉽진 않다. 그러나 하우스를 셰어하여 생활하면 비싼 주거비를 줄일 수 있고, 다양한 국적의 사람들과 같이 방을 사용하며 영어를 사용할 수 있는 환경을 만들 수 있다. 한 달에 2존 2인실은 평균 550파운드(한화 약 90만 원), 2존 1인실은 평균 750파운드(한화 약 127만 원) 정도이다. 이런 주거비에는 거주에 필요한 유틸리티(공과금)가 포함되어 있다.

영국의 집세 계산 방법을 알아보자. 숙소를 구하기 위해서 정보들을 확인하다 보면 우리나라와는 조금 다른 집세 개념을 확인할 수 있는데, 주 단위로 집세를 내는 숙소가 있는가 하면, 한 달 단위로 집세를 내는 숙소도 있다. 예를 들어 한 주에 150파운드인 숙소와 한 달에 630파운드인 숙소가 있다고 가정해 보자. 우리나라에서 사용하는 계산 방식이라면 주당 150파운드는 한 달을 4주로 계산해 150×4=600파운드라고 생각하게 될 것이다. 하지만 주당 집세를 내는 숙소의 월세 환산법은 우리나라와 확연한 차이가 있다. 주당 집세를 월세로 환산하는 방식은 주당 집세×52주÷12개월로 해야 정확한 계산법이다. 150파운드×52주÷12개월=650파운드이기 때문에 주당 150파운드인 숙소보다 한 달에 630파운드인 숙소가 저렴하다. 집세를 계산하는 방법은 정확하게 알아두자. 또한 영국은 월세(PCM 또는 PM)보다는 주당 집세(PW)를 받는 경우가 많기 때문에 계산하는 법을 알아야 저렴하게 숙소를 구할 수 있다. 숙소를 구하려면 직접 발로 뛰는 것이 가장 현명한 방법이라고 할 수 있다. 물론 인터넷이 발달되어 있어 인터넷으로도 많은 정보를 구할 수 있지만, 현장을 직접 보는 것과 인터넷을 통해 사진으로 보는 것에는 분명 차이가 있다.

교통 비용

일반적으로 초기에는 Tube(지하철), DLR(경전철), Rail(기차) 등을 모두 사용할 수 있는 1개월 정기권을 이용한다. 낯선 도시나 길을 모르는 곳에 처음 도착해서 적응할 때는 버스보다 지하철이나 기차를 추천한다. 목적지를 찾아가거나 환승을 하기에 수월하기 때문이다. Zones 1-2 Monthly(1개월 정기권)는 156.3파운드, 한화로는 약 26만 4천 원이다.

초기 정착 이후 런던에서 워홀러들이 가장 많이 사용하는 교통수단은 버스이다. 비용이 저렴하고, 런던 지하철과 달리 존(Zone)별 추가 비용 없이 이용할 수 있기 때문이다. 버스의 Monthly(1개월 정기권)는 94.90파운드, 한화로는 약 16만 원이다.

식비

생활비 중 가장 많은 비용을 차지하는 부분은 식비다. 그러나 식비 역시 개인이 어떻게 지출하느냐에 따라 천차만별이다. 일반적으로 외식을 할 경우 음식에 따라 다르겠지만 맥도날드 빅맥 세트는 7~8파운드이고, 영국을 대표하는 음식인 피시 앤 칩스는 15~20파운드 정도이다. 이 밖에도 외식을 하는 경우 꽤 많은 비용이 들어간다. 매일 음식을 사 먹는다면 숙소 비용보다 식비로 훨씬 많은 돈을 쓰게 될 수도 있다. 외식 비용과 직접 요리해서 먹는 비용의 차이를 설명하고자, 영국 레스토랑인 '바피아노'를 기준으로 살펴보고자 한다. 바피아노는 런던에서도 중저가 이탈리안 레스토랑으로, 비교적 저렴하게 파스타를 먹을 수 있다.

[이탈리안 레스토랑 바피아노 파스타 가격]

제시된 사진을 보면 가장 저렴한 파스타인 Aglio e Olio는 8.95파운드(한화 약 1만 5천 원)이며, 가장 비싼 파스타인 Cognac은 15.25파운드(한화 약 2만 6천 원)이다. 일반적인 Arrabbiata의 경우는 10.75파운드(한화 약 1만 8천 원)이다. 이렇게 끼니마다 약 9~15파운드(한화 약 1만 5천 원~2만 6천 원)의 외식비를 지출하다 보면 한 달에 꽤 많은 돈을 쓰게 된다. 그러므로 영국 워킹홀리데이 기간 동안 외식을 하기보다는 숙소에서 끼니를 해결할 것을 추천한다. 물론 맛에서 차이가 있겠지만 자주 요리하다 보면 실력도 좋아지고, 요리에 자신감도 생겨 친구들과 더 자주 어울릴 수 있는 또 하나의 방법이 될 것이다.

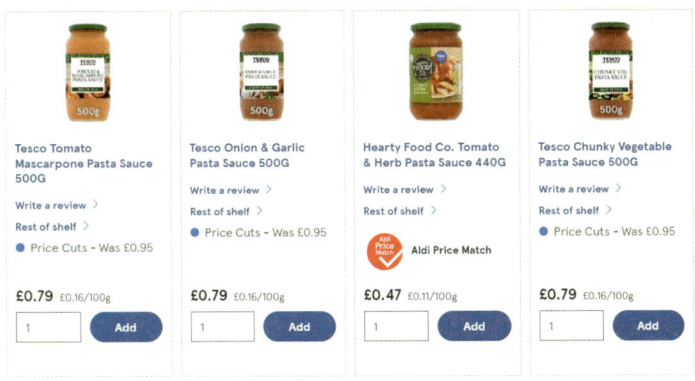

[영국 TESCO 파스타 소스 가격]

영국 내에서 가장 많이 이용하는 마트인 TESCO를 기준으로 살펴봤을 때 파스타면은 0.3파운드, 소스는 0.79파운드이므로 1파운드(한화 약 1,700원) 정도의 가격으로 구매가 가능하다. 여기에 Garlic, Chillies 등 부가적인 재료들을 구입한다고 하더라도 2~3파운드(한화 약 2,830~4,250원) 정도면 파스타를 집에서도 충분히 즐길 수 있다.

이 밖에도 영국은 식재료들이 비교적 저렴한 편이니 외식보다는 숙소에서 식사하는 것이 좋다. 물론 종종 친구들과 함께 외식할 수 있으나, 비용 절약을 위해 숙소에서 밥 해 먹기를 추천한다. 주로 집에서 요리를 하고, 가끔 외식을 한다고 가정하면 한 달에 약 20~30만 원 정도로 식비를 해결할 수 있을 것이다.

용돈

생활비를 계산할 때 생각해야 할 비용 중 하나가 바로 용돈이다. 용돈은 단순히 한 달에 내가 사용할 금액이 아니라, 비상금이 될 수도 있고 다른 목적들을 위해서 저축하는 비용이 될 수도 있기 때문이다. 용돈을 단순히 쇼핑이나 여가생활을 하는 데 드는 금액으로만 생각하기보다는 좀 더 포괄적인 범위에서 사용할 금액으로 생각하는 것이 좋다.

일반적으로 용돈은 식비와 교통비, 숙소 비용을 제외하고 발생하는 비용을 뜻한다. 여행을 갈 경우에 여행 경비를 모으거나 친구와의 약속 혹은 불가피하게 지출해야 하는 비용이 발생했을 때 사용할 여분의 돈으로 생각해 두어야 한다. 개인마다 목적이 다르기 때문에 정해진 기준은 없지만, 일반적으로 한국에서 생활하면서 사용했던 금액보다 조금 더 많이 준비해 두어야 한다. 영국은 물가가 매우 비싸므로 넉넉하게 용돈을 계산해 두어야 추가적으로 발생하는 비용을 충당할 수 있다. 한국에서 한 달에 약 30만 원 정도로 생활을 했다면 영국에서는 40~50만 원까지 생각할 수 있고, 한국에서 한 달에 약 20만 원 정도로 생활이 가능했다면 30~40만 원 정도를 생각하면 적당하다.

이처럼 영국 워킹홀리데이를 떠나게 된다면 크게 4가지로 생활비를 분류할 수 있다. 물론 생활비라는 것에 정답은 없다. 어떠한 기준에 가중치를 둘지, 어떠한 비용을 더 고려할지는 자신이 직접 판단해서 맞는 금액을 정하는 것이 현명하다. 다만, 영국 워킹홀리데이의 생활비가 다른 영어권 워킹홀리데이의 생활비와 비슷할 것이라는 착각은 하지 말았으면 한다. 상당히 높은 물가 때문에 많은 비용을 지출해야 하는 것은 물론이고, 떠나기에 앞서 준비했던 영어 실력을 너무 맹신하는 것 역시 생활비를 계산하는 데 방해가 될 수 있다. 물가가 비싸다고 해서 생활비로 너무 적은 금액을 책정하는 것도 빠듯한 생활을 초래할 수 있다. 평균적인 생활비를 바탕으로 자신에게 적절한 생활비를 계산하기를 바란다.

PART 1 영국 워킹홀리데이 준비

영국 워킹홀리데이 대안 준비하기

영국 워킹홀리데이의 서브플랜(Sub-plan)으로 많은 비자를 손꼽을 수 있다. 영국 워킹홀리데이는 매년 한 해의 시작과 동시에 선착순으로 신청과 발급이 진행된다. 연간 쿼터 마감 이후에 영국 워킹홀리데이를 알게 되어 신청을 하고자 할 때는 이미 발급 인원이 모두 마감됐을 수 있다. 이 경우 가장 효율적인 대안에는 6개월 미만 단기 체류(방문), 영국 학생비자, 아일랜드 워킹홀리데이, 아일랜드 학생비자가 있다. 그중 영국 학생비자는 체류 기간에 따라 종류와 신청 서류가 다르며, 아일랜드는 학생비자를 통해서도 취업 활동이 가능하다는 장점이 있다.

6개월 미만 단기 체류

영국에서 관광, 비즈니스, 학업을 위해 6개월 미만으로 머무를 때는 별도의 비자가 필요하지 않다. 여기서 비즈니스는 인터뷰, 회의, 콘퍼런스 및 세미나 참석, 거래 및 계약 협상, 업무상 교육, 강연(무급) 등의 활동을 뜻하며 학업은 공인된 영국 기관에서 공부(어학연수 포함)하는 것을 뜻한다.
단기 체류는 별도의 신청 과정이 없고 결핵 검사, 잔고 증명 등이 필요하지 않으므로 간단한 서류만 준비해서 영국으로 떠날 수 있다. 그러나 일회성 방문이 아닌, 영국을 정기적으로 방문하는 경우에는 표준 방문자 비자를 신청해야 한다.

영국 학생비자의 종류

STSV(Short Term Study Visa)

영국에서 6개월 이상 11개월 미만의 체류가 가능한 비자이다. STSV는 영국 워킹홀리데이 신청을 준비했던 사람들이 차선책으로 준비할 수 있는 가장 적합한 비자이다. 학생비자이므로 신청 인원이나 별도의 발급 시기가 정해져 있지 않을 뿐더러 발급 과정이 까다롭지 않기 때문이다.

STSV는 영국 워킹홀리데이처럼 결핵 검사 진단서를 제출해야 하며, 어학원을 27주 이상 등록해야 비자가 발급되므로 어떤 목적으로 어학연수를 할 것인지, 어떤 어학연수 기관에 등록할 것인지 미리 계획을 세워야 한다. 출입국은 자유롭지만 비자 연장과 아르바이트는 불가능하다는 점도 감안해야 한다.

STSV 신청 서류
- 여권, 여권용 사진 1매, 재학·휴학·졸업 증명서(영문)
- 은행거래내역서(6개월 분량), 은행 잔고 증명서(영문)
- 가족 관계 증명서, 병적 증명서, 결핵 검사 진단서, 온라인 비자 신청서, 비자 신청 센터 접수 예약 확인서
- 입학 허가서, 학비 완납 증명서, 재정동의서(영문), 재직 증명서 및 경력 증명서(영문)
- 소득금액 증명원(영문), 재직 증명서 또는 사업자등록증(영문), 소득금액 증명원(영문)
- 비자 신청비(200파운드)

Student visa

영국의 학생비자는 어학연수 비자가 아니라 영국에서의 유학을 준비할 때 발급받는 비자이다. 학위 수준의 학업일 경우 최대 5년 동안 영국 체류가 가능하며, 학위 수준 미만일 경우 최대 2년 동안 영국 체류가 가능하다.

영국의 학생비자를 발급 받기 위해서는, 학위 수준 이상일 경우 CEFR 기준 B2 이상, 학위 수준 미만의 코스의 경우 B1 이상의 영어 레벨이 필요하다. 갖추어야 할 서류도 많으므로 꼼꼼하게 준비해야 한다. 영국 학생비자 역시 영국에서의 아르바이트나 취업은 불가능하다.

Student visa 신청 서류
- 비자 신청서, 비자 신청비(미화 502달러), 비자 신청센터 접수 예약 확인서
- 여권 및 여권용 사진 1매, 학교 입학 확인서, 공인 영어 성적 증명서, 숙소 예약 증명서
- 재학·졸업·휴학 증명서(영문), 가족 관계 증명서, 병적 증명서, 결핵 검사 진단서

아일랜드 워킹홀리데이

영국 워킹홀리데이와 겸해서 가장 많이 준비하는 워킹홀리데이는 아일랜드 워킹홀리데이이다. 영국 워킹홀리데이를 계획하면서 세울 수 있는 목적들을 보다 저렴하게 이룰 수 있고, 생활비나 물가 역시 저렴한 편이기에 아일랜드 워킹홀리데이의 인기도 갈수록 높아지고 있다. 2023년 2월 23일 개정된 한-아일랜드 워킹홀리데이 개정 양해각서에 따르면, 기존 만 18세~30세까지 참여 가능하던 나이 조건이 만 18세~34세로 확대되었으며, 연간 쿼터 역시 기존 600명에서 800명으로 증가하였다. 특히 아일랜드는 지리적·역사적으로 영국과 밀접한 관계를 맺고 있는 나라인 동시에, 영국과 함께 워킹홀리데이를 진행하거나 영국 다음으로 바로 준비가 가능한 나라이다. 따라서 많은 사람이 영국 워킹홀리데이와 함께 진행하거나 혹은 대안으로 준비를 하는 경우가 많다. 아일랜드 워킹홀리데이는 영국 워킹홀리데이와 흡사한 부분이 많다. 유럽으로 쉽게 여행을 떠날 수 있다는 점과 유럽에 위치한 영어권 국가라는 점, 그리고 낮은 한국인 비율 등의 장점이 있어 많은 사람이 영국 워킹홀리데이의 대안으로 생각한다.

하지만 아일랜드는 영어권 워킹홀리데이 중 가장 적은 인원에게 비자를 발급하는 나라이므로 아일랜드 워킹홀리데이를 준비하는 모든 이들이 비자를 발급받을 수 있는 것은 아니다. 공지 발표 후 기간 내 이메일 접수를 받은 후, 접수된 인원을 무작위로 추첨하기 때문에 만약 영국 워킹홀리데이 대안으로 아일랜드 워킹홀리데이를 생각한다면 확실하게 알아보고 준비를 해야 할 것이다. 또한 아일랜드 워킹홀리데이는 경쟁률이 높기 때문에, '플랜 B'로 아일랜드 워킹홀리데이를 준비하고 있다면, '플랜 C'의 다른 비자도 함께 준비하길 추천한다.
아일랜드 워킹홀리데이의 대안으로는 아일랜드 학생비자가 있다. 아일랜드 학생비자는 어학연수를 25주 이상 등록해야만 발급받을 수 있지만 합법적으로 아르바이트가 가능하고, 연장을 한다면 최대 2년까지도 체류를 할 수 있기 때문에 워킹홀리데이의 대안으로 꼽을 수 있다. 어학연수를 할 계획이라면 경쟁률이 높은 아일랜드 워킹홀리데이보다 아일랜드 학생비자를 추천한다.

> **아일랜드 워킹홀리데이 신청 서류**
> - 1차 접수
>   - 워킹홀리데이 신청서
>   ※ 이메일 접수
> - 1차 서류
>   - 비자 신청서, 비자 발급비, 이력서 및 자기소개서, 여권 전체 면 복사본
>   - 여권용 사진 2매, 범죄 경력 증명서, 재학 · 졸업 · 휴학 증명서
>   - 본인 명의 예금 잔고 증명서, 반송용 등기 우편 봉투
> - 2차 서류
>   - 여권 원본, 왕복 항공권 또는 영문 여행 계획서
>   - 의료 보험 증서 사본, 반송용 등기 우편 봉투
>
> ※ 상세 정보는 대사관 및 외교부 홈페이지를 확인하세요.

영국 워킹홀리데이 출국 준비하기

환전하기

출국 준비의 기본인 환전! 환율을 꼼꼼하게 따져서 필요한 금액을 환전해 가도록 하자. 물론 직불카드도 많이 사용하지만, 카드만을 챙겨서 출국한다는 것은 위험한 생각이다. 갑작스럽게 예기치 못한 상황이 생기거나 카드를 분실했을 경우 현금이 없다면 무척이나 난감할 것이다. 환전 금액은 개인차가 있겠지만, 보통 적게는 100파운드에서 많게는 1,000파운드까지 준비하는 경우가 많다. 카드도 함께 발급하고자 한다면 앱에서 외화를 충전하고, 카드로 해외 어디서나 수수료 없이 결제 가능한 '트래블월렛'이나 '트래블로그'를 추천한다. 개인의 생활 패턴에 맞는 해외 결제 카드를 알아보고 발급받도록 하자.

환율에 따라 금액은 수시로 변경되며 환율의 등락폭은 하루에도 몇 번씩 변경된다. 그렇기에 떠날 때는 가장 낮은 환율로 환전을 하고 돌아올 때는 가장 높은 환율일 때 환전하는 것이 좋다. 환전할 때 은행마다 환전되는 금액이 다르기 때문에 주거래 은행을 이용하는 편이 가장 효율적이다. 인터넷을 통해 사이버 환전도

PART 1 영국 워킹홀리데이 준비

가능하기 때문에 미리 확인하는 것이 좋다.

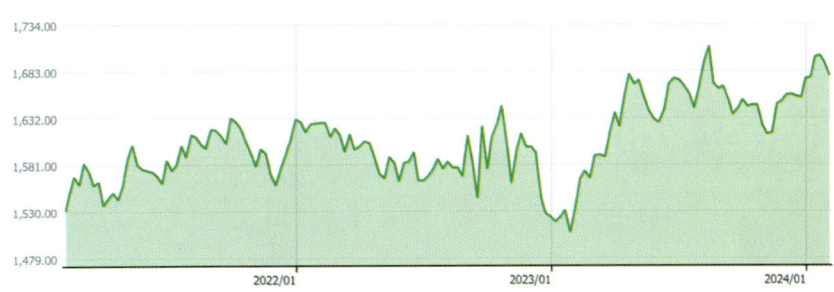

[영국의 환율]

위 사진에서도 알 수 있듯이 환율은 날짜와 시간에 따라 조금씩 차이가 있다. 파운드는 환율의 변동이 잦은 편이고, 떠나고자 하는 시기에 따라 환율이 다를 수 있으니 항상 예의주시하길 바란다.

임시 숙소 정하기

대개 영국에서 숙소를 구하기 전에 임시 숙소를 구한다. 인터넷에서 얻는 정보에는 한계가 있으므로 현지에서 직접 비교해 보고 충분히 알아본 뒤 자신에게 맞는 숙소와 환경을 확인하는 것이 좋다. 그러므로 먼저 임시 숙소를 구한 다음 본격적인 생활을 위한 숙소를 구해야 하는데, 일반적으로 구하는 임시 숙소는 호스텔이나 호텔, 그리고 단기 계약이 가능한 숙소이다.

호스텔월드(www.hostelworld.com)

호스텔의 경우 호스텔월드를 통해서 많이 예약한다. 원하는 국가, 도시, 날짜를 기입하면 찾고자 하는 정보를 손쉽게 확인할 수 있지만 장기 체류하기에는 비용 부담이 있으므로 1주일 이내로 예약하길 추천한다.

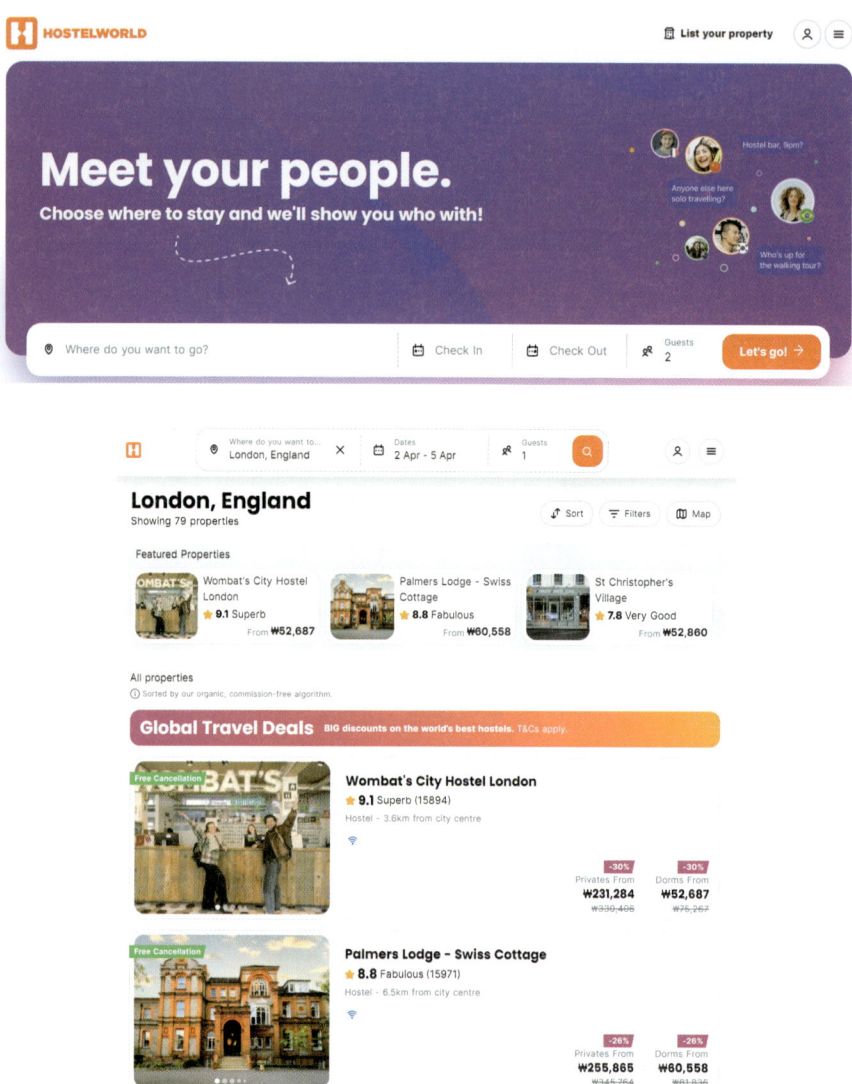

[호스텔월드 홈페이지]

PART 1 영국 워킹홀리데이 준비

에어비앤비(www.airbnb.co.kr)

개인 간의 거래가 가능한 에어비앤비의 경우 현지인과 직접 거래가 가능하고 저렴한 반면, 숙소가 호스텔보다 열악한 편이다. 인터넷을 통해 빠르게 임시 숙소를 구했지만, 현지에 도착해서 확인했을 때 마음에 들지 않는 상황이 생길 수도 있다. 그러므로 임시 숙소도 심사숙고해서 정해야 한다. 그 이후에 다양한 숙소들을 확인하면서 짧게는 몇 달, 길게는 2년이라는 기간 동안 체류할 수 있으므로 자신에게 알맞은 숙소를 꼼꼼히 찾아봐야 할 것이다.

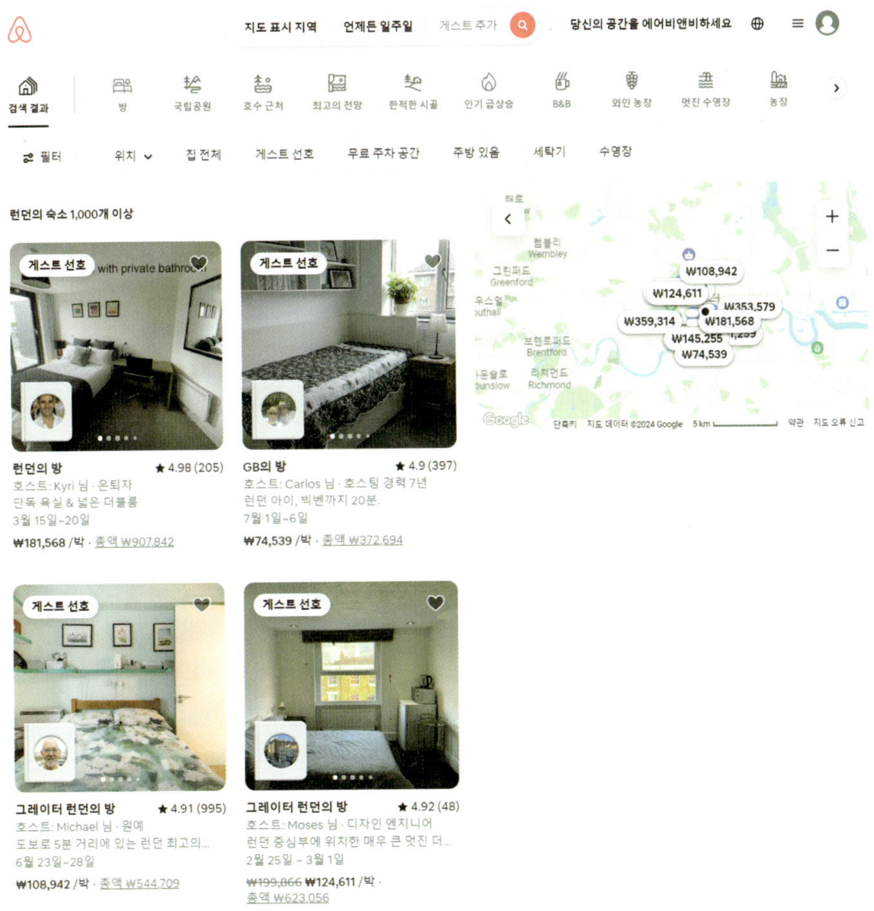

[에어비앤비 홈페이지]

스튜던트 닷컴(www.student.com)

영국 내 장기 숙소를 미리 계약하고 싶다면 스튜던트 닷컴은 어떨까? 스튜던트 닷컴은 레지던스 형식의 숙소 리스트를 보유하고 있는 한국 회사이다. 직접 촬영한 숙소 사진을 제공하고, 복잡한 영국 내 부동산 계약 절차를 대신해 준다. 한국식 원룸(스튜디오)부터 셰어 룸까지 다양한 숙소를 확보하고 있다.

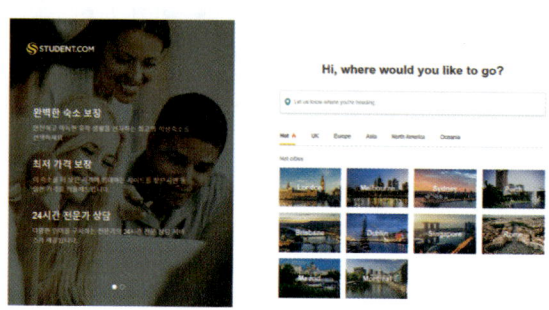

[스튜던트 닷컴 홈페이지]

LHA 그룹 호스텔(www.lhalondon.com)

런던 내 다양한 호스텔을 확보하고 있는 회사이다. 작은 규모의 게스트 하우스부터 런던 내 어학원 또는 대학교의 기숙사로 사용되고 있는 대형 호스텔까지 다양하게 확보하고 있다. 그중에 노팅힐에 있는 Bowden-court 센터는 아침과 저녁 식사를 제공하면서 3인 1실 기준으로 1주에 161파운드(한화로 약 27만 원 정도)로 초기에 영국 워킹홀리데이 정착 후 장기 숙소 계약까지 충분한 기간 동안 부담 없이 거주할 수 있다.

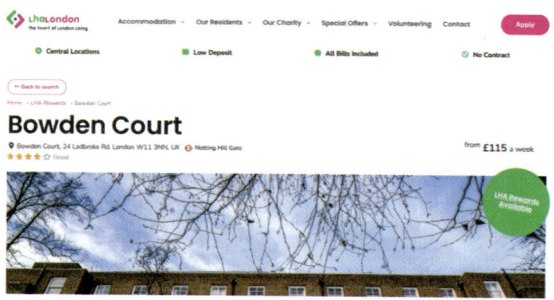

[LHA 그룹 호스텔 홈페이지]

PART 1 영국 워킹홀리데이 준비

항공권 예매하기

항공권은 대개 편도로 예매한다. 영국 워킹홀리데이 계획을 1년으로 생각할 수도 있지만, 2년이라는 체류 기간이 보장되기 때문에 왕복 항공권보다 편도 항공권으로 예매하는 게 훨씬 경제적이다. 항공권을 예매하는 방법은 다양한데, 항공사 사이트 또는 항공권 예매 사이트를 통해서 예매할 수 있다. 특히 항공권 예매 사이트는 다양한 항공사들을 비교할 수 있어서 보다 저렴한 예매가 가능하다는 장점이 있다. 물론 휴대폰 애플리케이션으로도 항공권 예매가 가능하다.

항공권 예매 시 주의해야 할 점은 각 항공사의 규정들을 확인하는 것이다. 항공사에 따라 수하물 규정이나 경유지, 스톱오버(Stop Over) 시간 등이 다르기 때문에 확인은 필수적이다. 또한 항공권을 미리 확인해야 저렴하게 구입할 수 있고, 늦게 확인할수록 저렴한 항공권이 이미 매진되었거나 비싼 항공권만 남아 있을 가능성이 높으므로 주의한다. 출국 시기에 맞춰서 늦어도 1~2개월 전에는 항공권을 알아보고 예매하길 권한다.

※ 항공권 예매할 때 주의사항
- 항공권은 예매 시기, 항공사, 경유 여부에 따라 가격이 다르다.
- 출국일 전에 일찍 예매해야 저렴하게 항공권을 구입할 수 있다. 늦게 예매하면 비싼 항공권만 남아 있을 수 있다.

공항에서 숙소까지

한국에서 영국까지 직항하면 11~12시간 정도 소요되고, 다른 곳을 경유하면 더 오랜 시간이 소요된다. 만약 영국이 처음이라면 공항에 도착해 임시 숙소가 있는 도시까지 어떠한 방법으로 가야할지 막막할 것이다. 영국으로 출국하기 전에 픽업을 신청한다면 도착하는 시간에 맞춰 마중 나온 픽업 차량을 타고 임시 숙소까지 편하게 갈 수 있지만, 대개 픽업을 신청하기보다 교통수단을 이용하여 임시 숙소까지 짐을 들고 이동하는 일이 많다. 공항에서 임시 숙소까지 이동하기 위해 공항 픽업 신청, 내셔널 익스프레스, 히드로 익스프레스, 히드로 커넥트 등을 이용할 수 있다.

내셔널 익스프레스(www.nationalexpress.com/en)

'내셔널 익스프레스'는 런던뿐만 아니라 맨체스터나 옥스퍼드 등 런던 근교에 위치해 있는 다양한 지역들로 가는 버스를 운영한다. 인터넷을 통해 예약이 가능하고 정해진 버스시간에 맞추어 예약하면 된다. 다만, 입국 절차가 지연될 가능성도 있으니 여유있게 예약해야 공항에서 숙소까지 최대한 편하게 갈 수 있다.
→ 히드로 공항 – 런던 중심부 편도 기준 평균 10파운드(한화 약 1만 7천 원)

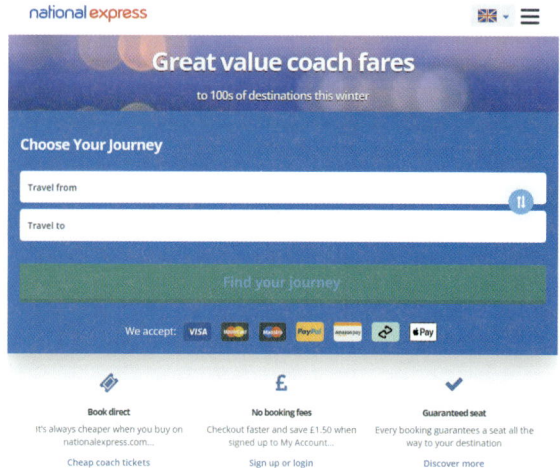

PART 1 영국 워킹홀리데이 준비

[내셔널 익스프레스 홈페이지]

히드로 익스프레스(www.heathrowexpress.com)

'히드로 익스프레스'는 히드로 공항의 공항철도의 개념인데, 우리나라의 공항철도와 흡사하다. 히드로 공항에서 시티 중심에 위치한 센트럴 패딩턴역까지 15분 만에 갈 수 있는 가장 빠르고 편리한 교통수단이지만, 편도 가격이 25파운드로 저렴하지 않은 편이다. 하지만 2~3개월 전에 인터넷으로 예약하면 비교적 저렴하게 이용할 수 있다.

→ 편도 비용 평균 25파운드(한화 4만 2천 원)

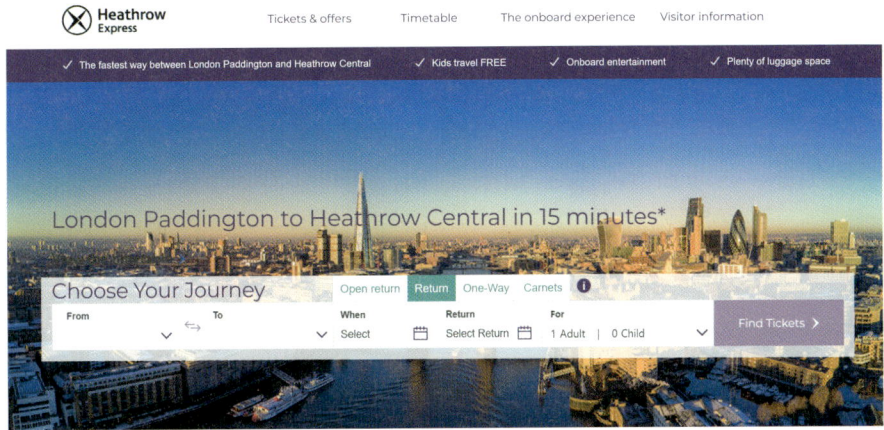

[히드로 익스프레스 홈페이지]

101

히드로 커넥트(www.heatrowconnect.com)

히드로 익스프레스가 직행 공항철도의 개념이라면 히드로 커넥트는 완행 지하철이라고 생각하면 된다. 운행 도중 정차하는 역이 간간이 있어서 시간이 더 소요되지만, 히드로 익스프레스보다 저렴한 편도 10.20파운드로 가장 많이 이용하게 될 교통수단이라고 생각한다. 다만, 익스프레스와 같은 곳에서 타야 하므로 자신이 산 티켓이 어떤 것인지 잘 확인하고 탑승해야 한다.

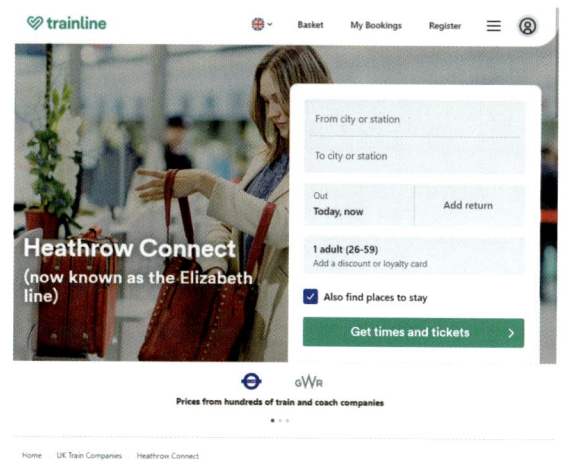

[히드로 커넥트 홈페이지]

PART 1 영국 워킹홀리데이 준비

짐 싸기 도움말(Tip)

체류 기간이 길다고 무작정 짐을 많이 챙기기보다 가장 필요한 것이 무엇인지를 고민하는 편이 바람직하다. 일반적으로 항공편에 실을 수 있는 수하물의 무게가 항공사마다 정해져 있고, 무게가 추가된다면 그만큼 추가 비용이 발생한다. 우선 영국 워킹홀리데이를 떠나기 위해서 무엇을 챙겨야 할지 리스트를 작성하길 추천한다. 먼저 가장 필요한 옷, 세면도구, 각종 서류들, 화장품, 신발 등을 우선적으로 정한 다음 부가적으로 필요한 노트북, 카메라, 약품, 책과 같은 물건들을 확인해야 한다.

가방	캐리어, 백팩 등과 같은 기내 혹은 수하용 가방 이외에도 생활 중 필요할 수 있는 작은 가방이나 크로스백을 추천한다.
	예 파우치, 노트북 가방, 여행용 가방, 크로스백 등
여권 및 서류	입국 시 필요한 서류들은 기내용 백팩에 수납하는 것이 좋고, 그 외에 생활하면서 필요한 서류들은 캐리어에 수납하는 것이 좋다.
	예 여권(여권 사본), 비자(비자 사본), 항공권, 스쿨레터, 각종 증명서 등
전자제품	전자제품의 경우 영국에서도 구매할 수 있지만 비쌀 수 있으므로 필요하다면 챙겨야 한다. 휴대폰 충전기나 노트북 충전기와 같이 잊기 쉬운 물품들은 꼼꼼하게 확인한다.
	예 드라이어, 헤어 아이론(고데기), 노트북, 충전기, 멀티탭, 변환 어댑터, USB 등
세면도구	수건이나 바디 타월의 경우 가격이 비싸므로 넉넉히 챙기는 것이 좋다. 샴푸나 린스, 바디 워시의 경우 여행용 샘플을 챙기고 생활을 하면서 맞는 제품을 구입하길 추천한다.
	예 수건, 바디 타월, 클렌징 제품 및 여행용 샘플 등
화장품	면세점에서 구입한 물품은 수하물 계측에 포함되지 않으므로 꼭 써야 하는 제품이 있는 것이 아니라면 면세점에서 화장품을 사는 것을 추천한다. 영국에는 비교적 저렴하고 좋은 화장품이 많으므로 샘플만 갖고 간 뒤, 현지에서 화장품을 사는 것도 좋다.
	예 면세점 이용, 사용하던 화장품 샘플 등
옷	떠나고자 하는 시기에 맞는 옷 선택이 중요하다. 또한 즐겨 입는 옷들 위주로 챙겨야 영국에 가서도 자주 입을 수 있다.
	예 계절에 맞는 옷, 신발, 편한 옷, 파티용 옷 등

액세서리	반지 등 고가의 물품이라면 가져가지 않는 것을 추천한다. 안경은 자신의 시력에 맞는 여유분을 준비하거나 대용할 렌즈를 마련해 두어야 한다. 선글라스는 여행 시 자외선으로부터 눈을 보호하는 데 필요하다. 예 시계, 선글라스, 안경 등
학용품	우리나라처럼 학용품의 종류가 다양하고 저렴하지 않기에 어느 정도 챙겨야 한다. 굳이 비싼 학용품보다는 쓰기 편하고 잘 지워지며, 튼튼한 학용품이 좋다. 예 단어장, 노트, 볼펜, 네임펜, 형광펜, 다이어리 등
기타 생필품	손톱깎이 세트나 반짇고리는 필요할 때 없는 경우가 많다. 더구나 영국에서 구하기 어려울 수 있으니 챙기면 유용하게 쓸 수 있다. 여성이라면 눈썹 다듬는 칼이나 족집게 등을 챙기는 것도 추천한다. 또한 영국에서 만날 친구들에게 줄 선물들도 챙기면 좋다. 물론 수화물 무게를 고려해야 하며, 여성용품의 경우 현지에서도 판매하니 너무 많이 챙길 필요는 없다. 예 손톱깎이 세트, 반짇고리, 여성용품(소량), 선물 등
약	평소에 자주 앓는 질병이 있다거나, 꾸준히 복용해야 하는 약이 있다면 영문 진단서와 영문 처방전을 챙겨가자. 현지에 가서 몸이 아플 때 유용하게 쓸 수 있을 것이다. 약을 챙길 때 입국 절차 중 세관에서 압수당할 위험이 있을 만한 약품들은 배제하는 것이 좋다. 예를 들어 한약은 성분 표시가 자세하지 않아 세관 검사 시 위험하고, 영국에서 파는 약이 자신과 맞지 않을 수 있으므로 영문으로 성분 명시가 되어 있는, 한국에서 먹던 약들을 비상약으로 준비하는 것이 좋다. 예 영문 진단서, 영문 처방전, 진통제, 두통약, 인공 눈물, 소화제, 비상약 등
책	수화물 무게를 고려한다면 굳이 많은 양의 책은 가져가지 않는 것이 좋다. 오히려 가벼운 여행 책자나 생활 단어장 등을 준비하는 것이 좋다. 예 단어장, 여행 안내서 등
영국에서 구매할 것	영국에서 사는 물건들이 지금까지 내가 사용하던 것들과 차이가 있을 수 있으나, 2년 동안 계속해서 한국에서 사용하던 제품만 사용하기엔 무리가 있다. 영국에서도 판매하는 물건들에 욕심을 갖지 않는 것이 출국 전 준비물을 줄일 수 있는 현명한 방법이다. 예 SIM 카드, 샴푸, 여성용품, 화장품, 옷 등

PART 1 영국 워킹홀리데이 준비

해외송금

초기 정착 시 가장 신경 쓰이는 것 중 하나는 한국에서 고이 모아 놨던 생활비를 손쉽고 안전하게 갖고 오는 것이다. 이때 필요한 것이 해외송금이다. 은행에서도 물론 해외송금이 가능하지만 수수료가 저렴하고 사용이 간편한 플랫폼, 유트랜스퍼를 추천한다.

기존 시중은행에서 해외송금을 할 경우 송금 건당 각종 수수료를 부과해 평균 2만 원부터 최대 4만 원까지 수수료가 부과된다. 그러나 유트랜스퍼 해외송금은 시중은행의 중개수수료, 수취수수료의 허들 없이 송금 건당 5천 원이라는 저렴한 수수료를 부과한다. 간소화된 송금 과정만큼 빠르면 송금 후 10분, 최대 24시간 내에 수취할 수 있다.

국제 직불카드

한국에서 쓰던 계좌를 사용하기보다는, 현지에서 은행 계좌를 개설하고 이용하는 것이 편리하다. 하지만 도착 후 계좌 개설까지 한 달 이상이 소요되므로 당장 드는 경비를 위해선 일정 금액을 환전해 가거나 현지에서 사용이 가능한 체크카드를 가지고 갈 것을 추천한다. 일반적으로 많이 이용하는 체크카드는 하나은행의 'VIVA X 체크카드'와 '트래블로그 체크카드', 그리고 '트래블월렛'이다. VIVA X 체크카드는 해외 ATM 인출 수수료 및 해외 가맹점 이용 수수료가 면제되며 트래블로그 체크카드, 트래블월렛은 파운드를 미리 충전해 두고 사용할 수 있다.

영국 현지 ATM 기계에서 파운드로 출금이 가능한 국제 직불카드는 출국 전 국내 해당 은행을 방문하면 발급이 가능하다. 국제 직불카드는 단순히 해외에서 사용이 가능한 점 말고도 항공권 마일리지 혜택 등 많은 혜택이 있어 해외 출국을 준비하는 사람들의 필수 준비물이라고 할 수 있다. 국제 직불카드는 현지 ATM에서 출금할 때 수수료가 1%이고, 물건을 구입할 때도 원금의 1%가 수수료로 발생한다.

국제 직불카드를 만들 때는 카드의 영문 이름과 여권상의 영문 이름의 철자가 같은지 확인해야 하고, 카드의 유효기간과 비밀번호를 꼭 체크해야 한다. 이용한도 금액도 미리 확인한다면 영국 워킹홀리데이 초기에 사용하는 데 큰 문제가 없을 것이다.

해외송금을 받을 경우 금액과 상관없이 기본 해외송금 수수료는 2만 5천 원 이상이다. 따라서 한화 300만 원 이하의 금액은 해외송금보다는 수수료가 낮은 국제 직불카드로 영국 현지 ATM에서 파운드로 출금하길 추천한다.

PART 1 영국 워킹홀리데이 준비

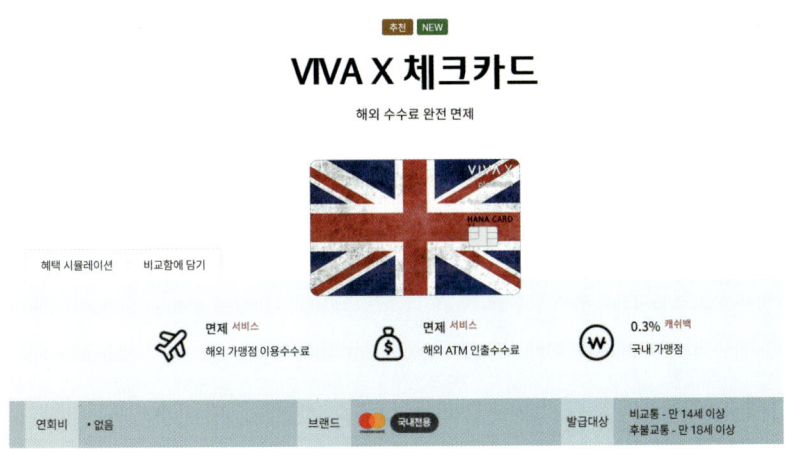

[VIVA X 체크카드]

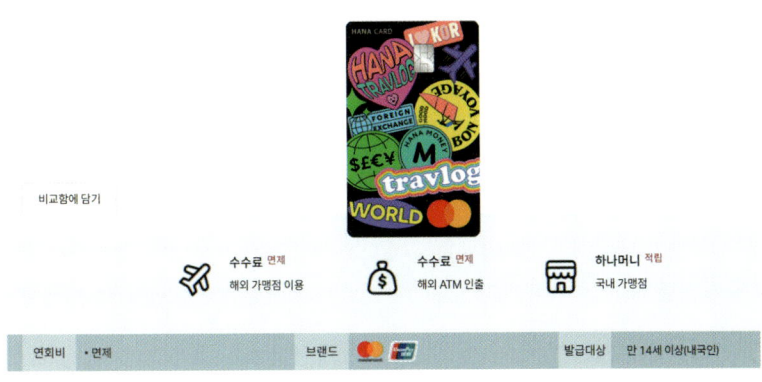

[트래블로그 체크카드]

트래블월렛
앱으로 충전하고

**카드 한장에
다양한 외화 충전**

전세계 45개 통화 지원
달러,엔,유로 환전 수수료 0%

**전세계 어디서든
수수료 부담 없이**

기존 신용카드 대비 2.5% 절약
해외 결제 수수료 0%

**잔돈 걱정 없이
전액 환불 가능**

여행 후 남은 외화도 남김 없이
내 계좌로 즉시 환불

어디서나
카드로 사용해요

**착 대면 척!
컨택리스 기능**

쉽고 편하게 긁거나 꽂지않는
비접촉 간편결제

**해외에서도
현금이 필요할 때**

전세계 VISA 가맹 ATM에서
현지 통화 출금

**전세계
교통카드 기능**

주요 도시 대중교통
컨택리스 결제 지원

[트래블월렛]

영국 워킹홀리데이, 입국 심사

과거에는 영국 입국 시 입국 심사가 진행되어 걱정하는 사람들이 많았으나 현재는 자동 출입국 심사로 진행되어 eGate에서 여권을 인식하고, 사진을 찍으면 바로 통과된다. 여권 인식이 안 되는 오류가 있을 경우에만 대면 입국 심사를 진행한다.

타워 브리지(Tower Bridge)

PART 2

영국 워킹홀리데이
성공 방법

영국 워킹홀리데이 어학연수란?
영국 워킹홀리데이 일자리 구하기
영국 워킹홀리데이 비자로 취업하기

런던타워 앞쪽에 있는 빅토리아식의 아름다운 다리인 타워 브리지는 런던의 상징과도 같다. 템스강은 조수간만의 영향으로 밀물 때와 썰물 때의 수심이 최고 6m(다리와 강수면과의 차이는 10m) 이상 차이가 나기 때문에, 배들의 원활한 소통을 위해 들어올리는 다리가 만들어졌으며 현재는 일주일에 1~2회 정도 다리를 올리고 있다. 밤에 하얗게 빛나는 조명을 받는 다리의 모습이 일품이며, 고딕양식의 첨탑에 오르면 런던의 멋진 스카이라인을 감상할 수 있다.

영국 워킹홀리데이 성공 방법

영국 워킹홀리데이 어학연수란?

영국 워킹홀리데이를 준비하는 분들이 가장 많이 물어보는 내용 중 하나가 바로 어학연수이다. 영국 워킹홀리데이에서 어학연수는 필수일까? 다들 어학연수를 하는 것 같아서 나도 안 하면 안 될 것 같지만, 막상 알아보면 비용은 비싸고, 솔직히 어학연수가 뭘 하는 것인지도 몰라서 고민하는 분들이 있을 것이다. 지금부터 어학연수에 대해서 함께 알아보도록 하자.

어학연수를 반드시 해야 할까?

워킹홀리데이는 협정을 체결한 양 국가의 청년들에게 상대 국가에서 관광·취업·어학연수 등을 병행하며 현지의 문화와 생활을 경험할 수 있도록 한 제도이다. 즉, 어학연수는 워킹홀리데이를 떠나서 할 수 있는 활동 중의 하나이다.

워킹홀리데이를 떠나는 사람들의 목적은 모두 제각각이다. 영국을 오랫동안 여행하기 위해서, 영국에서 전공이나 경력을 살려 취업을 하고 싶어서, 그저 영국을 제대로 경험하기 위해서 등등 영국 워홀을 떠나는 이유와 목적은 여러 가지가 있을 수 있다. 하지만! 여행을 다니고, 취업을 하고, 영국을 제대로 경험하기 위해서는 능숙한 영어 실력이 필수이다. 결과적으로 어학연수는 영국 워킹홀리데이의 목적을 이루기 위해 하는 것이다. 자, 그러면 영어를 잘 해야 하는데 영국에 가서 그냥 살기만 한다고 했을 때 영어 실력이 향상될까?

PART 2 영국 워킹홀리데이 성공 방법

정답은 "아니다."이다. 그냥 살기만 해서는 영어가 절대로 늘지 않는다. 물론 영국은 영어를 사용하므로 계속 영어를 접하게 되어 아주 조금씩 늘 수는 있다. 하지만 충분히 준비되지 않은 상태에서 들려오는 높은 수준의 영어는 여러분에게 흡수될 수 있는 영어가 아니라 그저 소음일 뿐이다. 같은 영어를 듣더라도 여러분이 이해하지 못한다면 영어가 아니라 소음일 뿐이고, 의미를 이해할 수 있어야만 영어인 것이다.

예를 들어 보겠다. 영국 워홀을 갔는데 영국인이 여러분의 수준보다 너무 어려운 영어를 매우 빠르게 이야기를 했다. 영어를 들었을 때 어떨 것 같은가? 영어가 너무 어려우므로 우선은 순식간에 귀를 스쳐지나갈 것이다. 그러나 여러분이 어떠한 새로운 지식, 여기서는 영어를 내 것으로 만들기 위해서는 스쳐지나가듯이 듣고 끝내서는 안 된다. 그냥 듣고 끝내는 것이 아니라 그 문장을 주의 깊게 듣고, 내포하고 있는 의미를 적극적으로 추론해 보고, 되새기고, 이해하려고 노력해야 한다. 이런 과정들을 거쳐야 새로운 지식이나 낯선 영어가 비로소 내 것이 되는 것이다. 결국 책상에 앉아서 시간을 들여 꾸준히 노력해야 실력이 늘고 어려운 영어를 접하더라도 내 것으로 만들 수 있다. 평소 노력 없이 일상생활에서만 영어를 접한다면 어려워서 영어를 이해할 시도조차 못 할 것이다. 이것이 영국에서 그냥 살기만 한다고 영어가 늘지 않는 이유이다.

'일을 구해서 하다 보면 영어가 늘지 않을까?'라고 생각하는 사람도 있을 것이다. 우선 고용주는 언어 실력이 부족해 고객과 의사소통을 잘 하지 못하고, 업무 지시도 잘 수행할 수 없는 사람을 굳이 급여를 주며 고용하지 않는다. 급여를 받으며 일을 하려면 영어는 필수이다.

좋다. 영어 실력이 능숙하지는 않지만 운 좋게도 천사 같은 영국인 고용주를 만나서 일을 하게 되었다. 이렇게 일을 하며 배우는 영어의 문제는 업무에 필요한 표현과 어휘만 반복적으로 사용하게 된다는 점이다. 일을 하면서 영어를 배우다 보면 어느 순간 일을 할 때 언어적 불편함이 없어질 것이다. 이때 많은 사람이 착각을 하기 쉬운데, 이것은 정말 영어가 늘어서 불편함이 없어진 것이 아니다. 영어 실력이 향상되어서 일이 능숙해진 것이 아니라 여러분이 반복되는 일에 적응

113

되어서 일을 잘하게 된 것이다.

만약 영어가 전혀 안 돼서 몸 쓰는 일을 구하거나 말을 하지 않아도 되는 일, 혹은 한인잡(고용주가 한국인인 파트타임잡)을 구한다면 돈을 버는 데 문제없이 영국에서 살 수는 있겠지만, 영어 실력이 향상되지는 않을 것이다. 기본적인 생존 영어만 해도 영국에서 먹고 사는 데 지장이 없으므로 영어 실력 향상의 필요성을 못 느낄 것이니 말이다.

어쩌면 영어 실력을 높이려고 워킹홀리데이를 떠나는 것 자체가 모순일 수 있다. 영국 워킹홀리데이 중인 사람들과 이야기를 나누다 보면 많이 듣는 이야기가 있다. 영국 워킹홀리데이는 영어를 공부하러 오는 것이 아니라 영어를 이미 잘 하는 사람들이 영국에서 이것저것 해 보기 위해 오는 것이라고 말이다.

여러분이 정말 영어 실력을 향상시키고 싶어서 영국에 간다면 워킹홀리데이 비자를 가지고 한인 식당에서 설거지를 할 것이 아니라, 학생 비자를 가지고 어학원에서 어학연수를 해야 한다. 영국에는 수백여 곳의 어학원들이 있으며, 전 세계의 사람들이 비용을 투자하여 영어를 공부하러 온다. 단지 영국에서 살기만 해도 영어 실력이 향상된다면, 사람들은 왜 비용을 투자해 가며 어학연수를 하는 것일까? 그 이유는 그래야 하기 때문이다. 어학원은 내 현재 영어 실력과 수준을 파악하여, 그에 맞는 체계적인 시스템과 노하우를 바탕으로 영어 실력을 빠르고 효율적으로 향상시켜 줄 수 있다.

여러분이 영어 실력을 향상시키고 싶다면 영국에 가는 목적을 확실하게 정한 뒤 그 목적을 위해 무엇을 포기해야 하고, 어느 정도의 노력과 투자를 해야 하는지 생각해 보아야 한다.

Hear와 Listen의 차이를 알고 있는가? 한국어로는 모두 '듣다'이지만, 영어로는 의미가 다르다. Hear은 의도하지 않았지만 그냥 귀에 들리는 소리, 예를 들면 바람 소리나 자동차 소리 같은 소음을 듣는 것을 의미한다. Listen은 집중해서 듣는 것을 의미한다. 시험 볼 때 듣기 테스트를 집중해서 듣는 것은 Listen에 해당된다. 여러분이 영어 실력을 향상시키고 싶다면, Hear을 할 것이 아니라 Listen

을 해야 한다.

만약 영어를 하는 데 불편함이 없지만 영국에 가 본 적이 없는 상황이라면, 또는 영국 워킹홀리데이에서 영어 실력을 향상시키는 것이 아니라 일을 하는 것이 목적인 상황이라면, 혹은 지금 영어 실력이 아주 부족하진 않지만 조금 더 잘하고 싶은 욕심이 있다면 어학연수는 필수가 아니라 선택이다. 이런 분들에게 어학원은 영어 공부에도 도움이 되지만, 수업 외적인 요소들이 더 많은 도움이 될 것이다. 어학원은 초기 정착 단계에서 인맥 형성, 계좌 개설, 임시 숙소, 액티비티 등 다양한 방면에서 영국 생활의 시작을 도와줄 것이다.

반대로 비행기를 타는 것 자체가 처음이거나 단기 여행 경험만 조금씩 있는 상황이라면, 혹은 영어로 의사소통을 하기 어렵고 영국 워홀을 가는 것 자체도 걱정이 가득한 상황이라면 어학연수는 필수가 될 것이다. 영어 실력을 향상시키는 것도 중요하지만, 당장 영국에서 생존하는 것 자체가 어려울 수도 있기 때문이다. 이런 분들이라면 필수적으로 어학원을 다니며, 영어 실력의 기초를 다지고, 다양한 국가의 사람들과 함께 어울리며, 인맥을 형성하고, 영국 생활에 적응을 하는 것이 좋다.

물론 어학원 비용이 한두 푼 하는 것이 아니므로 각자의 준비 상황을 잘 고려해서 결정해야 한다. 개개인에게 맞는 계획을 세운 뒤, 그에 맞는 어학원을 선택해야 한다. 혼자서 이 모든 것들을 정하기 어렵다면 잉글리쉬로드와 같은 업체의 도움을 받아도 좋다.

어학원은 어떻게 선택해야 할까?

각각의 어학원들은 모두 각기 다른 특징, 장점이나 단점들을 가지고 있다. 우선 자신만의 기준을 정해야 한다. 예를 들면 이런 부분들이다.

1. 지역 선택

가장 먼저 고려해야 할 것은 어학원의 지역이다. 곳곳에 지점이 있는 프랜차이즈 어학원도 있고, 특정 지역에만 있는 어학원도 있다. 여러 가지 요소를 고려해서 지역을 선택하고 나면, 그 지역 어학원들의 장단점을 살펴보아야 한다. 아무래도 대도시가 어학원이 많고 선택지가 다양한 편이다.

2. 목적

어학연수의 목표도 중요하다. 왜 영어 공부를 해야 할까? 왜 영어를 잘하고 싶은가? 영어를 잘하면 좋다는 건 다 알지만 조금 더 구체적인 목표를 정할 필요가 있다. 예를 들면, 영국인들과 어울리면서 불편함 없는 회화 실력이 필요한 것인지, 영국 대학 입학을 목표로 하기 때문에 공인 영어 성적이 필요한 것인지 등 왜 영어가 필요하고, 어떻게 활용하고 싶은지에 따라서 선택할 어학원이 달라진다.

3. 영어 실력

자신의 영어 실력도 잘 살펴보아야 한다. 내 영어 실력이 많이 부족한데 비싼 어학원을 가게 된다면? 그 비싼 어학원의 특색 있는 코스를 다양하게 경험할 수 없을 것이다. 바로 돈 낭비가 된다. 반대로 내 영어 실력이 중상 이상인데 제일 저렴한 어학원을 등록한다면 교육 내용이나 강사의 실력이 부족하다고 느껴 불만족스러울 수 있다. 이것 또한 돈 낭비가 된다. 적절한 어학원을 선택하기 위해서는 자신의 현재 실력을 정확하게 측정하는 것이 필수이다.

PART 2 영국 워킹홀리데이 성공 방법

4. 준비 예산

아마도 여러분이 가장 중요하게 생각하는 것이지 않을까 싶다. 바로 준비 예산이다. 앞에서 이야기한 것들이 아무리 나와 잘 맞아도, 준비 예산이 초과되면 갈 수 없다. 가뜩이나 영국에 가는 것만으로도 적지 않은 비용이 발생하는데 어학원 비용까지 준비하려면 부담스러울 것이다. 영국은 고가의 어학원부터 저렴한 어학원까지 다양하게 있으므로 개개인의 준비 예산에 적합한 어학원을 선택해야 한다.

5. 코스

어학원에서 듣는 코스는 어학원을 가는 목적에 따라서 달라진다. 그리고 어학원들마다 제공하는 코스와 수업 스타일이 다르다. 또한 어학원들마다 잘 가르치는, 평가가 좋은 코스들도 다르다. 나는 3개월 뒤에 아이엘츠(IELTS) 수업을 들으려고 했는데 나중에 알고 보니 어학원에 아이엘츠를 가르칠 수 있는 선생님이 없다면? 어학원을 잘못 선택한 것이다. 그러므로 어학원에 어떤 코스들이 있는지 미리 알아두어야 한다.

6. 분위기

어학원들의 분위기 역시 천차만별이다. 이 부분은 눈에 띄게 나눠지진 않으나 다녀 보면 확실히 차이가 있다. 조금 딱딱한 분위기에서 선생님과 학생 간에 선이 분명하게 그어져 있는 어학원도 있고, 반대로 쉬는 시간이나 점심시간에도 친근한 분위기에서 선생님이 학생과 함께하는 곳들도 있다. 자신의 성향을 생각하여 어떤 분위기가 자신의 목적을 이루는 데 도움이 될 것인지 따져보아야 한다.

7. 국적 비율

어학원 내 학생들의 국적 비율도 중요하다. 어학연수를 준비할 때 흔히들 생각하는 것처럼 굳이 영국까지 가서 한국인들이 가득한 곳에서 공부할 필요는 없으니 말이다. 없으면 없을수록 좋은 것은 맞다. 하지만 한편으로는 한국인들이 많은 이유가 한국인들에게 잘 맞게 가르쳐서일 수도 있으니 꼼꼼히 체크해 보아야 한다. 또한 다른 특정 국가의 사람들이 너무 몰려있지는 않은지도 체크해야 한다. 어학원에 한국인이 전혀 없어도, 학생이 한 국적에 너무 몰려있어도 좋은 학원은 아니니까 말이다.

이 외에도 반의 인원, 어학원의 위치, 휴게시설, 레벨의 세분화, 소셜 프로그램, 학원의 전체 규모, 한국인 스태프 등 고려할 부분들은 너무 많다. 이러한 부분들을 모두 완벽하게 충족시키는 어학원을 찾기는 쉽지 않으니 여러분에게 어떤 부분이 더 중요한지 우선순위를 정하는 것도 중요하다. 상대적으로 중요하지 않은 부분들을 제외하면서 말이다.

어학원을 찾아보려고 할 때 보통은 우선 네이버에 검색을 해 볼 것이다. 그러나 사실 다 광고라서 유의미한 결과를 얻기는 쉽지 않다.

['런던 어학연수'의 검색 결과]

PART 2 영국 워킹홀리데이 성공 방법

네이버에서 검색되는 어학원들은 영국의 수많은 어학원 중 극히 일부이다. 또 한국 포털 사이트에서 광고를 하고 있다는 점으로 보아 어학원 내의 한국인 비율이 높을 것임을 짐작할 수 있다. 물론 이러한 어학원들이 꼭 안 좋은 어학원인 것은 아니지만 네이버만 보고 결정을 한다면 좋은 선택지를 놓칠 수도 있다.

어학원을 찾고 있다면 실제 다닌 학생이 작성한 후기를 찾아야 한다. 요즘은 인터넷을 통해서 못 찾는 것이 없지만 양질의 정보를 찾기까지는 과정이 번거롭고, 시간이 오래 걸린다는 단점이 있다. 광고, 다른 의도로 가공된 거짓 정보, 바뀌어 버린 옛 정보가 아니라 순수한 정보 전달을 목적으로 하는 정보를 찾아야 한다.

장점은
1. 우수한 강사진을 보유하고 있습니다. 이것도 주관적이지만 한국 학생들에게 의견을 물어보면 다들 잘 가르친다고 하더라구요
2. 위치가 상당히 좋습니다. Holborn 역 1분 거리에 위치해있고 명동이라고 할 수 있는 Oxford Circus나 Tottenham Court Road station이 도보거리에 있습니다.
3. Extra class로 매주 화, 수 Smart Learning 을 진행하는데요! 50분에서 한 시간 정도 매주 다른 주제로 이야기하는 수업입니다. 강사가 지정한 주제로 다른학생들과 의견을 주고 받는데요! 여기서 실제로 다양한 주제로 이야기를 많이 할 수 있습니다. 스피킹이 자신없다거나 대화를 하고 싶어하시는 분들을 위해 추천해드릴 만한 프로그램입니다.
4. 학원 리셉션은 항상 친절하고 해달라는 모든 일에 도움을 줍니다. 가끔 공짜로 복사나 프린트를 해주기도 합니다 ㅋㅋ 입국시 필요한 레터들과 뱅크 레터들도 써달라고 하면 모두 써줍니다.

단점은
학비가 비싼데 비해 시설 자체가 그다지 좋지 않습니다.
1. 건물 자체가 오래되어 그런지 모르겠지만, 여자화장실의 경우 따뜻한 물이 안나온다는 점 (남자화장실엔 잘 나옵니다 또...).
2. 건물 층간이나 복도에 있는 히터가, 클래스룸 자체에는 없어서 수업을 듣는 도중에는 extra를 이용해야합니다. 가끔 날씨가 추울 땐 굉장히 짜증나는...
3. 11월 3주 차부터 고장난 와이파이를 해결하지 못하는 아주 큰 단점이 있습니다. 그렇다고 영국의 4G 데이터망 감도가 그렇게 좋은편도 아니라서 특정 장소에서는 잘 터지지도 않습니다.
4. 작은 부분이지만 PC나 CD플레이어의 경우에도 강사가 매번 사용하는데 애를 먹기도 합니다.
5. 다른학원의 경우 전자칠판을 보유하고 있는데 반해, 이 곳은 그냥 화이트보드를 이용하고 있습니다.
6. 소셜프로그램이 상당히 부족함을 느낍니다. Smart Learning 같은 경우 소셜프로그램의 일환이기도 한데요! 매주 목요일에 가는 Smart Trip이 전부라고 봐도 될 것 같아요. 매달마다 열리는 파티같은 것도 있다고 하는데 참여하는 학생들을 잘 보지 못했고, 담당자가 참여를 권유하지도 않습니다. 다른학원의 경우 매주 축구나 다른 액티비티를 하는 곳도 많은데요! 이곳은 담당자가 좋아하지 않는 것인지... 전혀 생각조차 하지않고 있었어요. (제가 먼저 제안을 해서 다다음주에 축구를 ...)

※ 출처: 네이버 카페 '잉글리쉬로드'

위의 후기처럼 어학원을 직접 다니면서 '좋은 점은 진짜 좋았다, 안 좋았던 부분은 실제로 안 좋았다' 등을 있는 그대로 표현한 부분을 확인할 수 있으면 좋다.

이런 후기도 좋다. 실제 다니면서 만족스러운 부분이 그대로 보이는 후기이다.

PART 2 영국 워킹홀리데이 성공 방법

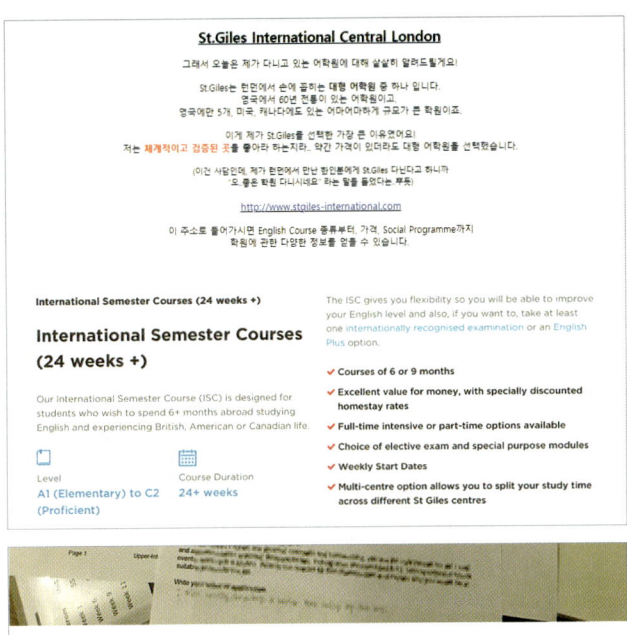

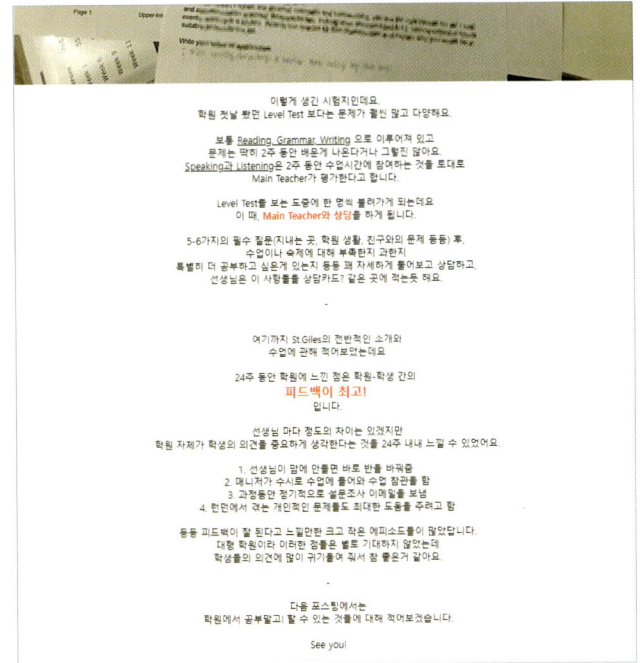

※ 출처: 네이버 카페 '잉글리쉬로드'

이런 식으로 좀 자세히 쓰인 후기들을 찾을 수 있으면 가장 좋다. 학교의 전반적인 시스템이나 내부 상황 등을 알 수 있는 후기이다.

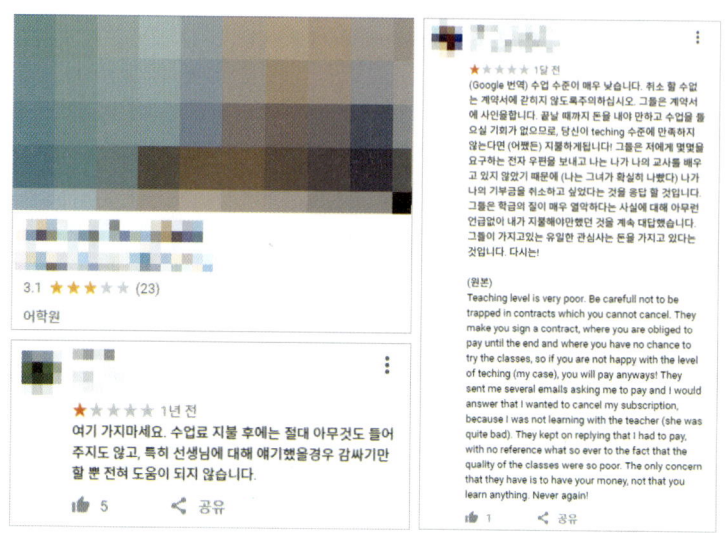

[구글에서 찾아본 어학원 후기]

구글링으로도 어학원의 후기를 찾아볼 수 있다. 솔직한 후기들 또는 도움이 되는 후기들도 물론 있지만 학원 측에서 작성하거나 아무나 악의적으로 작성한 후기들도 있는 만큼 100% 믿는 것은 추천하지 않는다. 어느 정도 참고만 하면 된다.

어학원 비용

영국에는 너무도 많은 어학원이 있어서 선택이 쉽지 않다. 앞에서 장단점도 이야기하고 특징도 이야기했지만 결국은 어학원 선택 시 발생하는 비용을 고려하지 않을 수 없다. 어쩌면 가장 중요한 요소일 수 있는 어학원 비용은 얼마나 할까?

			Number of weeks & price per week				
Choose your course		Length	1-3 weeks	4-7 weeks	8-11 weeks	12-23 weeks	24+ weeks (ISC)
Intensive Course (28 lessons per week) 09.00-15.30	General English Course (A1+)	1+ weeks	£501	£452	£425	£400	£340
	Cambridge Examination Preparation	5-13 weeks					
	IELTS Preparation	1+ weeks					
	General English plus English for Business	1+ weeks					
	General English plus English for University Studies	1+ weeks					
Peak Morning Course (20 lessons per week) 09.00-13.00	General English Course (A1+)	1+ weeks	£392	£355	£334	£314	£276
	Cambridge Examination Preparation	5-13 weeks					
	IELTS Preparation	1+ weeks					
	Basic Beginner Course (Pre-A1)	2-4 weeks					
Off-Peak Afternoon Course (20 lessons per week) 13.45-17.00	General English Course (A1+)	1+ weeks	£294	£266	£251	£236	£221

[A 어학원의 비용]

PART 2 영국 워킹홀리데이 성공 방법

A 어학원을 12주, 즉 3개월을 등록할 경우, 비용은 주당 314파운드이다. 12주를 등록하므로 12를 곱하면 3,768파운드로 한화로는 약 638만 원 정도이다.

[B 어학원의 비용]

B 어학원을 12주, 즉 3개월을 등록할 경우, 비용은 주당 230파운드이다. 12를 곱하면 2,760파운드로 한화로는 약 466만 원 정도이다.

[C 어학원의 비용]

C 어학원을 12주, 즉 3개월을 등록할 경우, 비용은 주당 145파운드이다. 12를 곱하면 1,740파운드로 한화로는 약 293만 원 정도이다.

어학원은 각기 다른 비용 정책을 가지고 있는 만큼 어느 것이 좋고 나쁘다고 말하기 쉽지 않으므로 어학원을 선택할 때 각자의 상황과 목적에 적합한 어학원을 고르는 것이 가장 중요하다.

123

그렇다면 고가의 어학원과 저렴한 어학원은 어떤 차이가 있으며 왜 발생할까? 가장 큰 비중을 차지하는 것은 인건비 즉, 강사의 급여이다. 비싼 어학원의 강사들은 경력이 많고, 다양한 학생들을 가르친 경험이 있으며, 다양한 자격증과 티칭 노하우를 가지고 있는 경우가 많다. 월급을 많이 받으니까 말이다. 가격이 싼 어학원은 그 반대로 생각하면 될 것이다.

또한 어학원 비용을 고려함에 있어서 가장 중요한 것은 바로 내 영어 실력이다. 대체로 영어 실력이 중상 이상이라면 중고가의 어학원을 가야 한다. 반대로 영어 실력이 많이 부족하다면 저렴한 어학원을 가야 한다. 조금 슬픈 이야기일 수 있지만, 솔직히 말해서 영어 실력이 많이 부족하다면 고가 어학원의 다양하고 특색 있는 코스나 자격증 수업들을 들을 수 없을 확률이 높다. 그 수업들을 따라갈 수 있는 최소한의 레벨도 안 되기 때문이다. 영어 실력이 부족하다면 아무리 멋진 코스가 있어도, 기본적인 회화 수업만 듣다가 학업이 마무리될 것이다.

반대의 경우는 어떨까? 영어 실력이 중상 이상 정도는 되는데 비용을 아끼려고 제일 저렴한 어학원을 간다면? 그것 또한 실패한 어학원 생활이 될 확률이 높다. 강사의 실력이 떨어져 학생이 문법 등 강사의 틀린 설명을 지적하는 경우도 왕왕 있기 때문이다. 이런 일을 방지하려면 레벨테스트를 통해서 정확한 영어 실력을 파악한 뒤 어학원을 선택해야 한다.

예를 한번 들어보겠다. 여러분에게 외국인 친구가 있는데 그 친구는 한국어를 전혀 모르고, ㄱㄴㄷ부터 배워야 하는 상황이다. 그런데 그 친구가 여러분에게 한국어를 좀 가르쳐 달라고 한다. 이런 상황이라면 한국어를 가르치는 기술이나 티칭 경력이 없어도 어느 정도는 한국어를 가르쳐 줄 수 있을 것이다. 반대로 그 친구가 이미 한국어를 굉장히 잘 하는 상태이지만, 지금 실력으로는 만족스럽지 않으니 더 잘하고 싶다고 여러분에게 한국어를 가르쳐 달라고 한다. 이 경우에도 가르쳐 줄 수 있을까? 아니다. 이 경우에는 외국인에게 한국어를 가르치는 기술을 배운 사람만이 가르쳐 줄 수 있다. 고가의 어학원과 저가의 어학원은 이런 차이라고 보면 된다. 물론 극단적인 예를 든 것이나 한 줄로 요약하자면 고가의 어학원에서는 티칭 경력이 오래된 강사가 가르치고 저가의 어학원에서는 아무래도 경력이 적은 강사가 가르치는 경우가 많다는 것이다.

그 외에는 환경적인 요인을 말하는 사람들도 있다. 고가의 어학원과 저가의 어학원을 모두 다녀본 학생들의 피드백에 따르면 고가의 어학원은 같이 공부하는 친구들이 치과의사, 정치인, 심리학 박사 등의 직업을 가진 경우가 많아 경제적인 여유가 있고, 뭔가를 하자고 했을 때 무엇이든 긍정적으로 해 보려고 하는 학생들이 많았다고 한다.

반대로 저가의 어학원을 다니는 사람들은 아무래도 비용을 아껴야 하는 상황이라서 다들 일을 하느라 바빠서 같이 어울리기 쉽지 않고, 뭔가를 하자고 했을 때 할 수 없는 상황인 경우가 많아서 친구 사귀기가 어려웠다고 한다. 학원 끝나면 다들 일하러 사라져 버리고, 뭔가 하자고 하면, "응… 나중에…." 하면서 난처해하는 경우가 많았다는 것이다.

보통 영국 워킹홀리데이를 떠나서 어학원을 가는 이유는 물론 영어도 중요하지만! 영어 외에도 이것저것 많은 것을 보고, 배우고, 경험하기 위함일 것이다. 각자의 사정은 있지만 워킹홀리데이에서 다양한 경험을 하고자 한다면 저렴한 어학원은 맞지 않을 수도 있다. 이렇게 환경적인 부분에서도 차이가 있을 수 있다.

그리고 고가 어학원의 강사들은 "어떻게 하면 외국인 학생들에게 영어를 더 쉽게 가르쳐 줄 수 있을까?"를 고민하는 모습이 보였다면, 저가 어학원의 강사들은 열정이나 열의보다는 영어가 모국어여서 영어 학원에서 일을 하는 느낌이었다는 후기도 있었다. 분명 고가의 어학원과 저렴한 어학원은 차이가 발생하는 만큼! 이런 부분을 충분히 고려해서 어학원을 선택해야 할 것이다.

어학원 비용은 다음과 같은 방법으로 줄일 수 있다.

1. 성수기를 피할 것

성수기는 말 그대로 상품이나 서비스의 수요가 많은 시기이다. 영국 어학연수에 있어서 성수기는 여름 휴가철, 7~8월이다. 우리는 보통 어학연수를 가게 되면 최소 3개월 보통은 6개월 이상으로 길게 등록을 하지만 프랑스, 스페인, 이탈리아, 포르투갈 등 유럽 사람들은 여름휴가 시즌에 단기로 영어 어학연수를 많이 떠난다. 휴가 때 3주에서 6주 정도의 단기 어학연수를 영국으로 오는데 이 시기는 성수기이다보니 수업료를 더 받는 어학원들도 있다. 학생들이 너무 많아서 수업의 퀄리티나 학생 케어 부분에서는 질이 더 떨어지는데도 말이다.

2. 단기+단기보다는 장기로 등록할 것

대부분의 어학원들은 학비가 주당 비용으로 책정되어 있다. 그리고 그 주당 비용은 등록 기간이 길어지면 길어질수록 저렴해진다는 특징이 있다. 예를 들면 이런 방식이다. 다음과 같이 주당 학비가 책정돼 있는 어학원이 있다.

1~4주: 주당 210파운드	5~12주: 주당 190파운드
13~23주: 주당 170파운드	24~35주: 주당 150파운드

우선 12주 수업을 듣고, 나중에 다시 12주 수업을 등록한다면, $(190 \times 12)+(190 \times 12)$로 계산하여 총 비용이 4,560파운드가 된다. 반대로 한번에 24주 수업을 등록한다면, 150×24로 계산하여 3,600파운드가 된다. 어학연수 기간을 오래 등록할 계획이라면, 단기로 여러 번 등록하는 것보다 장기로 등록하는 것이 저렴하다.

3. 학비 인상 전에 등록할 것

영국 어학원 학비도 매년 조금씩 인상된다. 여기서 중요한 부분은 인상 시기인데 대체로 9월부터 학비가 인상된다. 주로 주당 수업료가 5~10파운드 정도 인상되며 등록금이나 교재비 등 사소한 부분에서 인상되기도 한다. 어학원을 등록할 예정이라면 9월 전에 알아보는 것이 좋다.

4. 환율을 미리 알아보고 등록할 것

학비 인상과 별개로 어학원을 등록할 예정이라면 반드시 충분한 시간적 여유를 두고 등록을 하는 것이 좋다. 여기서 말하는 충분한 시간은 한두 달 전이 아니라 6개월 이상을 의미한다. 알아보는 기간이 빠르면 빠를수록, 준비 기간이 길면 길수록 파운드 환율을 지켜볼 수 있기 때문이다. 파운드 환율은 하루에도 수없이 오르내리므로 미리 알아보았다면 파운드 환율이 내려갔을 때 학비를 납부하면 최소 몇 만원에서 많게는 몇 십만~몇 백만 원 단위로 학비를 아낄 수 있다. 결과적으로 영국 어학원이 받는 파운드는 동일하지만, 지불하는 시기에 따라 우리가 내는 학비가 저렴해지는 것이다. 그런데 만약 다음 달에 어학원을 가야 하는데 어학원을 알아보고 있다면? 환율이 내려가기를 기다릴 시간이 없을 것이다. 그러므로 좀 서둘러서 알아볼 것을 추천한다.

5. 한국에서 등록하고 출국할 것

저렴하게 어학원을 등록하고 싶다면 출국하기 전에 어학원을 등록하고 가는 것이 좋다. 영국 어학원들은 이미 영국에 들어와서 어학원을 알아보는 사람보다는 영국을 제외한 전 세계 어딘가에 있는 사람들에게 더 많은 혜택을 제공하고 있기 때문이다. 영국에 이미 와 있으면 영국에서 어학연수를 할 가능성이 높지만, 다른 나라에 있으면 캐나다 호주, 아일랜드 등등 다른 나라로 어학연수를 갈 가능성이 있다. 그 사람들을 영국으로 오게 하려면 결국 더 매력적 혜택을 제공해야 할 것이다.

6. 어학원의 프로모션을 체크할 것

어학원들은 기본적으로 특정 시기나 필요에 따라서 다양한 프로모션을 진행한다. 가려는 어학원을 결정했다면 어학원의 프로모션을 확인해 보아야 한다. 어학원의 프로모션에는 대표적으로 추가 수업기간 제공이나 10~20%의 학비 할인, 바우처 제공, 등록금·교재비 면제, 수업 업그레이드 등이 있다. 이러한 어학원 프로모션은 시기에 따라 기간이나 내용이 변경되거나, 있다가 없어지는 등 수시로 달라질 수 있기 때문에 어학원의 프로모션을 꼭 체크해 보길 바란다.

7. 유학원을 이용할 것 - 잉글리쉬로드

어학원을 알아보는 과정에서 유학원은 꼭 필수일까? 아니다. 그렇지는 않다. 조금 번거롭기는 해도 분명 혼자서 알아보고 등록할 수 있다. 하지만 저렴하게 어학원을 등록하고 싶다면, 유학원을 되도록 이용하는 것이 좋다. 왜냐하면 앞서 말한 프로모션과 별개로 유학원, 에이전트에게는 어학원에서 추가로 제공하는 프로모션이 있는 경우도 있기 때문이다. 이 프로모션은 할인 폭이 더 높다. 왜 그럴까? 이 부분은 마케팅적으로 생각을 해 보면 이해가 쉽다. 어학원 입장에서 개개인은 어학원에 한 번만 등록할 것이다. 일회성 어학연수이고, 일회성 고객인 셈이다. 하지만 유학원 자체를 고객으로 만든다면? 해당 유학원을 통해서 여러 명의 학생이 어학원에 등록할 수 있다. 그러므로 어학원 입장에서는 개개인에게 프로모션을 제공하기보다는 유학원에 더 큰 프로모션을 제공하는 편이 더 이득이다. 그래서 유학원을 이용하면 최소 비용이 같거나 보통은 더 저렴하다. 혼자서 많은 어학원을 알아보기 힘들다면, 잉글리쉬로드를 통해 다양한 어학원과 어학원 비용을 확인할 수 있다.

효율적인 어학연수 시기

영국 워킹홀리데이에서 어학연수 시기는 많은 워홀러가 고민하는 부분 중 하나이다. 어학연수만을 목적으로 하는 경우와는 다르게 워킹홀리데이는 최소한의 초기 정착 비용으로 시작하고, 정착 이후에는 생활비를 현지에서 해결하려고 하기 때문에 어학연수 비용이 부담스러울 수 있다. 하지만 이 표를 보면 생각이 달라질

PART 2 영국 워킹홀리데이 성공 방법

것이다.

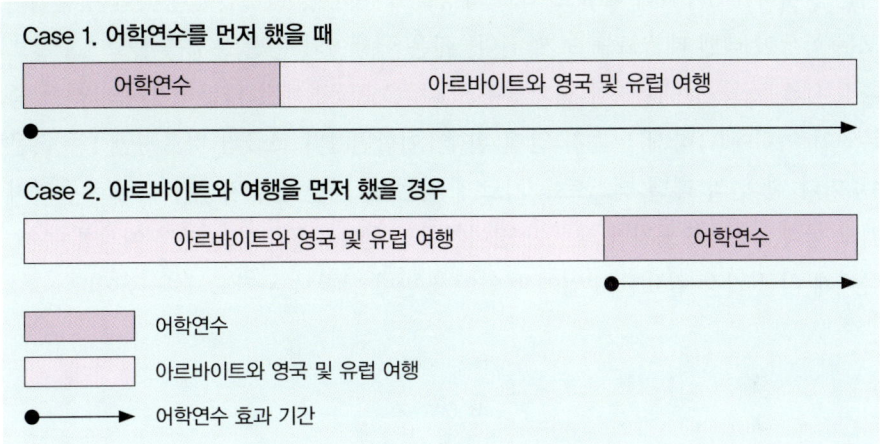

[영국 워킹홀리데이 어학연수 효과 기간]

위에서 볼 수 있듯이 어학연수 효과의 차이가 확연하다. 영국 도착 후 자신의 의욕과는 다르게 바로 일자리를 구하기가 매우 어려울 뿐만 아니라, 길거리에 있는 영국인들이 반갑게 손을 흔들며 친구하자고 하지도 않는다. 그러므로 현지 적응과 함께 한국에서 쌓은 영어 실력을 발휘할 공간이 필요하다. 그게 바로 어학연수 기관이며, 초기에 쌓은 최소 1개월에서 6개월 동안의 어학연수로 나머지 1년 6개월 동안의 영국 워킹홀리데이 일자리가 달라질 수 있다. 초기에 단순히 비용을 줄이려고 영어 공부를 미루어 둔 까닭에 2년 기간 내내 서비스업만 하게 될 수도 있고, 일자리는 구했지만 현지 영국인 친구들을 사귀기 어려울 수도 있으며, 심지어 최악의 경우 일자리를 구하지 못할 수도 있다. 새로운 장소에서의 새로운 커뮤니티는 생각보다 중요하다.

영국 워킹홀리데이 어학연수 – General English 회화 과정

어학연수 기관의 General English(GE) 과정은 한국에서 일반적으로 생각할 수 있는 회화 과정이다. 한국의 'Wall Street English' 또는 'SDA 삼육 어학원'에서 해외 어학연수 시 받게 되는 General English 과정과 가장 흡사하다. 영어에 관한 전반적인 실력을 향상시키기 위해 읽기 · 쓰기 · 듣기 · 말하기를 집중적으로 공부하는데, 이 과정에서 가장 중요한 부분은 말하기이다. 그렇기 때문에 영국에서는 철저하게 6가지의 레벨로 회화 과정을 구분하며, 어학원에 등록한 첫날에는 모든 학생이 레벨 테스트를 보게 된다. 짧은 에세이와 문법 문제를 풀고 1:1로 스피킹 테스트를 치르면 영국 문화원(British Council)에서 나눈 6가지의 레벨 중 본인이 어디에 속하게 되는지 알게 된다. 어학원마다 조금씩 다르지만 1주 혹은 4주마다 한 번씩 레벨 테스트를 치르게 되는데, 레벨이 유지되기도 하고 올라가기도 한다. 아주 드물지만 레벨이 떨어지기도 한다. 다음 회화 과정 예시를 통해, 나에게 지금 가장 필요한 수업이 무엇인가 한번 살펴보는 것도 좋을 것이다.

Beginner

↓ 4~6Weeks

A1(Elementary)
IELTS 2.0~3.0, TOEFL 20, TOEIC 100~220

↓ 8~10Weeks

A2(Pre-Intermediate)
IELTS 3.0~4.0, TOEFL 38~56, TOEIC 225~549, Cambridge KET

↓ 8~10Weeks

B1(Intermediate)
IELTS 4.0~5.0, TOEFL 57~86, TOEIC 550~780, Cambridge PET

↓ 10~12Weeks

B2(Upper-Intermediate)
IELTS 5.0~6.5, TOEFL 87~109, TOEIC 785~879, Cambridge FCE

↓ 10~12Weeks

C1(Advanced)
IELTS 6.5~8.0, TOEFL 110~120, TOEIC 880~973, Cambridge CAE

↓ 10~12Weeks

C2(Proficient)
IELTS 8.0~9.0, TOEIC 974~990, Cambridge CPE

[General English 회화 과정]

A1(Elementary)

아주 간단한 영어 표현을 할 수 있는 기초 단계 수업으로, 기본적인 영어 어휘와 문법, 의사소통 방법을 배울 수 있는 수업

A2(Pre-Intermediate)

기초적인 영어 지식을 갖추고 있는 상태에서, 영어 전반에 대한 지식을 늘리는 동시에 꾸준한 연습을 통해 영어 실력을 굳건히 함으로써 일상생활 및 업무 등 다양한 상황에서 영어로 의사소통하는 능력을 향상시킬 수 있는 수업

B1(Intermediate)

기본적인 영어 구사력을 이미 갖추고 있는 상태에서, 영어 전반에 대한 지식을 늘리는 동시에 일상생활 및 업무 등 다양한 상황에서 영어로 의사소통하는 능력을 향상시킬 수 있는 수업

B2(Upper-Intermediate)

실질적인 영어 구사력을 이미 갖추고 있는 상태에서, 영어 전반에 대한 지식을 늘리는 동시에 어떤 상황에서도 영어로 의사소통할 수 있는 능력을 기를 수 있는 수업

C1(Advanced)

영어에 대한 폭넓은 지식과 구사력을 이미 가지고 있는 상태에서 원어민에 가까운 영어 구사력을 기르고자 하는 고급 수준의 수업

C2(Proficient)

원어민 수준의 고급 단계 수업

영국 워킹홀리데이 어학연수 - IELTS

IELTS(아이엘츠, the International English Language Testing System)는 영어를 사용하는 국가에서의 학위 취득이나 취업을 목적으로 하는 사람들의 언어 능력을 평가하기 위하여 시행되는 시험이다. 전 세계 9,000개 이상의 기관이 교육, 취업 및 이민의 목적을 위한 IELTS 점수를 인정하고 있다. IELTS 과정은 Academic과 General로 나뉜다. 영국 워킹홀리데이 이후 유학을 생각한다면 Academic 모듈이 필수이며, 정식 취업 및 영국 취업비자와 같은 비자를 필요로 한다면 General 모듈을 준비해도 충분하다.

IELTS for UKVI Academic

이 시험은 영국에서의 학부・대학원 학위 취득 혹은 전문직 취업에 지원하고자 하는 응시자에게 적합하다. HTS 등급으로 영국 대학의 학부・대학원 과정을 지원한다면 Student visa에 대한 정보를 미리 알아두는 것이 매우 중요하다. 평가 과목은 듣기, 읽기, 쓰기, 말하기 등이 있다.

IELTS for UKVI General Training

이 시험은 영국으로의 이민, 직업 교육, 학부 입학 이전 단계의 과정에 지원하고자 하는 응시자에게 적합하다. 평가 과목은 듣기, 읽기, 쓰기, 말하기 등이 있다.

Highly Trusted Sponsor(HTS)

영국 정부가 검증한(Highly Trusted Spoonsor) 학부 또는 대학원 과정 수료를 위해 Student visa에 지원하는 분은 지원하는 학교나 기관이 정한 영어 능력 조건을 충족시키면 된다. 모든 영국 대학은 IELTS 점수를 인정하고 있으며, 학교의 특별한 요구 사항이 없다면 전 세계 1,000여개의 IELTS 시험장 중 어느 곳에서나 응시하여 받은 점수를 제출할 수 있다.

영국 워킹홀리데이 어학연수 – Cambridge Exam FCE / CAE

Cambridge Exam은 세계적으로 많은 나라에서 필수로 여기고 있는 영어 시험이라고 할 수 있다. 유럽권에서는 Cambridge Exam(Cambridge Exam – FCE, CAE, CPE)을 대학 입학 또는 취업의 중요한 영어 능력 평가 요소로 삼고 있다. Cambridge Exam의 평가 영역은 총 4가지 영역으로 구성되어 있으며 Reading and Use of English, Writing, Listening, Speaking으로 나뉜다. Cambridge Exam의 단계는 총 5단계이며 KET, PET, FCE, CAE, CPE로 구분된다. KET와 PET는 가장 낮은 레벨이다. 보통 학생들은 FCE 과정을 시작으로, CAE 과정을 이수하는 경우가 많다. 각 시험에 통과하게 되면 Certificate를 발급받을 수 있고, 이 증서는 평생 유효하다.

현재 세계적인 기업인 Microsoft, Airbus, IBM 등이 Cambridge Exam을 영어 능력 판단의 기준으로 삼고 있다. FCE 과정을 통과하고 CAE까지 통과하게 된다면 유럽의 기업, 대학, 정부에서 공식적으로 고급 레벨의 영어 능력을 갖춘 것으로 인정받을 수 있다. 그러므로 대학 입학 외에 취업에도 다방면으로 사용할 수 있는 공인 영어 성적이라고 할 수 있다.

※ Cambridge Exam의 단계 및 특징
- 1단계 KET(Key English Test): 기초 영어 능력 시험

- 2단계 PET(Preliminary English Test): 초급 영어 능력 시험
  영어권 국가에서 생활하고 직장을 구하기 위해 필요한 최소한의 기초 영어 실력을 측정하며, 어휘력과 문법 능력을 평가한다. Reading, Writing, Listening, Speaking 등의 4파트로 나누어 시험을 치른다.

- 3단계 FCE(First Certificate in English): 중급 영어 능력 시험
  세계 여러 나라의 직장과 대학 등에서 공인을 받고 있는 시험이다. PET의 4가지 시험인 Reading, Writing, Listening, Speaking과 함께 문법 및 관용어 표현력을 측정한다. 영국에서 생활하고자 한다면 적어도 FCE 이상의 자격을 갖추어야 영어 능력이 인정된다.

- 4단계 CAE(Certificate in Advanced English): 고급 영어 능력 시험
  영어권 국가에서 직장 생활에 필요한 영어 능력을 측정하는 고급 단계의 시험이다. CAE 자격을 갖추면 대학 입학뿐만 아니라 취업 시에도 영어 실력을 인정받을 수 있다. FCE에 비해서 상당히 수준이 높은 것은 물론 Listening의 비중이 상당히 높아진다. Writing 시험 역시 제한 시간 내에 써야 하는 단어가 150개에서 250개로 늘어나기 때문에 CAE 과정을 위해서는 FCE 과정이 필요하다.

- 5단계 CPE(Certificate in Proficiency English): 원어민 수준의 영어 능력 시험
  CPE는 Cambridge 시험 중 가장 높은 수준의 시험이다. 이 시험에 합격하면 TOEFL 시험을 치르지 않고도 영국이나 호주의 정규 대학에 입학할 수 있는 자격을 얻게 된다. CPE의 경우 원어민이라 하더라도 영어 교사가 아니라면 통과하기 어렵다.

PART 2 영국 워킹홀리데이 성공 방법

Cambridge FCE(First Certificate in English)

Cambridge 시험에서 중·상급 영어 수준을 평가하는 시험으로, 가장 보편적으로 보는 시험 중 하나이다. 일상적인 영어 말하기, 쓰기에 관련된 능력을 검증하는 시험이므로 Cambridge FCE는 업무나 학업을 위한 영어를 준비하는 사람에게 적합하다. 또한 각종 기업체·항공사·은행 및 기타 산업·행정·서비스업 분야 등 많은 회사에서 중상급 영어 시험으로 인정하고 있으며, 대학이나 교육기관 입학 자격시험으로 인정하고 있다. 의사소통을 보다 원활하게 할 수 있고 영어를 구사하는 데 자신감을 가질 수 있도록 실생활에 적합한 영어로 구성되어 있다.

시험 문제는 앞서 언급했듯이 Reading, Writing, Listening, Speaking 과정뿐만 아니라 문법과 어휘에 중점을 두고 출제가 된다. 일상생활에서 쓰이는 표현들을 구사할 수 있는 능력을 향상시킬 수 있다. Cambridge FCE를 통과한다면 다음 과정인 CAE나 CPE와 같은 수준의 시험에 도전이 가능하다.

> ※ **Cambridge FCE의 구성**
> - Reading and Use of English(1시간 15분): 본문에 제시된 표현이나 생각들을 이해할 수 있어야 한다.
> - Writing(1시간 20분): 두 편의 글을 작성해야 한다. 120~150자 분량의 편지나 이메일, 120~180자 분량의 기사, 에세이, 편지, 보고서, 비평문 등을 읽고 작성해야 한다.
> - Listening(40분): 뉴스 프로그램, 방송과 같은 다양한 듣기 지문의 의미를 이해해야 한다.
> - Speaking(14분): 3명이 한 그룹을 이루어 질의응답 또는 토론 형식의 말하기 테스트가 진행된다.

Cambridge CAE(Certificate in Advanced English)

Cambridge CAE는 중·고급 수준의 영어 능력 평가 시험이다. Cambridge의 시험 중 가장 어려운 난이도인 CPE를 제외하고 가장 어려운 시험이며, Cambridge FCE 과정에 합격했다면 준비할 수 있는 다음의 과정이라고 할 수 있다.

그러나 Cambridge CAE는 아시아권 합격자가 약 10%에 불과할 정도로 매우 어려운 편이고, Cambridge FCE보다 훨씬 높은 수준의 영어 실력이 요구된다. 또한 영어권 국가에 있는 수많은 기업체, 대학교, 정부기관에서 공식적으로 인정하는 고급 수준의 영어 능력 시험이라고 할 수 있다.

※ **Cambridge CAE의 구성**
- Reading and Use of English(1시간 30분): 다양한 종류의 글을 읽고 이해하면서 문제를 풀 수 있어야 한다.
- Writing(1시간 30분): 수필, 제안서, 보고서, 검토서, 평론서 등 다양한 글을 작성한다.
- Listening(40분): 강의, 연설, 강연, 인터뷰 등 다양한 구어체 자료를 듣고 이해도를 평가한다.
- Speaking(15분): 시험관과의 대화, 응시생과의 토론, 프레젠테이션 등을 통해 의사소통 능력을 평가한다.

영국 워킹홀리데이로 영국 석사과정 이수하기

영국 워킹홀리데이를 떠난다면 당신은 무엇을 할 수 있을 것이라고 생각하는가? 단지 '영국에서 체류하며 일상적인 생활을 하고 일도 하고 공부도 한다'는 정도로만 막연하게 생각했다면, 이번에는 여러분이 생각하는 영국 워킹홀리데이와는 다른 모습에 대해서 이야기하려고 한다. 사실 영국 워킹홀리데이의 정식 명칭은 워킹홀리데이가 아니라 '청년교류제도(YMS)'이다. 그렇기에 영국 워킹홀리데이는 다른 워킹홀리데이와는 엄연히 다른 부분이 있다.

우선 체류할 수 있는 기간이 2년이고, 어학연수에 별다른 제한이 없다. 그러므로 영국 워킹홀리데이 기간 동안 색다른 계획을 고려해볼 수 있다. 그것은 바로 영국에서 석사과정을 이수하는 것이다. 영국의 석사과정은 한국이나 다른 국가의 대학과는 다르게 1년 과정으로 되어 있어 워킹홀리데이 기간 안에 충분히 이수할 수 있다. 1년간 석사과정을 마친 뒤 1년이라는 체류 기간이 남기 때문에 워킹홀리데이 생활 역시 충분히 즐길 수 있다. 또한 영국 유학을 위한 영국 학생비자는 합법적인 아르바이트를 할 수 없지만, 영국 워킹홀리데이를 통해서라면 석사과정을 이수하는 중에도 합법적으로 일을 할 수 있어 조금 더 넉넉한 생활이 가능하다.

영국 워킹홀리데이를 준비하는 여러분들 중에서 한국에서 대학을 졸업했지만 영국에서 공부를 더 해서 석사 학위를 취득하고자 하는 사람이 있다면, 워킹홀리데이를 통해서도 충분히 석사과정을 밟을 수 있다.

영국의 대표적인 석사과정

영국에서 취득이 가능한 석사 학위는 일반적으로 MA(문학 석사), MSc(이학 석사), LLM(법학 석사), Med(교육 석사), MEng(공학 석사), MChem(화학 석사), MBA(경영학 석사), MMus(음악 석사) 등이 있다. 앞서 언급했듯이 영국에서 석사과정을 이수할 때 가장 빠른 방법은 사실 Student visa를 발급받는 것이다.
그러나 Student visa의 경우 합법적으로 아르바이트를 할 수 없을 뿐만 아니라 많은 예산이 필요하다. 또한 발급 과정도 까다롭다. 오히려 영국 워킹홀리데이를 통해서 Student visa 석사과정을 진행하는 것이 더 빠른 방법이라고 할 수 있다. 물론 워킹홀리데이를 떠나기에 앞서 미리 석사과정에 대해 충분히 알아봐야 할 것이다. 영국 워킹홀리데이 비자는 평생 1번만 발급되므로 보다 효율적인 석사과정을 생각한다면 신중한 선택을 해야 하기 때문이다.

석사과정 이수할 대학 선택하기

워킹홀리데이를 통해 석사과정을 이수하고자 한다면, 영국 워킹홀리데이 비자를 알아보기 전에 가장 먼저 해야 하는 일은 석사과정을 이수하고자 하는 대학을 선정하는 것이다. 대학 종합 순위를 확인하기에 앞서 전공별 대학 순위를 확인하는 과정이 가장 중요하다. 예를 들어 영국 내 종합 순위는 30위권에 머무는 대학이라도 전공에 따라서는 전공별 순위가 10위권 내에 속하는 대학이 있기 때문에, 원하는 전공에 맞춰 커리큘럼이 좋은 대학을 정하여 다양하게 알아봐야 성공적인 석사과정을 이수할 수 있다.

대학 리스트 정하고 비교하기

원하는 대학을 알아보다 보면, 마음에 드는 후보 대학이 한두 곳이 아닐 것이다. 예를 들어 1번 대학은 위치가 마음에 들고, 2번 대학은 학비가 저렴해서 마음에 들고, 3번 대학은 커리큘럼이 마음에 들 수 있을 것이다. 그렇기에 미리 리스트를 정한 뒤 여러 가지 관점에서 각 대학의 특징을 꼼꼼하게 비교하고 분석하는 것이 중요하다. 영국은 다른 국가의 석사과정과는 다르게 1년 만에 이수가 가능하지만 학비가 만만치 않을 것이다. 1년이라는 기간이 필요하기에 통학거리 및 학교 위치도 신중하게 고려해야 할 것이다. 그리고 학비가 비싸고 지리적으로 좋지 않은 환경이라 할지라도 내가 원하는 전공을 보다 제대로 확실하게 이수할 수 있다면 다른 악조건을 감수하는 것 역시 고려해야 한다.

원하는 대학의 자격 조건 확인하고 준비하기

지원 대학 리스트를 정했다면, 다음으로 알아봐야 하는 것은 각 대학의 입학 자격 조건이다. 대학마다 석사과정 지원 시 요구하는 자격 조건이 다르기 때문에 꼼꼼하게 확인하는 것이 중요하다.

자신이 원하는 대학에서 무엇을 요구하는지 파악하고, 이에 맞게 준비하는 것이 준비 기간 중 가장 오랜 시간이 필요한 과정이라고 볼 수 있다. 학교마다 필요로 하는 서류가 다르거나 인정하는 점수가 다를 수 있기 때문이다. 특히 영어 성적은 학사과정에서 IELTS 5.5~6.0 정도를 요구하는 반면, 석사과정에서는 일반적으로 IELTS 6.5~7.0 정도를 요구하기 때문에 영어 준비가 가장 중요하다.

이 밖에도 학사학위 때 받은 성적이나 자기소개서, 학업계획서, 추천서 등 별도로 준비해야 할 서류들이 있다. 예술계열의 경우 포트폴리오를 제출하거나 인터뷰를 진행할 수 있으니 미리 준비해야 한다.

지원 시기 확인하기

필요한 서류들을 확인하고 나면, 접수 절차가 남아있다. 이때 해당 대학의 지원 시기와 마감일을 정확하게 체크하는 것이 필수다. 영국 내 대학들의 경우 지원 시기나 마감일이 대학마다 차이가 있다. 서류를 준비했는데 마감일이 지나서 지원 시기를 놓치는 일이 없도록 미리 대학들을 비교해 보면서 지원 시기를 체크해 두거나 마감일을 적어 두어야 한다.

일반적으로 영국 대학은 봄·여름·가을의 3학기제로 운영되므로 입학을 원하는 시기에 맞춰서 접수해야 한다. 빨리 지원할수록 유리한 점이 있기 때문에 어느 정도 준비가 되었다면 서둘러서 학기 신청을 해야 한다.

영국 석사과정 신청 서류
- 졸업 증명서
- CV와 SOP
- 영문 추천서 2부
- 각종 증명서(공인 영어 성적, 자격증, 경력 증명서 등)

※ 영국 내 대학 비교표 참조
(www.thecompleteuniversityguide.co.uk/league-tables/rankings)

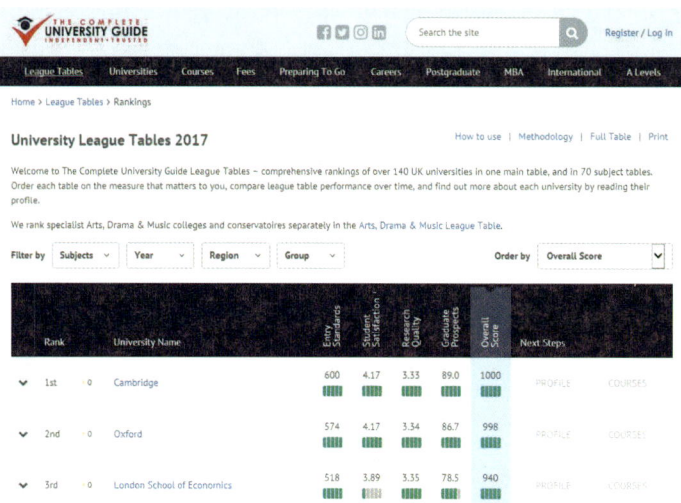

[컴플리트 유니버시티 가이드 홈페이지]

PART 2 영국 워킹홀리데이 성공 방법

영국 워킹홀리데이 일자리 구하기

CV(영문 이력서) 작성방법

영국 워킹홀리데이 또는 다른 나라의 워킹홀리데이 과정 중에서도, 일자리를 구할 때 가장 중요한 것은 CV(Curriculum Vitae, 이력서)이다. CV를 제출해야 면접 기회를 잡을 수 있고, 이는 곧 구직과 직결되기 때문이다. 물론 인맥을 통해서 일자리를 구한다면 좋겠지만, 세상일이 항상 마음먹은 대로 되지는 않는다. 다양한 곳에 CV를 제출하는 것도 중요하다. 하지만 더 중요한 것은 CV를 원하는 직무에 맞춰 체계적으로 작성한 후, 자신이 정말 원하는 직종에 CV를 제출하는 것이다. 양보다는 질로 승부를 보는 것이 중요하다. 현지에서 어떤 일을 하는가에 따라 나의 미래가 바뀔 수도 있다. 그러므로 CV 작성에 좀 더 공을 들이자.

사실 CV는 정해진 양식이라는 게 별도로 있지 않다. 다만, 꼭 기입해야 하는 어느 정도의 내용은 있다. CV 작성을 위해 구글을 검색해서 다양한 CV 양식을 확인하고 참고하는 것이 가장 좋다.

개인 정보 기입

CV 작성 시 가장 먼저 생각해 볼 수 있는 것은 CV를 제출하는 목적이다. CV는 영문 이력서로서, 자신의 이력을 고용주에게 알리려는 목적이 가장 크다. 그러다 보니 자연스레 개인 정보를 소개하며 CV 작성을 시작한다. 우선 이름, 현재 거주지, 연락처, 이메일 주소와 같은 개인 정보를 기입하고 자신을 소개하면서 CV 제출 목적을 설명해야 한다.

원하는 포지션 혹은 원하는 일자리에 대한 포부

CV 작성 시 원하는 포지션과 일자리를 구체적으로 언급하는 것은 자칫하면 위험할지도 모른다. 고용주 입장에서 여러 포지션에서 일을 할 수 있는 피고용인을 뽑고자 하는데 한 가지의 포지션에만 적합하다고 한다면 고용을 망설일 수도 있다. 하지만 한 가지 포지션만 고집하는 것이 꼭 나쁜 것만은 아니다. 하나만의 포지션을 고집하는 것은 일자리를 빨리 구하는 것에 방해가 될 수 있지만, 특정 포지션을 구하고 있는 고용주라면 분명 득이 될 수 있다. 포지션이나 일자리에 대한 포부를 간단하지만 자신감 있게 언급해 보면 어떨까?

경력이나 학력

CV 작성 시 기입해야 할 대표적인 또 다른 내용은 경력사항이다. 물론 영국 내에서의 경력이라면 더할 나위 없이 좋겠지만, 영국 내에서의 경력이 없더라도 지금까지 일한 경험이나 경력에 대해서 기재한다면 고용주 입장에서도 지원자를 이해하기 더 쉬울 것이다. 또한 단순한 아르바이트가 아니라 경력이나 학력을 살릴 수 있는 일자리를 구하고자 한다면 경력과 함께 학력을 명시하는 것이 좋다. 특히 영국에서의 학력을 가졌다면 보다 쉽게 일자리를 구할 수 있을지도 모른다. 경력이나 학력은 최근 항목부터 차근차근 자세하게 기입하면 된다.

자신에 대해서

개인 정보 혹은 기입한 경력을 토대로 자신이 갖춘 기술을 쓰거나 자신이 어떠한 사람인지 알릴 수 있는 구체적인 서술이 필요하다. 경력이나 학력을 통한 자신의 소개 말고 자신은 어떠한 사람인지, 자신이 갖추고 있는 기술이나 자격증에는 어떠한 것이 있는지 서술한다면 고용주 입장에서 지원자에 대해 보다 깊이 이해를 할 수 있을 것이다.

PART 2 영국 워킹홀리데이 성공 방법

[CV 작성 예시]

유명 프랜차이즈 또는 대형 판매점의 구직 면접 질문지

영국 워킹홀리데이 기간 동안 높은 물가와 생활비를 감당하려면 아르바이트를 안 할 수가 없을 것이다. 어떤 일자리를 구하는가에 따라 준비해야 할 것들이 조금씩 다르다. 일반적으로 많은 사람이 지원하는 대표적인 프랜차이즈나 대형 판매점의 경우는 경쟁률이 높은 편이다.

일자리를 구할 때 가장 중요한 것은 영문 이력서(CV)를 제출하는 일이다. CV를 제출하면 취업하고자 하는 곳에서 면접을 진행하게 될 것이다.

면접은 고용주가 지원자를 판단하는 데 결정적인 요소로 작용한다. 그러므로 많은 사람이 지원하는 유명 프랜차이즈나 대형 판매점 등의 면접 질문지를 참고하여 미리 준비하는 것이 좋다. 물론 면접에는 개인차가 있고 고용주에 따라서 질문 내용도 달라지겠지만, 어느 정도는 공통적인 질문과 대답을 주고받게 될 것이다. 따라서 예상 질문을 파악하고, 이에 대한 답변을 준비해 둔다면 합격에 도움이 될 것이다.

와사비(wasabi)
일식 take-out 프랜차이즈 전문점
지원 방법
온라인을 통해 공석을 확인 후 온라인 지원 가능
(wasabi.uk.com/current-vacancies)

[와사비 구인 페이지]

PART 2 영국 워킹홀리데이 성공 방법

면접 질문

- Why do you want to work here?
  왜 여기서 일을 하고 싶습니까?
- How long does it take for you to come here from your home?
  집에서 여기까지 시간이 얼마나 걸립니까?
- Why can't you work in the morning shift?
  오전에는 스케줄이 안 됩니까?
- Have you tried our food?
  우리 음식을 먹어 봤습니까?
- Where have you tried our food?
  우리 음식을 어디서 먹어 봤습니까?
- How did you feel when you first stepped in?
  우리 가게에 처음으로 들어섰을 때 느낌은 어땠습니까?
- What will you do if the customer said they got the wrong food?
  만일 손님이 주문한 음식이 잘못 나왔다고 하면 어떻게 하겠습니까?
- How will you finish cleaning in 1 hour if the cleaning takes 2 hours?
  최소 2시간 걸리는 청소를 1시간 안에 끝내라고 한다면 어떻게 하겠습니까?
- What have you studied in Korea?
  한국에서는 무엇을 공부했습니까?
- Why did you choose this?
  왜 이 일을 선택했습니까?
- What makes you feel mad and unhappy?
  귀하를 화나고 불행하게 느끼게 만드는 것은 무엇입니까?
- Why do you want to work?
  왜 일을 하려고 합니까?
- Tell me what you have done recentley.
  가장 최근에 했던 일에 대해서 말해 보십시오.

- What is most important of working?

  일하는 중에 가장 중요한 것은 무엇입니까?

- Do you have a dream?

  꿈이 있습니까?

- What can you do to achieve your dream quickly?

  꿈을 빨리 이루기 위해서 무엇을 할 수 있습니까?

- What effort are you doing?

  어떤 노력을 하고 있습니까?

- Do you wish to grow in Wasabi?

  와사비에서 일하면서 성장해 볼 생각이 있습니까?

- What will you do if you work with us?

  만약 우리와 일하게 된다면 무엇을 할 것입니까?

- Tell me about yourself in 3 words.

  자신을 세 단어로 말해 보십시오.

- What do you need to do as a team member?

  팀 멤버로서 해야 할 것은 무엇입니까?

- Tell me what is not to do as a team member?

  팀 멤버로서 하지 말아야 할 것은 무엇입니까?

- Do you have any weak points?

  약점이 있습니까?

- What will this weakness affect your team members?

  그 약점이 귀하의 팀 멤버들에게 무슨 영향을 끼치겠습니까?

- How do you relieve your stress?

  귀하는 스트레스를 어떻게 해소합니까?

PART 2 영국 워킹홀리데이 성공 방법

잇수(ITSU)
일식 프랜차이즈 전문점

지원 방법
온라인을 통해 공석을 확인 후 온라인 지원 가능
(jobsearch.itsu.com)

Latest jobs with itsu

Team Member
- St James Square, Quarter, Edinburgh, United Kingdom
- £10.90 (including hourly bonus)
- Permanent

Apply by 06 March, 2024
Posted on 05 February, 2024

Change & IT Project Manager
- Carlisle Place London, United Kingdom
- Competitive salary, benefits and bonus (package discussed on application)
- Permanent

Apply by 03 March, 2024
Posted on 02 February, 2024

Team Member
- Stansted Airport, United Kingdom
- £14.00 (including hourly bonus)
- Permanent

Apply by No Expiry Date
Posted on 01 February, 2024

Team Leader Service
- Richmond, London, United Kingdom
- £29,000 per annum plus bonus
- Permanent

Apply by No Expiry Date
Posted on 01 February, 2024

Graduate – Future Leaders Scheme
- Partnership House, Carlisle Pl, London, United Kingdom
- Competitive + Bonus and Benefits
- Temporary

Apply by 29 February, 2024
Posted on 01 February, 2024

[잇수 구인 페이지]

면접 질문

- Why did you come to UK?
  왜 영국에 왔습니까?
- Why did you apply for ITSU?
  왜 ITSU에 지원했습니까?
- Have you tried our food?
  ITSU의 음식을 먹어본 적 있습니까?
- Tell me about yourself using 3 words.
  자신에 대해서 세 단어로 말해 보십시오.
- Why can't you work in these hours?
  왜 이 시간에 일을 할 수 없습니까?
- Do you have a holiday plan?
  휴일에 계획이 있습니까?
- Do you go to English school?
  영어 학원을 다니고 있습니까?
- How do you study English?
  영어 공부는 어떻게 합니까?
- What are your plans for 5 years?
  앞으로 5년간 귀하의 계획은 무엇입니까?
- Did you apply for other places than here?
  여기 말고 지원한 다른 곳이 있습니까?
- How was the interview there?
  그곳의 인터뷰는 어땠습니까?
- Why didn't you go there even though you were hired?
  그곳에 합격하고 가지 않은 이유가 무엇입니까?
- If you can work here, can you work from tomorrow?
  여기서 일을 할 수 있다면 내일부터 일할 수 있습니까?

PART 2 영국 워킹홀리데이 성공 방법

코스타(costa)
커피 프랜차이즈 전문점
지원 방법
온라인을 통해 공석을 확인 후 온라인 지원 가능
(costacareers.co.uk/search-and-apply)

Barista
Location: Etruria Mills, Etruria Road, Stoke on Trent, GB-STS, ST1 5NS, GBR
Category: Retail Operations - Store Assistant / Barista

Team Leader - 16 Hours Next Gainsborough Costa
Location: Various
Category: Retail Operations - Team Leader

FMCG Commercial Market Lead
Location: GB; High Wycombe, GB-BKM, HP109QR, GB
Category: UK&I Support Centre - Commercial

Regional Account Manager
Location: GB; GB-UKM, GB
Category: UK&I Support Centre - Sales

Business Planning and Events Lead
Location: GB; GB-UKM, GB
Category: UK&I Support Centre - Strategy

Finance Business Partner
Location: GB; GB-UKM, GB
Category: Global Functions - Finance

[코스타 구인 페이지]

면접 질문

- Tell me about the reason why you quit your old job.
  지난 직장은 왜 그만두었는지 말해 보십시오.
- Tell me about the most difficult time that you had with your old job.
  이전 직장에서 가장 힘들었던 에피소드를 하나 말해 보십시오.
- When there are many customers, which do you think is more important, the speed or the quality of making coffee?
  많은 손님이 있을 경우 커피의 질과 만드는 속도 중 어느 것에 더 중점을 두겠습니까?
- Tell me about your character.
  귀하의 성격은 어떻습니까?
- Why do you want to work at Costa?
  왜 코스타에서 일을 하고 싶습니까?
- What time is good for you to work? We give this amount of money, is it ok?
  시간은 언제가 괜찮습니까? 우리가 줄 수 있는 시급은 이 정도인데 괜찮습니까?

스타벅스(starbucks)
커피 프랜차이즈 전문점

지원 방법

CV를 제출한 후 인터뷰를 진행하게 된다. 일반적으로 1차 인터뷰를 통해 인적 사항이나 비자 컨디션, 스타벅스를 지원한 동기에 관련된 인터뷰를 하고, 1차 합격자에 한해 2차 심층 면접 인터뷰를 진행하게 된다. 스타벅스 심층 면접은 다음의 15문항에 '매우 그렇다, 그저 그렇다, 매우 아니다' 등으로 체크한 후 그 체크에 대한 스스로의 생각을 설명해야 하는 면접이다. 다음의 문항을 체크한 후 예상 답변을 준비해 스타벅스 심층 면접 합격 가능성을 높이자.
(www.starbucksemeacareers.com/en)

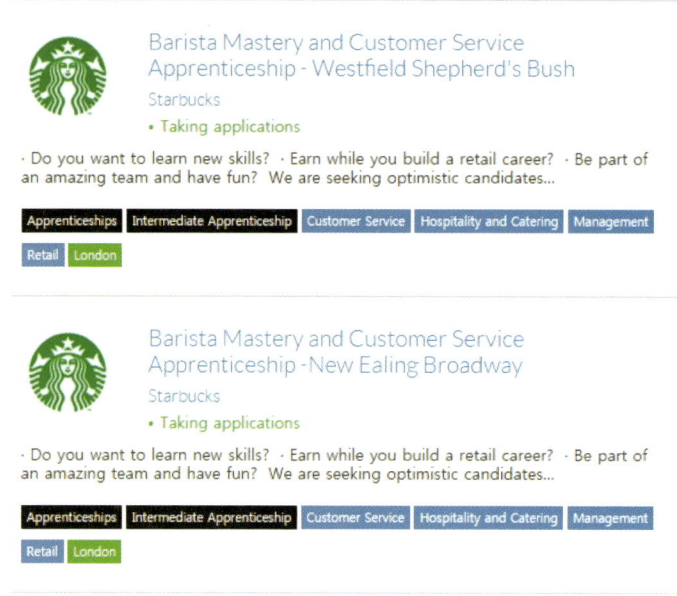

[스타벅스 구인 페이지]

면접 문항

- I have a strongly caring nature and love to make a difference to other people.
  나는 배려심이 강하며, 다른 사람에게 영향을 끼치는 것을 좋아한다.
- I love to be part of a supportive team. I am not happy if others are not happy.
  나는 서로가 도와주는 팀에서 일하는 것이 좋다. 다른 사람들이 행복하지 않으면 나도 행복하지 않다.
- I thrive on recognition from others.
  나는 다른 사람들에게 인정받는 것을 좋아한다.
- I love connecting with people. I am just not happy if I am not connected.
  나는 다른 사람들과 함께하는 것을 좋아한다. 다른 사람들과 함께하지 않으면 행복하지 않다.
- I love learning all the time.
  나는 언제나 배우는 것을 좋아한다.
- I have a good memory.
  나는 기억력이 좋다.
- I am not happy when me and my colleagues are not working to the highest possible standards.
  나는 내 동료와 가능한 한 최대 목표치에 도달하지 못하면 행복하지 않다.
- I am a very responsible person and love to make sure that things are done well.
  나는 매우 책임감이 있는 사람이며, 일처리를 명확하게 하는 것을 좋아한다.

PART 2 영국 워킹홀리데이 성공 방법

- I am a person who is always on the look out for something that needs to be done. And I get on and do it.
  나는 항상 필요한 일을 찾고 행하는 사람이다. 나는 항상 필요한 일들을 스스로 찾고 행동한다.
- I am a very optimistic person and usually think everything will be ok.
  나는 매우 긍정적인 사람이며, 항상 모든 것이 잘 될 것이라고 생각한다.
- I love to work at my own pace.
  나는 나만의 속도로 일하는 것이 좋다.
- I am a really modest person and like my accomplishments to speak for themselves.
  나는 정말 겸손한 사람이고, 내 성과로 대신하는 것을 좋아한다.
- I am a very careful person and tend to 'look before I leap'.
  나는 매우 신중한 사람이고, 돌다리도 두들겨 보고 건너는 경향이 있다.
- I like to look at a situation from all angles and analyse the facts and evidence before I make a decision.
  나는 결정을 하기 전에 상황을 모든 각도에서 보고, 사실과 증거 들을 분석하는 것을 좋아한다.
- I like to find new and original ways of solving problems.
  나는 새롭고 독창적인 방법을 찾아 문제를 해결하는 것을 좋아한다.

프레타망제(Pret a Manger)

샌드위치 프랜차이즈 전문점

지원 방법

온라인을 통해 공석을 확인 후 온라인 지원 가능
(pret.co.uk/en-GB/pret-jobs)

[프레타망제 구인 페이지]

PART 2 영국 워킹홀리데이 성공 방법

면접 질문

- Have you worked at this kind of job before?
  예전에 이런 종류의 일을 해본 경험이 있습니까?
- Which do you want as your job, part or full?
  파트타임과 풀타임 중 무엇을 할 수 있습니까?
- Open is at 5 a.m, and finishing time is at 11 p.m, is it ok?
  아침 5시에 오픈을 하고 11시 마감을 하는데, 괜찮습니까?
- Why did you apply for PRET A MANGER?
  왜 프레타망제를 지원했습니까?
- When can you work?
  언제부터 일을 할 수 있습니까?
- Why do you want to work at PRET A MANGER?
  왜 프레타망제에서 일을 하고 싶습니까?
- What can you do here?
  여기서 무엇을 할 수 있습니까?
- What did you do before?
  예전에 무슨 일을 했습니까?
- Why did you quit that job?
  왜 그 일을 그만두었습니까?
- How long can you work?
  얼마나 오래 일을 할 수 있습니까?
- Can you work in the morning, night and weekends?
  아침 일찍, 저녁 그리고 주말에 일을 할 수 있습니까?
- How long are you going to stay in London?
  런던에서 얼마나 머무를 것입니까?
- What are you going to do next?
  다음에는 무엇을 할 것입니까?

- Is it ok if you work in the kitchen?

  주방에서도 일을 할 수 있습니까?
- Do you want part or full time?

  파트타임과 풀타임 중 원하는 일이 있습니까?
- What is the most important thing if you work with your team members?

  팀 멤버들과 일을 할 때 무엇이 가장 중요합니까?
- If the kitchen is busy at 5 a.m, what will you do?

  아침 5시에 주방이 몹시 바쁘다면 귀하는 무엇을 할 것입니까?

PART 2 영국 워킹홀리데이 성공 방법

무지(MUJI)

라이프 스타일 브랜드 매장

지원 방법

온라인을 통해 공석을 확인 후 온라인 지원 가능
(mujicareers.eu/?lan=UK&cry=UK)

[무지 구인 페이지]

면접 질문

- Why did you apply for MUJI?
  무지에 왜 지원했습니까?
- What do you know about MUJI?
  무지에 대해서 얼마나 알고 있습니까?
- Do you shop at MUJI? Why?
  무지에서 쇼핑을 해봤습니까? 왜입니까?
- What is your benefit from working here in MUJI?
  무지에서 일을 한다면 귀하가 얻을 수 있는 이익은 무엇입니까?
- What can you do for us? Why should we hire you?
  귀하는 우리를 위해 무엇을 할 수 있습니까? 우리가 귀하를 왜 뽑아야 합니까?
- What is your favorite MUJI product? What do you dislike? If you have to sell the product you dislike to a customer, what will you do?
  가장 좋아하는 무지 제품은 무엇입니까? 싫어하는 제품은 무엇입니까?
  당신이 싫어하는 제품을 고객에게 팔아야 한다면, 무엇을 하겠습니까?
- What is the difference between good customer service and excellent customer service?
  우수 고객 응대와 최우수 고객 응대의 차이점은 무엇입니까?
- If you work at MUJI, does your style have to change to MUJI?
  무지에서 일을 한다면, 무지 스타일에 맞춰야 할까요?
- We don't want you to wear any brands while working here because we want no brands.
  우리는 노 브랜드를 지향하기 때문에 여기서 일하는 동안 어떤 브랜드가 있는 제품도 입어서는 안 됩니다.
- Also you cannot wear colorful clothes and also you can't have bright color dye.
  그리고 화려한 옷도 안 되고, 머리에 밝은 염색을 해서도 안 됩니다.

PART 2 영국 워킹홀리데이 성공 방법

- Tell me about yourself.
  자신에 대해서 소개해 보십시오.
- What are your strengths?
  본인의 강점은 무엇입니까?
- What are your weaknesses?
  본인의 약점은 무엇입니까?
- Why do you want this job?
  왜 이 일을 원합니까?
- Where would you like to be in your career five years from now?
  지금부터 5년 뒤에 어떤 직업을 가질 것 같습니까?
- What's your ideal company?
  귀하의 이상적인 직장은 무엇입니까?
- What attracted you to this company?
  이 회사에 어떤 매력을 느끼고 왔습니까?
- Why should we hire you?
  왜 우리가 귀하를 고용해야 합니까?
- What did you like least about your last job?
  전 직장에서 가장 아쉬웠던 점은 무엇입니까?
- When were you most satisfied in your job?
  직장에서 가장 만족스러웠던 적은 언제입니까?
- What can you do for us that other candidates can't?
  귀하는 우리를 위해 다른 지원자가 할 수 없는 무엇을 해줄 수 있습니까?
- What were the responsibilities of your last position?
  최근 직장에서 당신의 책무는 무엇이었습니까?
- Why are you leaving your present job?
  왜 현재의 직장을 그만두려고 합니까?
- What do you know about this industry?
  이쪽 산업에 대해 무엇을 알고 있습니까?

- What do you know about our company?
  우리 회사에 대해 무엇을 알고 있습니까?
- Are you willing to relocate?
  회사와 가까운 곳으로 이사할 의향이 있습니까?
- Do you have any questions for me?
  저에게 질문이 있습니까?

자라(Zara)
패스트 패션 브랜드 매장
지원 방법
온라인을 통해 공석을 확인 후 온라인 지원 가능(워크인으로 지원 가능)
(www.inditexcareers.com/portalweb/ko/home)

PART 2 영국 워킹홀리데이 성공 방법

면접 질문

- Any previous experience, how would you deal with a bad customer or bad coworker?
  이전의 경험 중에서, 악성 고객이나 나쁜 동료들이 있으면 어떻게 대처했습니까?
- What do you know about Zara?
  자라에 대해서 무엇을 알고 있습니까?
- If there is a big queue of people on the tills and customers start to complain, what would you do to solve the problem?
  계산대에 대기 행렬이 몹시 길어서 고객들이 불평하기 시작한다면, 이러한 문제를 해결하기 위해 무엇을 하겠습니까?
- How do you deal with stress?
  귀하는 스트레스를 어떻게 해소합니까?
- Tell me about yourself.
  자신에 대해서 말해 보십시오.
- Work history?
  근무 이력은?
- Where do you see yourself in 5 years?
  5년 뒤에 귀하의 모습은 어떨 것 같습니까?

탑샵(TOPSHOP)

의류 소매 브랜드 매장

지원 방법

온라인을 통해 공석을 확인 후 온라인 지원 가능(워크인으로 지원 가능) (asoscareers.com)

면접 질문

- Could you explain a time when you've provided excellent customer service?
  탁월한 고객 서비스를 제공했던 때를 설명해 줄 수 있겠습니까?
- Could you explain a time where you have had an idea that has benefited the company you worked for financially?
  귀하가 근무했던 회사에 재정적으로 유익한 아이디어를 냈던 때에 대해서 설명해 줄 수 있겠습니까?
- Name a time you have delivered excellent customer service?
  최고의 고객 서비스를 제공한 때를 말해 보겠습니까?
- How do you keep up to date with the latest trends?
  귀하는 어떻게 최근의 트렌드와 유행에 발맞춰 나가겠습니까?
- What would you do if there was a queue at the fitting rooms?
  피팅룸의 대기 줄이 길면 무엇을 하겠습니까?
- How would you deal with a difficult customer?
  악성 고객에 대해 어떻게 대처하겠습니까?
- Do you have any personal goals?
  귀하는 어떤 개인적인 목표가 있습니까?
- Can you give an example of when you've faced a problem and what you did to overcome it?
  귀하가 문제와 맞닥뜨렸을 때 그것을 극복하기 위해 무엇을 했는지 예를 들어 설명할 수 있겠습니까?
- Give an example of a time you've provided good customer service?
  훌륭한 고객 서비스를 제공했던 때를 설명해 줄 수 있겠습니까?
- Have you worked in a team before? If so, how would you sort out problems in your team?
  이전에 팀 내에서 근무한 적이 있습니까? 그렇다면, 팀 내의 문제를 어떻게 해결했습니까?

영국 워킹홀리데이 비자로 취업하기

취업비자의 종류

영국에서 일을 할 수 있는 비자는 매우 다양하다. 아래의 페이지에서 영국 취업 비자 목록을 확인할 수 있으며, 모든 비자들은 각각 다른 조건을 가지고 있으므로 각 비자들을 확인한 뒤 각자의 상황에 적합한 비자를 찾아보자.

www.gov.uk/browse/visas-immigration/work-visas

Skilled Worker 비자

영국 워킹홀리데이를 준비하는 목적에는 취업을 영국에서 하기 위함도 있을 것이다. 이 글을 읽고 있는 분들 중에도 워킹홀리데이 이후에 취업비자를 발급받을 것을 생각하여 영국 워킹홀리데이에 지원한 분들이 있을 것이다. 그러나 영국 취업비자인 Skilled Worker 비자를 취득하기는 쉽지 않다. 외국 인력의 유입으로 인한 영국 자국민들의 취업률 감소를 우려하여 비자를 발급하는 데에 까다로운 조건을 적용하기 때문이다. 하지만 Skilled Worker 비자로 입국해 영국에서 5년 동안 거주하면 영주권 신청이 가능하므로 Skilled Worker 비자를 통해 안정적이고 장기적인 취업을 할 수 있다.

Skilled Worker 비자는 기존의 General Tier 2 비자를 대체하는 비자이다. 적합한 직업군에 종사하는 근로자여야 신청할 수 있으므로 자신의 직업 코드를 확인하여 비자에 적합한지 확인해야 한다. 또한 영국 정부로부터 승인된 영국 고용주의 일자리 제안이 있어야 하기에 미리 리스트를 확인해 보는 것도 중요하다.

PART 2 영국 워킹홀리데이 성공 방법

기간
최대 5년

신청 자격
- 어학 능력 CEFR 기준 B1 이상
- 해당 일자리가 연봉 26,200파운드(또는 시급 10.75파운드)의 최소 급여 기준에 충족되어야 함
- 승인된 영국 고용주의 일자리 제안이 있어야 함

신청 서류
- COS 레퍼런스 넘버
- 영어 실력을 증명할 수 있는 어학 점수나 학위
- 유효한 여권
- 직책 및 연봉
- 직업 코드
- 고용주의 이름 및 스폰서 라이선스 번호

신청 비용
- 최대 3년 – 719파운드 / 부족 직업군 551파운드
- 3년 이상 – 1,420파운드 / 부족 직업군 1,084파운드

그리니치 천문대(Greenwich observatory)

PART 3

영국 워킹홀리데이 비자 사용 방법과 생활 정보

영국 워킹홀리데이 BRP
General Practitioner(GP, 지역보건의)
National Insurance(NI) 넘버, 세금
생활에 유용한 카드
영국 워킹홀리데이, 런던이어야 하는 이유
계좌 개설하기, 휴대폰 개통하기
숙소 구하기, 교통수단
소셜 커머스 활용하기
쇼핑 핫플레이스, 영국의 공휴일
향수병 극복
영국에서 'Meet-up'으로 친구 사귀기
생필품 저렴하게 구입하기
영국 런던의 위험한 지역
미용실 알아보기, 택배 보내기
봉사활동하기
클럽 가기

그리니치 공원에 자리잡고 있는 그리니치 천문대는 지구에서 가장 먼저 하루가 시작되는 곳으로, 본초자오선이 이곳을 통과하고 있다. 그리니치 천문대를 방문하면, 270년의 오랜 역사를 지닌 천문학자들의 숙소와 업무공간을 둘러보고, 그리니치 표준시(Greenwich Mean Time)가 어떻게 세계 표준시가 되었는지에 대한 이야기도 들어볼 수 있다. 그러나 1930년부터 공해 등의 외부적인 영향으로 더 이상 이곳에서의 천체관측이 불가능하게 되어 1948년 잉글랜드 남동부에 위치하고 있는 서식스의 허스트먼슈 성(Herstmonceux Castle)으로 그 자리를 옮기고, 그리니치 천문대는 국립해양박물관의 일부가 되었다.
• 관람시간: 10:00 ~ 17:00 • 위치: Greenwich Park, Greenwich, London SE10

영국 워킹홀리데이 비자 사용 방법과 생활 정보

영국 워킹홀리데이 BRP

BRP(Biometric Residence Permit)

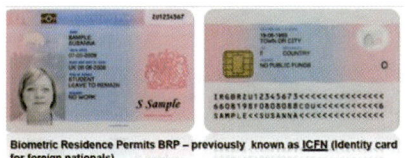

BRP란 영국에서의 정식 체류 허가를 나타내는 비자이다. 비네트를 여권에 부착해주기 이전까지는 여권에 부착되어 나온 것이 BRP였지만, 2015년 하반기부터 비네트가 추가되면서 BRP를 ID 카드 형식으로 발급한다. BRP는 영국 현지에서 수령해야 한다. BRP는 YMS 신청 시 작성하는 온라인 비자 신청서를 통해서 수령할 장소를 선택할 수 있고, 기입된 주소지로부터 가장 가까운 우체국에서 수령이 가능하다. 비자 발급 2~3일 후에 신청 시 기재한 이메일로 Decision Letter를 받게 되는데, 만일 수령 장소를 잊어버렸을 경우에는 해당 Decision Letter에 명시된 수령 장소를 참고하기 바란다.

BRP 수령은 비교적 어렵지 않으며 여권과 Decision Letter를 지참해서 지정한 우체국을 방문하면 된다. 현재는 ID 카드 형식으로 되어 있는 BRP를 비네트의

PART 3 영국 워킹홀리데이 비자 사용 방법과 생활 정보

유효기간이나 입국으로부터 10일 이내 중 더 늦은 날짜 안에 수령해야 한다.

BRP 수령하는 방법

BRP를 수령하는 방법은 간단하다. 온라인 비자 신청서 작성 시 기입했던 주소지와 가까운 우체국의 이름과 위치 등을 기억해 두거나, 잊어버렸다면 이메일을 통해 받은 Decision Letter를 기억하자. 이 종이에 BRP를 수령하는 우체국이 명시되어 있다. 영국에 입국한 후 Decision Letter에 명시되어 있는 우체국을 방문하여 BRP를 수령하면 된다. YMS 신청 후 수령한 여권과 함께 동봉되어 있던 Decision Letter를 지참해서 방문해야 한다.

> **BRP 카드 수령 방법**
> - 영국 워킹홀리데이로 영국에 입국
> - 미리 지정한 우체국 확인 및 방문
> - 번호표를 뽑고 기다린 후, 차례가 오면 BRP 카드를 수령하러 왔다고 설명
> - 여권과 Decision Letter를 제출
> - BRP 카드를 수령할 때 스펠링, 날짜 등 정보 확인

[BRP]

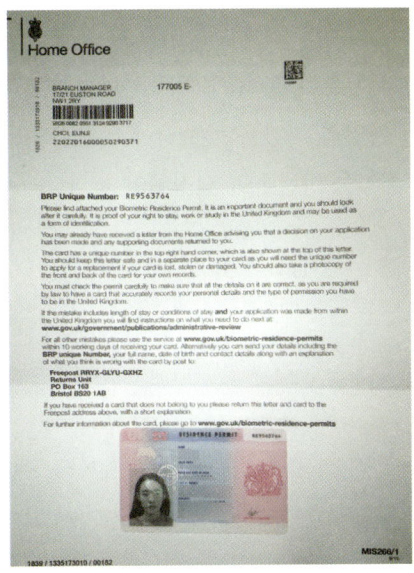

[BRP 예시]

169

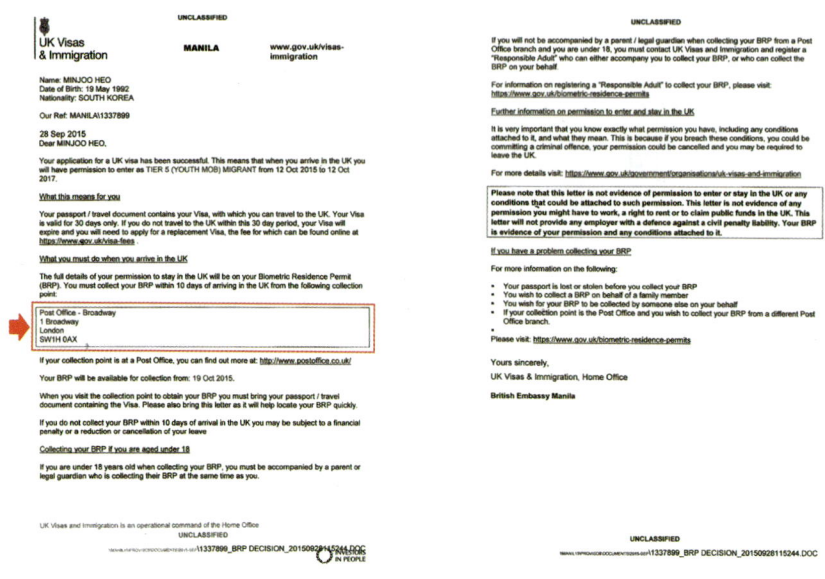

[Decision Letter 예시]

BRP 수령 장소 변경 방법

만일 지정한 우체국을 방문하기 어렵다면, 수수료를 지불하고 BRP 수령 장소 변경이 가능하다. 비네트처럼 별도의 신청을 해야 하는 것은 아니고, 체류하고 있는 지역의 가까운 우체국에서 BRP 픽업 서비스를 제공하는지 확인한 뒤, 해당 우체국을 방문하여 신청해야 한다.

BRP 수령 장소 변경
- 새로운 우체국 방문
- BRP 카드 수령을 위해 방문했다고 설명
- 여권과 Decision Letter, Travel Document를 제출
- 수수료 21.9파운드 지불
- BRP 카드를 수령할 때 스펠링, 날짜 등 정보 확인

PART 3 영국 워킹홀리데이 비자 사용 방법과 생활 정보

BRP를 분실했다면?

영국 워킹홀리데이 도중에 신분증 대신으로도 사용할 수 있는 BRP 카드는 ID 카드 형태이다 보니 기존 여권에 부착되어 있을 때보다 편리하지만 분실 위험이 크다. 만일 3개월 이상 유효한 BRP 카드를 분실했다면 재발급을 받아야 하는데, 분실하고 나서 반드시 3개월 이내에 경찰에 신고하여 재발급을 받아야 한다. BRP의 유효기간이 3개월 미만일 경우, 재발급을 받을 필요 없이 분실 신고만 하면 된다.

BRP 분실 신고
www.biometric-residence-permit.service.gov.uk/lost-stolen/where?_ga=2.79567444.119699382.1705670121-737519291.1700227172

BRP 재발급 신청
visas-immigration.service.gov.uk/product/biometric-residence-permit-replacement-service?_ga=2.79567444.119699382.1705670121-737519291.1700227172

General Practitioner(GP, 지역보건의)

GP는 영국 워킹홀리데이 YMS 신청 시 결제했던 보건부담금을 이용하는 의료서비스라고 생각하면 된다. 이전에는 무료였으나, 2015년 하반기부터는 유료로 전환되었다. GP는 전문의가 아닌 일반 의사를 뜻하는 말이며 우리나라의 보건소 개념이라고 생각하면 된다. 영국의 의료 서비스는 NHS(National Health Service)와 사설 병원으로 나뉘는데, NHS 진료는 GP에서 1차 진료를 받을 수 있으며 추가 검사 및 진료가 필요할 경우 담당의사가 진찰 소견과 함께 상급병원으로 연락해 주는 방식이다. GP에 등록된 환자는 대부분의 치료를 무료로 제공받을 수 있다.

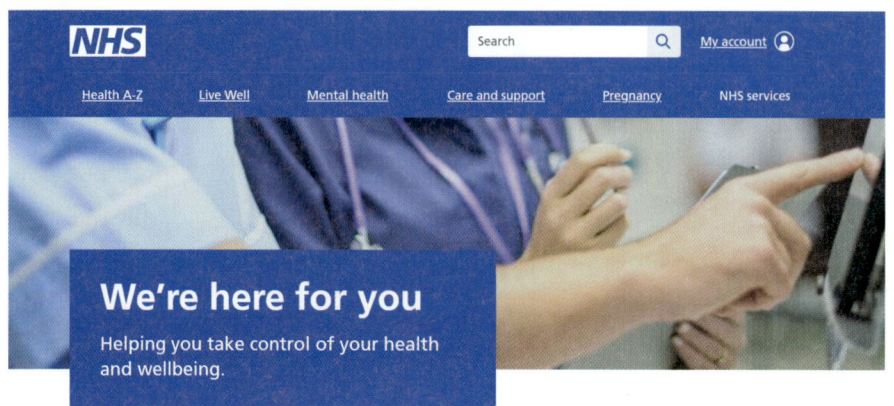

[NHS 홈페이지]

GP 등록 및 변경 방법
- 거주지 근처에 GP 등록이 가능한 병원을 확인(www.nhs.uk)
- 원하는 병원을 확인한 후 방문 혹은 전화로 예약
- NHS 등록 카드 작성 및 간단한 신체검사
- NHS 카드 발급까지 약 2~4주 소요

영국의 병원은 우리나라와 다른 시스템으로 운영되기 때문에 사설 병원의 의료비는 비싼 편이고 저렴한 GP는 응급 상황이 아니라면 이용하는 데 크게 불편함은 없다. 별도의 보험에 가입하고 영국 워킹홀리데이를 하는 것이 현명하겠지만, 이미 지불한 보건부담금을 이용하기 위해서 GP에 반드시 등록하고 NHS를 이용하기를 바란다.

PART 3 영국 워킹홀리데이 비자 사용 방법과 생활 정보

National Insurance(NI) 넘버

[NI 넘버 사진]

영국 워킹홀리데이를 떠난다면 미리 해 두어야 하는 일이 있다. 계좌 개설이나 휴대폰 개통 등 준비할 일이 많으나, 가장 먼저 해야 하는 일은 NI 넘버 발급이다. NI는 쉽게 말해 영국 국가 보험이다. NI 넘버는 일자리를 구하거나 최저임금을 보장받기 위해서, 그리고 은행 계좌를 개설하거나 Tax Code를 생성하기 위해서 가장 필요한 것이다.

NI 넘버 발급 방법

- 웹 사이트(gov.uk/apply-national-insurance-number/how-to-apply)에서 신청을 한다.
- 준비물: 여권, BRP, 핸드폰(카메라)
- 웹 사이트에 접속한 뒤 개인 정보를 입력하고 홈페이지의 안내대로 여권을 찍은 사진, 여권을 들고 얼굴이 함께 나오도록 찍은 사진, BRP 카드를 찍은 사진을 업로드하여 승인을 받으면 가입한 집 주소로 NI 넘버 신청 양식을 수령할 수 있다.

- 신청 양식은 온라인을 통해서 작성했던 내용과 크게 다르지 않으며, 다시 한번 개인 정보를 작성하여 필요 서류들과 함께 발송하면 된다.
- 주의사항: 검정색 볼펜만을 이용해서 대문자로 작성해야 한다.
- 동봉서류: 여권 사본, BRP 앞뒷면 사본, 비네트 사본

PART 3 영국 워킹홀리데이 비자 사용 방법과 생활 정보

- 정상적으로 신청되었다면, 발송으로부터 발급까지 약 4주 정도 소요되지만 종종 8주 이상 소요되는 경우도 있다. 신청일로부터 8주 이상이 지난다면 연락해 보는 것이 좋다.

NI 넘버 신청 헬프라인(잉글랜드, 스코틀랜드, 웨일즈)
- 이용 가능 시간: 월~금, 8:00~17:00
- 전화: 0800 141 2079 / 문자: 0800 141 2438

NI 넘버 신청 헬프라인(북아일랜드)
- 이용 가능 시간: 월~금, 9:00~16:00
- 전화: 0800 587 0024 / 문자: 0800 587 0194

세금

영국에서 살게 되면 일자리를 구해야 한다. 가지고 있는 예산만으로 영국의 높은 물가와 생활비를 감당하기 위해 생활고를 감내할 수는 없기 때문이다. 더구나 워킹홀리데이 비자로 입국했으므로 일을 하는 것은 당연하다.

일자리를 구하면 어떠한 나라의 워킹홀리데이라고 할지라도 세금을 빼놓고 이야기할 수 없다. 영국에서 일하려면 영국의 세금 제도에 대해서도 충분히 알고 있어야 어려움을 겪지 않는다. 영국은 우리나라와 마찬가지로 풀타임이 아니라면 파트타임에 대해서 캐쉬 잡이 존재한다. 캐쉬 잡이란 급여를 현금으로 받는 것으로, 별도의 세금을 내지 않는다. 하지만 캐쉬 잡이 아니라면 우리나라와 다른 영국의 세금 계산법에 대해서 알고 있어야 한다.

영국 워킹홀리데이 생활 중 내야 하는 세금은 크게 3가지로 나뉜다.

첫 번째는 소득세로서, 합법적인 노동에 대해서 나라에 내야 하는 세금이다. 캐쉬잡은 세금을 내지 않지만, 아르바이트나 풀타임 잡은 세금을 내야 한다.

두 번째는 지방세이다. 지방세는 아파트나 플랫(Flat)을 렌트할 때 내야 하는데, 지방세의 경우 조금은 유동적이다. 내가 렌트하는 것이 아니라 렌트한 집을 플랫으로 들어가게 될 경우 따로 지방세를 내지 않지만, 내가 렌트를 하는 경우라면 반드시 지방세를 납부해야 한다. 지방세는 그 명칭에서도 알 수 있듯이 지방마다 세금이 다르기 때문에 체류하고자 하는 지역에 맞는 지방세를 숙지하는 것이 좋다. 학생이나 워홀러들에게는 면세 혜택을 주거나 더 많은 세금을 부과하기도 하니 거주하고자 하는 지역의 지방세를 미리 숙지하길 바란다.

세 번째로는 부가가치세가 있는데, 이는 물건을 산다거나 음식을 먹는 등 재화 또는 용역의 소비 행위에 부과되는 일반적인 소비세이다. 우리나라 역시 부가가치세가 있으므로 자세한 설명은 생략한다.

영국 워킹홀리데이 소득세

급여에 따라 내는 소득세가 다르므로, 일자리를 구하고 얼마의 급여를 받는지에 따라 내야 할 소득세를 잘 확인해야 한다. 소득세는 크게 Personal Allowance, Basic rate, Higher rate, Additional rate로 나뉘지만 직업이나 연령, 결혼 여부 혹은 장애의 여부에 따라 세율이 조금씩 변경된다. 워홀러에게 일반적으로 higher rate 이상의 세금을 부과하지는 않으므로 Personal Allowance와 Basic rate 두 가지를 알아 두는 것이 효율적이다.

- Personal Allowance – 소득의 0%를 세금으로 납부(면세), 연 소득 12,570파운드 이하의 경우
- Basic rate – 소득의 20%를 세금으로 납부, 연 소득 12,571파운드 이상의 경우

생활에 유용한 카드

오이스터 카드(Oyster card)

영국에는 다양한 교통수단이 발달되어 있어 필요에 따라 잘 활용한다면 매우 편리하다. 여기에서는 런던을 기준으로 오이스터 카드에 대하여 설명하겠다.

런던에 있는 튜브, 오버그라운드, 레일, 트램, 버스 등의 다양한 교통수단을 이용하는 데 사용할 수 있는 것이 바로 오이스터 카드이다. 오이스터 카드는 교통비를 조금이라도 절약하기 위해서 사용하는 한국의 '티머니'와 비슷한 카드로, 런던에서 생활할 때 반드시 필요하다. 보증금(7파운드)을 지불하고 탑업이라고 부르는 충전 방식으로 카드를 사용하는데, 환불은 불가하다. 요금제에 따라 1주 단위 혹은 한 달 단위로 분류된다.

Adult

You can travel using pay as you go with contactless (card or device) or your Oyster card.

Pay as you go	Daily cap	Weekly cap (Monday to Sunday)
£1.75	£5.25	£24.70

또한 런던에서는 튜브 이용 시 피크타임에는 요금이 비싸진다. 피크타임은 출퇴근 시간(평일 06:30~09:29, 16:00~18:59)에 적용되며, 피크타임을 피해서 튜브를 이용하면 교통비를 줄일 수 있다. 하지만 오이스터 카드는 Daily caps(하루 최대요금, 일주일 최대요금)이 정해져 있다. Daily caps는 당일 04:30부터 다음 날 04:29까지 24시간 동안 이용한 버스에 대한 최대 요금을 말한다. 정기권을 구입할 필요가 없으며, 런던 1-2존 기준으로 하루 최대 8.10파운드, 일주일 최대 40.70파운드 이상으로 요금이 결제되지 않는다. 예를 들어 1존에서 2존으로 이동하는 1회권은 3.40파운드이지만, 하루에 3회 탑승했을 때 요금은 10.20파운드가 아닌 8.10파운드만 결제된다.

컨택리스 카드(대표적으로 트래블월렛)는 오이스터 카드를 대체해서 사용할 수 있다. 컨택리스 카드가 도입된 이후에 오이스터 카드는 발급이 현저히 줄어들고 컨택리스 카드로 대중교통을 이용하는 경우가 많아졌다. 컨택리스 카드는 오이스터 카드와 동일하게 프라이스 갭, 위클리, 먼슬리 기능 모두 사용할 수 있으며, TFL 애플리케이션에서 실시간 요금 확인 및 카드 연동이 가능하다.

컨택리스 카드 안내
tfl.gov.uk/fares/how-to-pay-and-where-to-buy-tickets-and-oyster/pay-as-you-go/contactless-and-mobile-pay-as-you-go?intcmp=55539

트래블월렛
www.travel-wallet.com

구분	Pay as you go caps			Travel cards				
	Daily Peak	Daily Off-peak	Monday to Sunday	Day Anytime	Day Off-peak	7 Day	Monthly	Annual
Zones 1 only	£8.50	£8.50	£42.70	£15.90	£15.90	£42.70	£164.00	£1,708
Zones 1–2	£8.50	£8.50	£42.70	£15.90	£15.90	£42.70	£164.00	£1,708
Zones 1–3	£10.00	£10.00	£50.20	£15.90	£15.90	£50.20	£192.80	£2,008
Zones 1–4	£12.30	£12.30	£61.40	£15.90	£15.90	£61.40	£235.80	£2,456
Zones 1–5	£14.60	£14.60	£73.00	£22.60	£15.90	£73.00	£280.40	£2,920
Zones 1–6	£15.60	£15.60	£78.00	£22.60	£15.90	£78.00	£299.60	£3,120
Zones 1–7	£17.00	£15.60	£85.00	£28.50	£17.00	£85.00	£326.40	£3,400
Zones 1–8	£20.10	£15.60	£100.30	£28.50	£17.00	£100.30	£385.20	£4,012
Zones 1–9	£22.30	£15.60	£111.30	£28.50	£17.00	£111.30	£427.40	£4,452

[Rail 서비스 성인 요금]

PART 3 영국 워킹홀리데이 비자 사용 방법과 생활 정보

어느 존에서 생활을 하고 어디로 이동을 하느냐에 따라 요금은 달라지므로 자신이 거주하고 있는 존을 확인하는 것이 좋다. 영국 워킹홀리데이에서 14주 이상, 일주일에 15시간 이상 수업을 듣는다면 트래블카드 성인요금 기준에서 30% 할인된 가격으로 이용할 수 있다. 그러나 이 경우에는 컨택리스 카드는 사용할 수 없으며, 오이스터 학생카드를 온라인으로 신청해서 사용해야 한다.

레일 카드(Rail card)

오이스터 카드와는 별도로 기차를 이용할 때 필요한 카드가 있는데 바로 레일 카드이다. 레일 카드에는 16-25 레일 카드와 26-30 레일 카드가 있다.

16-25 레일 카드는 16세에서 25세까지 발급받을 수 있는데, 이 나이에 해당하지 않더라도 영국 교육기관에서 교육받는 경우에는 발급이 가능하다. 영국에서 기차를 타고 이동할 때 아무리 할인을 받더라도 꽤 비싼 요금에 부담스럽기 마련인데 이럴 때 레일 카드를 사용하면 상당히 할인을 많이 받을 수 있다. 16-25 레일 카드는 1년권과 3년권으로 나뉘며 1년에 30파운드, 3년에 70파운드를 지불해야 한다. 온라인과 기차역에서 발급받거나 전화상으로 발급받을 수 있다. 26-30 레일 카드는 26세에서 30세까지 발급받을 수 있다. 그러나 온라인이나 앱에서만 발급받을 수 있으며, 1년권만 사용할 수 있다. 최근에는 실물 카드 외에 디지털 레일 카드가 나왔으므로 편한 방식으로 사용하면 된다.

레일 카드 발급 방법은 다음과 같다.

온라인으로 신청할 때

- 레일 카드 사이트(www.railcard.co.uk)에 접속해 계정을 생성한다.
- 카드 발급에 필요한 조건을 증명한다(신분증 또는 여권 등).
- 사진을 업로드하고 확인 후 결제를 진행한다(직불 또는 신용카드 결제).
- 우편을 통해 작성된 주소지로 레일 카드를 받는다.

기차역에서 신청할 때

- 기차역에 방문해 제공된 양식에 개인 신상 정보를 기재한다.
- 여권, 사진 1매, 나이 및 학생 증명을 제출한다.
- 결제를 진행한다.
- 레일 카드를 발급받는다.

> **레일 카드 할인 TIP**
> 발급받은 레일 카드를 런던에서 사용 중인 오이스터 카드에 연동하면 시내 교통비용을 1/3 가격으로 할인받을 수 있다. 오이스터 카드와 유효한 레일 카드를 가지고 런던 지하철역을 방문해서 대면으로 직원에게 카드 연동을 요청해야 한다. 단, 26-30 레일 카드의 경우는 Off Peak 시간대에만 할인이 가능하다.

국제 학생증 ISIC

영국 워킹홀리데이를 떠나기 전 미리 발급받을 수 있으며, 다양한 혜택이 있는 카드가 있다. 바로 ISIC라고 부르는 국제 학생증이다. ISIC는 IYTC처럼 많은 사람이 해외 출국 전에 발급받는 국제 학생증이다. ISIC나 IYTC를 소지할 경우 항공권이나 유럽 레일, 숙소와 같은 곳에서 할인 혜택을 받을 수 있다. 발급 절차는 까다롭지 않지만, 개인에 따라 발급되는 카드의 종류가 다르고, 카드의 종류에 따라 받을 수 있는 혜택이 다르므로 잘 확인하고 발급받기 바란다.

ISIC는 주당 15시간 이상 정규 교육 과정에 등록된 만 12세 이상의 학생에게 발급해 준다. 카드의 종류는 일반형 카드, 체크카드, 유스호스텔 겸용 체크카드로 나뉘는데, 카드마다 발급 비용과 혜택에 조금씩 차이가 있다.

ISIC 발급 신청 서류에는 사진, 신분증, 학생 증빙서류(재학·휴학 증명서, 학생 비자, 해외 입학허가서 중 1가지) 등이 필요하다. 일반형 ISIC 카드는 키세스 홈페이지에 접속해 온라인 접수와 우편 발급이 가능하나 체크카드 또는 체크카드 겸용이라면 은행을 방문해 발급을 신청해야 한다. 하나·외환·신한은행에서 체크카드 및 체크카드 겸용 카드 발급이 가능하다.

국제 청소년증 IYTC

IYTC는 국제 학생증이 아니라 국제 청소년증으로서, 국제 학생증과 비슷하지만 조금 다르다. IYTC는 만 12세 이상~30세 이하까지 발급이 가능하며 학생비자가 없거나 한국에서 학생이 아닌 경우에도 발급이 가능하다. 국제 학생증보다  서류는 간소하다. 30세 이하까지 신청이 가능해서, 영국 워킹홀리데이를 떠나는 모든 이들에게 해당되는 자격조건이라고 할 수 있다. 다만, 국제 학생증과 같이 체크카드와 겸용으로 사용하는 것은 불가능하다.

IYTC 발급 신청을 할 때는 사진과 신분증이 필요하며, ISIC와 달리 학생 신분임을 증명하는 서류는 필요하지 않다. 또한 IYTC는 체크카드로 사용할 수 없기 때문에 은행을 방문할 필요가 없으며 키세스 홈페이지를 통해서 발급 신청이 가능하다. 신청 후 우편으로 카드를 수령하면 된다.

PART 3 영국 워킹홀리데이 비자 사용 방법과 생활 정보

국제 학생증 ISIC와 국제 청소년증 IYTC의 혜택

ISIC와 IYTC의 혜택은 상당히 다양하다. 항공사에 따라 항공권 수수료 면제를 받을 수 있고, 유럽 여행을 떠나게 된다면 유레일패스 할인과 보험 가입 혜택 등이 있다. 해외 모바일 할인 혜택도 있고, 학생 신분을 증명하는 신분증으로도 사용이 가능하다. 또한 숙박 시설 이용 시에도 할인을 받을 수 있기에 영국 워킹홀리데이를 떠나기 전 미리 준비한다면 매우 유용하다. ISIC나 IYTC 발급을 위해서 키세스 사이트를 방문한다면 다양한 할인 혜택에 대한 자세한 안내가 있으니, 자신에게 필요한 할인 혜택들을 다시 한번 확인해두길 바란다.

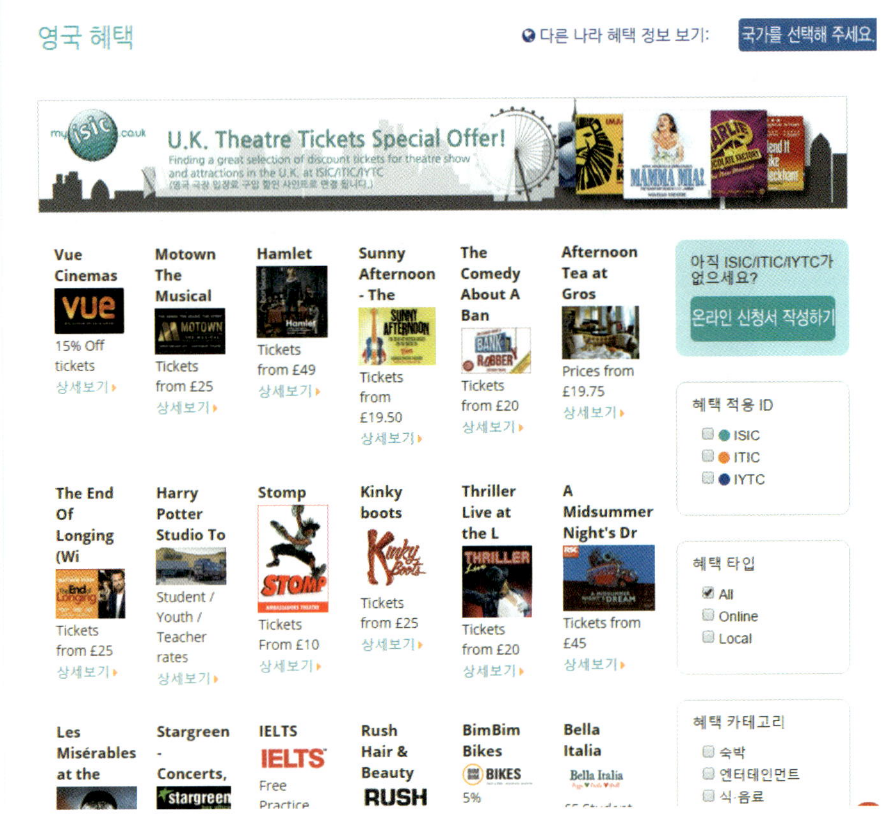

[ISIC 홈페이지]

영국 워킹홀리데이, 런던이어야 하는 이유

영국 워킹홀리데이를 떠나는 사람들을 붙잡고 어디로 가는지 물어본다면 다수는 런던이라고 대답할 것이다. 물론 런던이 영국의 수도이자 잉글랜드의 수도이며, 전 세계적인 대도시라는 명성답게 수많은 사람이 살고 있는 도시인 것은 사실이다. 하지만 영국에는 런던만 있는 것이 아니며, 워킹홀리데이 기간 동안 꼭 런던에서만 생활할 필요는 없다. 런던 외에도 맨체스터나 브라이튼, 본머스, 캠브리지 등 다양한 도시들에서 체류하고 있는 워홀러들도 많다.

[런던 피카딜리 서커스]

그러나 영국 워킹홀리데이 생활 초기에는 먼저 런던에서 지내는 것이 현명하다고 할 수 있다. 런던에 비해 한국인의 비율이 낮고 물가가 저렴하다고 해서 다른 도시를 선택할 경우 어학연수 및 구직과정에서 불편한 부분이 생길 수 있기 때문이다. 런던을 제외한 다른 중소도시들의 경우 일자리나 어학연수 기관 선택의 폭이 한정적이다. 그리고 중소도시에서 살면 일자리 또는 일상생활에 있어서 영국에서 생활하고 있다는 느낌을 받기 어려울 수 있으며 일자리를 구하는 데 시간이 많이 들 수 있다. 물론 본인이 영어 실력에 자신감이 있고 해당 도시에 자신을 지원해 줄 수 있는 인맥이 있다면 이야기는 조금 달라지겠지만 말이다. 런던은 영국 워킹홀리데이를 떠나고자 하는 사람들에게 최고의 선택이자 후회를 최소화할 수 있는 선택지일 수 있다.

PART 3 영국 워킹홀리데이 비자 사용 방법과 생활 정보

계좌 개설하기

현지에서 생활하기 위해 가장 먼저 해야 할 일은 휴대폰 개통과 계좌 개설이다. 숙소를 구하고 계좌를 개설한 뒤 일자리를 구해서 생활하는 게 가장 적절한 순서일 것이다. 영국에서 생활할 때 직불카드를 사용하거나, 한국 계좌에 있는 돈을 수수료를 지불하면서 사용하는 것은 현명하지 못하다. 영국에서 계좌를 개설하는 방법은 우리나라와는 조금 다른 부분들이 있다. 은행에 방문한다고 바로 계좌를 개설할 수 있는 것이 아니며, 방문 예약과 인터뷰를 거쳐야 우편으로 서류를 받을 수 있다.

계좌 개설하는 방법
- 거주지에서 가장 가까운 은행에 방문 예약(은행에서 제공하는 혜택 확인)
- 예약 일자에 방문하여 계좌 개설을 위한 인터뷰 진행
- 인터뷰 후 2주 정도 지나면 핀 넘버와 체크카드를 서류를 통해 수령

계좌 개설 신청 서류
보통 예약 확인서, NI 넘버, 주소지 증명서류, 여권, 스쿨레터, 잡레터 등이지만 은행에 따라 요구하는 서류가 다르므로 방문 전에 문의해야 한다.

핀테크 은행
- 몬조(MONZO): 한국의 '카카오뱅크'와 비슷한 개념의 핀테크 은행이다. 영국의 시중 은행(NatWest, Lloyds, Barclays 등)과 기능상 차이는 없으며 빠르고 편리하게 사용할 수 있다. 예를 들어, 시중 은행의 까다로운 서류 심사 과정을 거치지 않고 앱을 통해 손쉽게 계좌와 카드를 발급받을 수 있다. 뿐만 아니라 여권 정보, 영국 핸드폰 번호, 영국 주소만 있다면 일주일 안에 실물 카드를 받아 볼 수 있다. 1회 300파운드까지 출금이 가능하며 1회에 1파운드의 수수료가 부과된다.

- 레볼루트(Revolut): 간혹 몬조의 온라인 심사에서 원인 모를 거절이 뜨는 경우가 있는데 그럴 때 비슷한 핀테크 은행인 레볼루트를 선택할 수 있다. 몬조와 경쟁 구도를 형성하고 있으며 가입 및 카드 발급에 드는 시간은 몬조와 비슷하다. 캐시백 등의 많은 혜택을 가지고 있으므로 몬조와 레볼루트를 모두 개설하여 각 상황에 맞게 사용하는 것을 추천한다.

은행 관련 용어 정리

- **Account**: 계좌(종이 통장이 아닌 온라인 계좌를 개설함)
- **Debit Card**: 체크카드(계좌 개설 후 체크카드와 같은 카드를 받음)
- **Pay in**: 입금(ATM 기기로는 출금만 가능하므로 입금 시에는 창구에 요청함)
- **Withdraw**: 출금(ATM 기기의 Withdraw 버튼을 누름)
- **Pin Number**: 비밀번호(체크카드 사용 시 핀 넘버를 입력해야 결제 가능함)
- **Balance**: 잔액(앱이나 ATM으로도 잔액 확인이 가능)
- **Sort Code**: 은행 식별 번호(은행 이름과 지점명을 확인하는 코드로서, 계좌이체 시 필요함)

[영국의 은행들]

PART 3 영국 워킹홀리데이 비자 사용 방법과 생활 정보

휴대폰 개통하기

영국 공항을 통해 입국했다면 가장 먼저 해야 하는 일은 휴대폰 개통이다. 와이파이로도 연락은 가능하겠지만, 휴대폰 개통을 미루다 보면 생활하는 데 많이 불편하기 때문이다. 예전에는 휴대폰을 별도로 개통해서 선불제나 후불제 요금제를 사용했지만, 현재는 심카드만 별도로 구입한 뒤 스마트폰에 심카드를 끼우면 쉽게 개통할 수 있다. 다만, 심카드를 사용할 경우 자신의 휴대폰에 언락(Unlock)이 되어 있는지 별도로 확인해야 하는데, 이는 출국하기 전 통신사에 문의하면 알 수 있다. 또한 한국에서 쓰던 번호는 정지시켜야 하며, 영국에서 생활하는 동안 사용할 번호를 만들어야 한다. 심카드는 공항 내 심카드 자판기를 통해서 구입하거나 시티에 위치한 통신사를 방문하면 구매가 가능하다. 심카드는 통신사에 따라 요금제가 다르므로 자신이 사용하는 요금제와 가장 비슷한 요금제를 사용하거나 요금제를 줄여서 생활할 수 있다면 저렴한 요금제를 선택해야 한다.

[영국에서 사용되는 심카드]

일반적으로 심카드를 구매하면 30일 정도 사용 가능하고, 30일이 지나면 다시 탑업해서 사용한다. 탑업은 홈페이지나 전화를 통해서 가능하고 대형 마트에서도 가능하다. 영국 내에는 다양한 통신사들이 있지만 영국 워홀러들이 많이 이용하는 통신사는 쓰리(Three)이다. 쓰리는 영국뿐만 아니라 유럽권 국가 내에서 이용이 가능하다. 요금도 저렴하여 많은 양의 데이터 사용이 가능하다.

숙소 구하기

워킹 홀리데이 기간 동안 사용하는 숙소는 머무는 기간에 따라 달라진다. 1달 이내로 이용할 때에는 호스텔, 에어비엔비, 한인 민박을 사용하는 경우가 많다. 중장기로 숙소를 이용할 때에는 기숙사, 홈스테이를 사용하는 경우가 많다. 장기 숙소를 이용하려면 현지에서 인터뷰를 해야 하므로 도착 후 장기 숙소 뷰잉 인터뷰를 하는 동안 잠시 체류할 임시 숙소가 필요하다. 출국 전 영국의 집을 보지 않고 계약을 하는 것은 여러 모로 위험이 있으므로 직접 가서 뷰잉 후 숙소를 정하는 것이 좋다.

LHA LONDON(www.lhalondon.com)

주변 대학들의 외부 기숙사로 사용되는 사설 기숙사로, 런던 지역에 13개의 센터가 있다. 2주 이상 예약하면 장기 숙박 금액으로 할인이 적용되며 1달 전부터 예약이 가능하다. 전화를 이용하여 예약 결제금 및 보증금 200파운드를 결제해야 한다는 불편함이 있지만 금액 대비 시설이 좋다. 예를 들어, Notting Hill에 위치한 Bowden Court의 경우 아침과 저녁 식사를 제공하며 독서실과 헬스장을 보유하고 있다. 금액도 1인실에 주당 250파운드, 3인실 170파운드, 6인실 120파운드로 임시 숙소 중에서는 저렴한 편이다.

PART 3 영국 워킹홀리데이 비자 사용 방법과 생활 정보

룸 렌트(플랏)

일반적으로 원룸을 구하는 방식이 아닌 집을 같이 공유하는 방식의 플랏(쉐어하우스)으로 입주하는 경우가 많다. 이때 같이 살게 될 사람들의 나이, 생활 형태, 국적, 성별 등 공유해야 하는 정보들을 나누는 과정이 필요한데 이것을 편의상 '뷰잉 인터뷰'라고 부른다. 세입자를 구하는 공고를 보고 메일 또는 메시지를 보내어 뷰잉 인터뷰를 진행한다. 메일이나 메시지를 보낼 때에는 단순히 "집을 보고 싶습니다."라고 보내기보다는 내가 그 집에 알맞은 세입자라는 점을 어필할 필요가 있다. 뷰잉 인터뷰 요청 메일을 보낼 때에는 아래와 같이 보내는 것이 좋다.

Dear [**Landlord's name**],

I hope this email finds you well. My name is [**이름**], a [**나이**] years old male/female from South Korea currently studying in Dublin with a student visa. I recently came across your house and wanted to inquire about its availability.

I am seeking a long-term room for a minimum of 6 months, and I need to move in before my homestay accommodation expires on 30 June.

I am a non-smoker, have no pets, and I am a very tidy person. I can assure you that I will keep the room in a super clean condition and will not host any parties. I respect the rules of the house, and I will make sure to follow them.

During weekdays, I attend school from 9 am to 12:30 pm, and I am actively seeking part time job for after school hours. Additionally, I receive a regular allowance from my parents, which ensures that there will be no issues with rent payment.

I am available to view the room after 2 pm on weekdays and anytime during the weekends at your convenience. I would be extremely grateful for the opportunity to visit the house. If you have any further questions or would like to schedule a viewing, please do not hesitate to contact me. You can reach me via email at [**메일 주소**] or by phone at [**전화번호**].

Thank you for taking the time to consider my request, and I eagerly await your response.

Sincerely,

[**이름**]

뷰잉 메일 작성 팁

학생비자로 오신 분들은 학교 시간, 워홀러 분들은 일하는 스케줄을 적어서 내 생활 패턴을 알 수 있게 하면 좋다. 그리고 학생비자의 경우 현재 일을 하지 않고 있거나 일을 하지 않을 예정이라도 일자리를 구하고 있고 곧 구할 것이라는 뉘앙스를 주어야 좋다고 한다. 왜냐하면 일을 해야 집에 있는 시간이 적어서 전기나 수도를 덜 쓰고, 렌트비 지불에 문제가 없을 것이라는 인식이 있어서 그렇다고 한다. 렌트비 지불에 문제가 없음을 강조하려면 부모님께 정기적으로 용돈을 받는다는 내용도 넣는 것도 추천한다. 그리고 수많은 뷰잉 지원자 중에 선택받기 위해서는 간단명료한 메일보다는 조금 과할지언정 친절함, 상냥함을 더 드러내는 게 더 효과적이다.

※ **룸 렌트 대표사이트**
- www.spareroom.co.uk
- www.zoopla.co.uk/to-rent/flats/london
- www.04uk.com

홈스테이

영국인들과 함께하는 생활을 꿈꾸거나 혼자보다는 가족이 편하다고 생각하는 경우 홈스테이를 구할 수 있다. 홈스테이는 영국의 가정집에서 함께 생활하는 것으로 현지 적응을 빠르게 할 수 있다는 장점이  있지만, 모르는 사람들과 어울려 생활하기 때문에 불편함을 느낄 수도 있다. 또한 홈스테이는 식비가 포함되더라도 플랫보다는 숙소 비용이 비싸다. 그래서 대개 홈스테이 생활은 짧게 하고, 플랫을 구하는 경우가 많다.

※ **홈스테이 대표사이트**
www.homestay.com/united-kingdom

PART 3 영국 워킹홀리데이 비자 사용 방법과 생활 정보

스튜디오 렌트

최근 많은 사람이 알아보는 숙소 형태로 룸 렌트에서 발전한 형태인 스튜디오 렌트가 있다. 룸 렌트는 하나의 방을 계약하는 것이고 스튜디오 렌트는 하나의 숙소, 즉 집 하나를 빌려서 생활하는 것이다. 그러다 보니 스튜디오 렌트는 홈스테이나 룸 렌트보다 비용 부담이 크다.

하지만 한국인 친구들과 함께 떠나거나 커플을 이루어 떠나는 경우, 또는 초기 자금이 넉넉한 경우에는 스튜디어 렌트를 통해 보다 편하게 생활할 수 있다는 장점이 있다. 룸 렌트나 홈스테이는 한 달 단위로 숙소 비용을 지불하는 반면, 스튜디오 렌트는 한 번에 6개월 치 혹은 1년 치의 금액을 지불하는 방식이 보편적이기 때문에 비용 부담이 크다.

숙소를 구할 때 알아야 할 용어

임시 숙소에 거주하며 숙소를 알아볼 때 우리나라에서 사용하지 않는 용어들로 인해서 혼란을 겪을 수 있다. 그렇기에 숙소 계약시 자주 사용하는 용어들을 미리 숙지하는 것이 좋다.

Deposit

숙소를 구할 때 가장 기억해야 하는 용어인 Deposit은 한국어로 '보증금'과 비슷한 개념이다. 한국의 '보증금'과 다른 점은 한국은 보증금으로 1년 치 월세를 내는 게 일반적이지만, Deposit의 경우에는 한 달 치 월세를 보증금으로 제시하고 방을 구한다는 점이다.

Double, Single, Twin

숙소를 구할 때 방의 크기를 확인할 수 있는 방법은 Double, Single, Twin 등의 명칭들을 확인하는 것이다. Double은 큰 침대가 하나 있는 방을 뜻하고, Single은 작은 1인용 침대가 있는 방을 뜻한다. 그리고 Twin은 1인용 침대가 2개 있는 방을 뜻하므로 명칭을 통해서 방 크기를 어느 정도 예상할 수 있다.

PW, PM과 PCM

숙소를 구할 때 가장 궁금한 것은 숙소 비용일 것이다. 영국은 우리나라와 달리 주급을 받으며 아르바이트를 하게 되는데, 숙소 비용 역시 한 달이 아니라 1주 단위로 계산하는 경우도 있다. 'PW(Per Week)'는 숙소 비용을 주마다 계산한다는 뜻이고 'PM(Per Month)'과 'PCM(Per Calendar Month)'은 한 달에 한 번씩 숙소 비용을 계산한다는 뜻이다.

Notice

숙소를 구하고 난 뒤 만약 한국으로 돌아와야 하거나 집을 이사해야 한다면 기억해야 할 용어가 바로 'Notice'이다. 'Notice'는 집을 나가기 전 미리 집주인에게 알리는 것을 뜻한다. Notice는 의무적인 사항이며, 반드시 기억해야 한다. 숙소마다 차이가 있겠지만 일반적으로는 3~4주 전에는 Notice를 해야지만 Deposit을 돌려받을 때 문제가 없다.

Bill

Bill은 쉽게 생각해서 공과금을 일컫는 말이다. 수도세나 전기세, 가스비와 같은 공과금이 숙소 비용에 포함되어 있는 곳이 있고, Bill을 별도로 지불해야 하는 숙소도 있으므로 숙소를 구하면서 미리 확인해야 한다.

교통수단

영국에서 생활할 때 거주 지역에 따라 교통수단 역시 차이가 있다. 일반적으로 많은 사람이 워킹홀리데이를 하는 런던의 경우 교통비가 만만치 않기 때문에 신중하게 숙소 선정을 해야 한다. 1존 근처의 숙소 비용은 매우 비싸기 때문에 1존에서 조금 떨어져 있는 곳에 숙소와 일자리를 구하게 되는 경우가 많은데, 이 경우 이동을 위해 경제적인 교통수단을 찾아야 한다. 오이스터 카드를 통해서 다양한 교통수단을 이용할 수 있으며, 가장 보편적으로 이용하는 교통수단은 버스와 튜브, 택시 등이 있다.

영국의 택시, 블랙 캡

영국에서 여행을 해 본 적이 있거나 영국에 관심이 있다면 영국을 대표하는 택시 '블랙 캡'에 대해 들어봤을 것이다. 블랙 캡의 요금은 매우 비싸기 때문에 생각보다 이용하기 어려운 교통수단이다. 기본요금은 2.4파운드에서 시작해 1마일에 5.6파운드씩 올라간다. 주머니 사정을 생각해 본다면 선뜻 이용하기가 쉽지 않다.

영국의 다양한 택시 APP

블랙캡 외에도 다양한 형태의 택시가 있다. 전 세계에서 사용 중인 우버부터 볼트, 에디슨리 등 여러 앱에서 택시 사용 시 금액을 비교해 볼 수 있다. 교통 상황과 출발·도착 위치에 따라 금액은 달라지지만 히드로 공항에서 시티 중심까지 평균 60파운드 정도의 금액으로 비교적 저렴하다.

- www.uber.com/gb/en
- bolt.eu/en/cities/london
- www.addisonlee.com

영국의 지하철, 튜브

영국의 지하철은 언더그라운드 혹은 튜브라고 부르는데, 생긴 모양이 튜브를 닮아서 그렇다는 속설이 있다. 비용은 존에 따라, 출발지와 목적지, 이용 시간대에 따라 달라진다. 튜브는 오이스터 카드를 통해서 가장 많이 이용하는 교통수단이라고 할 수 있다. 가장 빠르고 편리하지만 1~2존 1개월 정기권을 기준으로 요금이 156파운드(한화 약 26만 원)로 비싼 편이다. 출퇴근 시간 런던의 극심한 교통 체증을 피할 수 있는 유일한 교통수단이다.

PART 3 영국 워킹홀리데이 비자 사용 방법과 생활 정보

 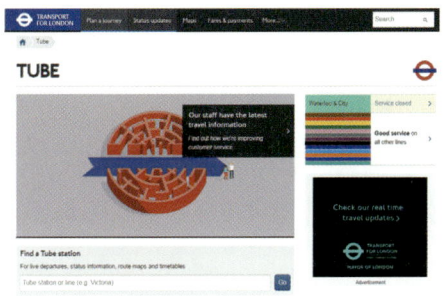

영국의 버스

영국을 대표하는 또 다른 교통수단은 바로 버스이다. 런던의 버스는 현금을 받지 않기 때문에 오이스터 카드를 구입하거나 컨택리스 카드(Contactless card)를 준비해야 한다. 오이스터 카드와 컨택리스 카드 모두 버스 1일 최대 5.25파운드까지 Daily cap을 적용받을 수 있다(177페이지 오이스터 카드 참고).

이 밖에도 영국에서 이용할 수 있는 다양한 교통수단에는 트램이나 오버그라운드, 페리, 기차 등이 있다. 다른 지역에 방문할 일이 있다면 그 시기에 맞는 가장 저렴한 교통수단을 확인하고 티켓을 구매해야 한다.

소셜 커머스 활용하기

워킹홀리데이 기간 동안 오로지 공부나 일에만 열중할 수는 없다. 여가 시간을 보낼 때 친구들과 공연을 보러 가거나, 축구 경기를 보면서 휴식을 취하기도 할 것이다. 이때 영국에서 운영하는 소셜 커머스를 통해서 티켓이나 물품들을 구입하면 좋다.

영국에서 대표적으로 이용하는 사이트는 Ticket Master, Today Tix, Groupon이 있다. Today Tix에서는 당일에 소진되지 않았거나 취소된 티켓(데이시트, Dayseat)을 저렴하게 구매할 수 있다. 티켓은 오전 10시에 오픈되며 온라인으로 쉽게 구매가 가능하지만 좌석을 선택할 수 없다. 예시로 Frozen the Musical(겨울왕국 뮤지컬)의 정가는 109파운드지만 Today Tix를 통해 데이시트를 구매할 경우 30파운드까지 할인된다.

- www.ticketmaster.com
- www.todaytix.com
- www.groupon.com

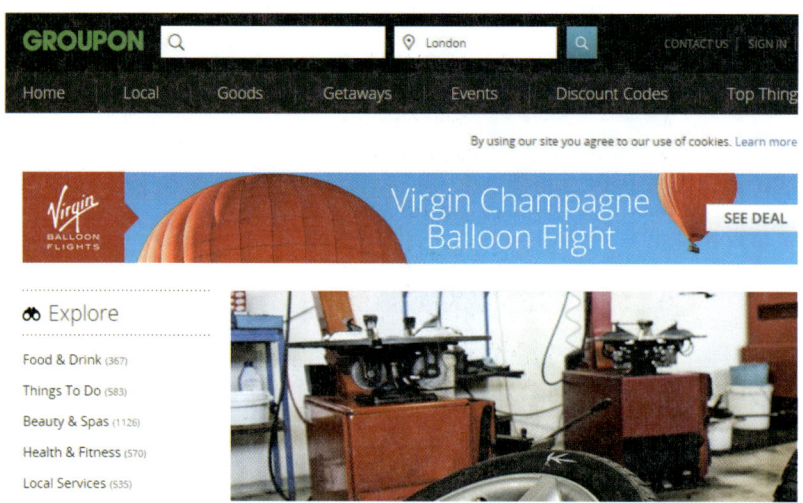

[그루폰 홈페이지]

PART 3 영국 워킹홀리데이 비자 사용 방법과 생활 정보

쇼핑 핫플레이스

영국에서의 생활이라고 하면 쇼핑을 빼놓을 수 없다. 특히 런던은 유명한 브랜드가 많이 입점해 있어 플리마켓이나 번화가에서 다양한 물품들을 구입하기가 편리하다. 런던 최대의 번화가로 불리는 '피커딜리 서커스'는 런던의 중심부이자 런던을 대표하는 스트리트인 옥스퍼드 스트리트와 리전트, 채링 크로스 스트리트로 둘러싸여 있으며, 번화가답게 많은 사람으로 항상 붐비고 다양한 물건들을 구입할 수 있는 곳이다.

런던의 모든 길은 피커딜리 서커스로 통한다는 말이 있을 정도로, 피커딜리 서커스의 유명세는 상상 이상이다. 런던에서 생활한다면 쇼핑을 위해선 반드시 잊지 말아야 할 대표적인 장소라고 할 수 있다. 또한 피커딜리 서커스에 입점한 다양한 브랜드 품목뿐 아니라, 보다 다양하고 저렴하게 쇼핑을 하고 싶다면 런던 곳곳에 위치한 다양한 플리마켓이나 다른 마켓이 있으니 확인하기 바란다. 노팅힐의 포토벨로 마켓과 센트럴에 있는 윔블던 플리마켓, 요일별로 다양한 품목들을 판매하는 그리니치 플리마켓, 저렴하게 옷을 구매할 수 있는 런던 빈티지 킬로 플리마켓 등이 있으니 저렴하게 쇼핑하고 싶다면 다양한 마켓이나 플리마켓을 확인해야 한다.

[영국의 박싱데이(Boxing Day)]

아울러 영연방 국가에서는 매년 크리스마스 다음 날인 12월 26일을 '박싱데이'라고 해서 공휴일로 지정했는데, 이날에는 재고 물품들을 대폭 할인하여 판매하기 때문에 평소에 비싸서 구매를 망설였던 물건을 보다 저렴하게 구입할 수 있다.

영국의 공휴일

영국은 스코틀랜드, 웨일즈, 잉글랜드, 북아일랜드 4개의 나라로 이루어진 연합 국가라서 각 나라별로 별도의 공휴일이 있다. 그중에 많은 사람이 워킹홀리데이를 하는 잉글랜드의 공휴일에 대해서 간단하게 나열하면 1월 1일(New Year's Day), 성 금요일(Good Friday), 부활절 다음 월요일(Easter Monday), 노동절(Early May Bank Holiday), 5월 마지막 주 월요일(Spring Bank Holiday), 8월 마지막 주 월요일(Summer Bank Holiday), 12월 25일(Christmas Day), 12월 26일(Boxing Day) 등이 있다.

아울러 잉글랜드가 아닌 스코틀랜드나 웨일즈 등에서 거주한다면 그 나라가 지정한 공휴일을 기억해야 은행 방문 등의 일상적인 생활을 할 때 불편함을 최소화할 수 있을 것이다.

PART 3 영국 워킹홀리데이 비자 사용 방법과 생활 정보

향수병 극복

영국 워킹홀리데이 기간 동안 혼자 생활하는 시간이 길어지면 향수병에 걸리기 쉽다. 그러므로 자신만의 향수병 극복 방법이 필요하다. 개인마다 다르겠지만, 영국에서 알게 된 친구들을 자주 만나면서 혼자 있는 시간을 줄이는 방법이 있다. 매일 해야 하는 일을 만들거나 취미 생활을 하는 것도 좋은 치료법이 될 수 있다. 또한 런던에 있는 한인 타운을 방문해서 한식을 먹거나 재료를 구입해서 손수 한식을 해먹는 것도 좋은 방법이 될 수 있다. 한국 노래나 영화·드라마처럼 한국을 느낄 수 있는 매체를 통한 방법들도 향수병 해소법이 될 수 있다. 그러나 이 방법은 일시적인 효과에 불과할 뿐이고 향수병이라는 문제를 해결하는 근본적인 해결책이 될 수는 없다.

영국에 온 목적과 계획을 다시 생각해 보자. 워킹홀리데이를 마치고 한국으로 돌아가 무엇을 할 것인지 등의 구체적인 계획과 목표들을 세우고 점검하면서 현지 생활에 적응하다 보면 향수병은 저절로 사라질 것이다.

목표를 정하고 계획을 세우는 것은 이미 영국에 오기 전부터 중요한 일이지만, 영국에서 생활할 때에는 더욱 중요하다. 다시 한 번 얼마나 마음을 다잡느냐에 따라서 향수병을 극복할 수 있고, 보다 체계적으로 영국 워킹홀리데이 생활을 할 수 있을 것이다.
도망친다고 해결되는 것은 없다. 혼자 있으면 외로운 것은 사실이다. 그러나 영국 워킹홀리데이를 떠나기로 결심한 사람에게는 영국으로 떠나려는 분명한 이유가 있고, 영국에서의 생활과 경험을 바탕으로 한국에 돌아가 이루려는 분명한 목표가 있을 것이다.

사람은 누구나 목표를 잃을 수 있고, 마음이 약해지기도 한다. 외국에서 혼자 살다 보면 더욱 그렇게 되기 쉽다. 그렇기에 늘 마음을 다잡고 목표를 정하여 계획을 실천하는 것이 중요하다.

영국에서 'Meet-up'으로 친구 사귀기

낯선 곳에서 살다 보면 아무래도 외로움을 느끼기 쉽다. 외국에서 친구를 사귀어 함께하는 생활을 한 번쯤은 꿈꾸어 봤을 것인데, 이럴 때 친구를 사귀는 방법은 다들 비슷하다. 우선 어학연수를 한다면 자신과 영어 실력이 비슷한 친구들을 사귈 수 있을 것이고, 일자리를 구하면 직장에서 동료들도 만나게 될 것이다. 그러나 이것 역시도 한정적이다. 어학연수를 하지 않거나 일자리를 늦게 구하면 혼자만의 시간이 길어지게 될지도 모른다. 이런 경우에 대비할 수 있도록 영국 워킹홀리데이를 떠나기 전 미리 참고할 수 있는 대표적인 사이트로 'Meet-up(www.meetup.com)'이 있다. 쉽게 말해서 'Meet-up'은 다양한 사람들과의 다양한 모임들을 한눈에 확인할 수 있는 플랫폼이다. 물론 인터넷을 통해서도 찾아볼 수 있지만, 가장 손쉽고 빠르게 이용할 수 있는 플랫폼으로 'Meet-up'을 추천한다.

[Meet-up 홈페이지]

PART 3 영국 워킹홀리데이 비자 사용 방법과 생활 정보

Meet-up을 통해 현재 거주하고 있는 지역 근처의 원하는 키워드와 연관이 있는 그룹들을 확인할 수 있고, 원하는 그룹에 가입해서 모임에 참석할 수도 있다. 하나의 그룹이 아닌 여러 그룹에 다양하게 참여할 수 있다. 또한 다양한 키워드를 통해 보다 많은 사람을 만나며 활동할 수 있다.

가볍게 한국인들을 만날 수 있는 그룹부터 시작한다면 Meet-up은 여러분의 영국 워킹홀리데이 생활에 활력소가 될 수 있다. 한국인들이 많이 이용하는 그룹인 '런던 어학당'이나 '영한사랑'을 시작으로 언어에 관심이 있다면 언어에 관련된 그룹을, 음악이나 다른 분야에 흥미를 느낀다면 관심 있는 분야의 그룹을 검색해서 대외 활동을 하는 것도 워킹홀리데이 생활 중의 즐거움이 될 수 있다.

[Meet-up '영한사랑' 그룹 홈페이지]

생필품 저렴하게 구입하기

영국에서 생활한다면 외식비에 대한 부담으로 직접 식재료들을 구입해 요리해 먹는 경우가 많다. 식재료뿐만 아니라 생필품도 구입해야 하므로 마켓과 마트에 대한 정보를 미리 확인하고 출국해야 한다. 런던에는 저마다의 특징을 가진 저렴하면서도 다양한 상품을 갖춘 여러 마켓들이 있다.

또한 영국에도 한국처럼 많은 마트가 있다. 영국에는 어떠한 마트가 있으며 각 마트들의 장점은 무엇인지, 거주지 주변에 있는 대형 마트의 위치는 어디인지 등을 미리 확인하면 생필품을 구입할 때 편리하다.

영국에 있는 다양한 마트

테스코

영국에서 가장 큰 대형 마트이다. 미국은 월마트, 프랑스는 까르푸, 영국은 테스코라고 할 정도로 대표적인 마트이다. 테스코는 식료품부터 생활용품까지 다양하게 구비된 상품들을 저렴하게 판매하고 있다. 또한 크고 작은 여러 개의 지점이 있으므로 생활하면서 가장 쉽게 찾아볼 수 있다.

아스다

시티와 조금 떨어진 곳에서 거주한다면 테스코보다는 아스다를 많이 이용하게 될 것이다. 아스다는 PB 상품(Private brand products)이 대표적이다. 다양한 물품들을 판매하고 있고, 대용량이나 박스 단위로 물건들을 판매하므로 혼자보다는 여럿이 함께 가길 추천한다.

PART 3 영국 워킹홀리데이 비자 사용 방법과 생활 정보

아고스

가전 제품, 주방 용품, 침실 용품, 가드닝 관련 용품 등을 구입하려면 이러한 상품을 판매하는 대표적인 마트 아고스를 기억하길 바란다. 아고스는 다양한 생활용품들을 전문적으로 판매하는 곳으로, 가격 비교가 가능해 많은 사람이 찾는 마트이다.

부츠

워킹홀리데이 생활을 하는 도중 화장품이나 약이 필요할 때 기억해야 하는 마트는 부츠이다. 부츠는 다양한 브랜드의 화장품부터 생활용품, 식료품, 상비약에 이르기까지 다양한 상품을 판매하고 있으며, 특히 처방전을 가지고 방문하면 약을 구입할 수 있다.

세이프웨이

시티 외곽에서 거주한다면 테스코나 아스다 말고 가장 많이 이용할 수 있는 대형 마트는 세이프웨이이다. 세이프웨이는 테스코와 흡사한 대형 마트로 물품의 종류는 테스코보다 적은 편이지만 파격 세일을 많이 한다. 테스코까지 거리가 멀다면 세이프웨이를 이용하는 일이 더 많을 것이다.

파운드랜드(www.poundland.co.uk)

한국의 다이소와 같은 포지션으로 생필품, 문구용품, 주방용품, 파티용품, 청소용품, 간식 등을 쉽고 편리하게 구매할 수 있다. 금액이 고정되어 있는 것은 아니지만 일반 매장과 같은 식료품 등을 더 저렴하게 판매하며 다양한 제품들을 구경하는 재미가 있다. 물론 저렴한 만큼 품질을 보장하는 것은 아니니 염두에 두어야 한다.

프라이마크(www.primark.com/en-gb)

착한 가격으로 유명하며 영국 초기 정착 시 필수적으로 방문해야 하는 SPA 브랜드이다. 국내의 탑텐 정도의 가격으로 속옷부터 롱패딩 같은 아우터까지 구매할 수 있는 것은 물론 수건, 발매트, 실내화, 식기 등 생필품도 구매할 수 있다.

플라잉타이거(flyingtiger.com)

한국에도 입점되어 많이 알려진 플라잉타이거는 덴마크의 잡화 체인점이며 영국에서 감성과 트렌디함이 가미된 다이소라고 불린다. 국내에 입점된 가격보다 저렴하고 종류가 다양하며 1파운드부터 시작하는 가성비 넘치는 감성 아이템들이 많다. 파티준비, 선물용, 방 꾸미기 등 필요한 생필품을 모두 갖춘 후에 꾸밀 때 방문해 보면 좋다.

Wilko(www.wilko.com)

Wilko의 자체 PB 생활용품들을 매우 저렴한 가격으로 구매할 수 있다. 프라이팬이나 식기 세트와 소형 가전제품(전자레인지, 토스터기, 전기주전자 등)을 구매할 수 있다. 배송비를 부담한다면 인터넷 쇼핑도 가능하다.

PART 3 영국 워킹홀리데이 비자 사용 방법과 생활 정보

영국에 있는 다양한 마켓

버로우 마켓

런던에서 가장 오래된 마켓으로, 마켓이 열리는 날에는 항상 많은 사람들로 북적인다. 버로우 마켓에서는 직접 재배한 신선한 채소나 과일을 저렴하게 살 수 있고, 고기나 해산물도 살 수 있다.

캠든 록 마켓

캠든 록 마켓은 크게 4가지의 구역으로 나뉘어 있고, 캠든 타운을 대표하는 2층짜리 건물로 구성되어 있다. 다양한 물품을 구매할 수 있고, 밴드의 라이브 뮤직도 들을 수 있다. 또한 다양한 상점과 길거리 노점이 밀집해 있어 재밌는 추억까지 덤으로 얻을 수 있다.

포토벨로 마켓

노팅힐에 위치한 포토벨로 마켓은 영화 '노팅힐'의 촬영지로 유명하다. 런던에서 가장 큰 규모를 자랑하는 포토벨로 마켓에서는 앤티크(Antique) 소품부터 식자재, 과일, 잡화에 이르기까지 다양한 물건을 판매하고 있다.

PART 3 영국 워킹홀리데이 비자 사용 방법과 생활 정보

영국 런던의 위험한 지역

영국은 유럽 국가들 중에 치안이 좋은 나라에 속하지만 특별히 조심해야 하는 지역들이 있다. 위험한 지역을 미리 확인하고 방문을 가급적 자제하자. 거주지를 구할 때도 이 지역들은 유의해야 한다.

화이트 채플

영국에서는 화이트 채플 지역의 위험성을 소재로 한 드라마가 있을 정도로 대표적인 위험 지역이다. 교통편도 잘 되어 있고 집값도 저렴하지만, 밤에는 특히 위험한 지역이다. 아무리 집값이 저렴하더라도 마음 놓고 다니기 어려운 지역이니 생활하기에 어려움이 있을 것이다.

207

엘리펀트 캐슬

런던의 할렘가라고 불리는 엘리펀트 캐슬을 속칭 '엘카'라고 부른다. 엘카에는 다양한 인종들이 거주하고 있으며, 특히 흑인들이 많이 거주한다. 엘카 주변에는 대형 클럽들이 많이 있기 때문에 금요일 밤에는 취객들이 길거리를 배회하는 일이 많아 경찰들이 상주해 있다. 밤에는 더욱 위험하지만, 낮에도 혼자서 엘카를 방문하는 일은 삼가자. 혼자서 지하도를 걷거나 골목길을 걷는 일이 없어야 한다.

 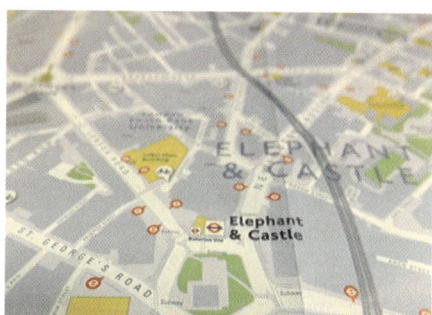

루이샴

루이샴은 주변에 대학교가 있어서 젊은이들이 많이 있는 지역이지만, 그렇다고 해서 안전하다고 단정하기 어렵다. 특히 골더스그린 대학교를 다니는 한국인들이 루이샴에 많이 거주하긴 하지만, 가급적이면 루이샴에서 거주하는 일은 피하는 것이 좋다. 루이샴 역시 다양한 인종들이 거주하고, 낮에는 루이샴 마켓이 열리기도 하지만 밤에는 최대한 출입을 자제해야 한다.

PART 3 영국 워킹홀리데이 비자 사용 방법과 생활 정보

브릭스톤

영국을 여행해본 사람들이라면 한 번쯤은 들어봤을 지역인 브릭스톤은 얼핏 보기에는 그렇게 위험한 곳이라는 생각이 들지 않는다. 하지만 브릭스톤 역시 위험한 지역이다.

흑인들이 가장 많이 거주하는 동시에 자메이카·쿠바 사람들이 많이 살고 있는 대표적인 지역으로 그들만의 문화가 더욱 강하게 유지되고 있다. 따라서 브릭스톤에서는 인종차별적인 언행과 그들의 문화를 모욕한다는 오해를 살 수 있는 언행을 삼가야 한다.

미용실 알아보기

영국은 높은 물가로 유명한 나라이다. 특히 수작업으로 이루어지는 다양한 일들은 가격이 비싼 편이다. 미용실 이용 가격도 상상을 초월한다. 미용실마다 차이가 있겠지만 일반적으로 남성 커트는 약 10~20파운드, 여성 커트는 약 25~30파운드를 받는다. 그렇기에 미용실을 자주 방문하기가 부담스러울 것이다. 또한 비싼 값을 치르고 머리를 잘라도 마음에 들지 않는 경우가 있을 것이다. 이러다 보니 직접 머리를 자르거나 친구가 대신 머리를 잘라주는 경우가 많다. 하지만 이런 방법엔 한계가 있으니 미용 관련 정보들을 모아 놓은 사이트들을 알아 두는 것이 좋다.

그중 'treatwell'이라는 사이트(www.treatwell.co.uk)를 추천한다. 다양한 미용 정보를 제공하여, 자신이 원하는 조건에 맞는 미용실을 쉽게 찾을 수 있는 사이트이다. 미용실 검색 서비스뿐만 아니라 다양한 미용 정보와 미용 관련 가게 정보 및 이용 후기도 만나볼 수 있다.

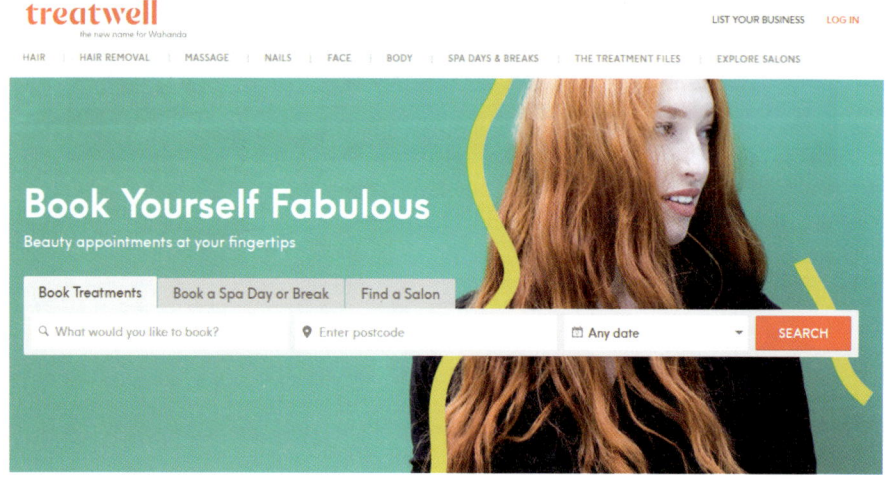

[treatwell 홈페이지]

택배 보내기

영국에서도 한국에서처럼 택배를 주고받을 일이 많다. 특히 생활하는 데 필요한 물건들을 한국에서 택배로 받게 되는 경우가 많다. 그럴 때 일반적으로 우체국 EMS를 많이 이용한다. 우체국 EMS는 보통 20kg 기준으로 약 18만원이 들고, 배달에 소요되는 기간은 약 4~6일이다. 또한 한국으로 택배를 보내는 경우도 있는데, 이 때에도 비싼 비용을 지불해야 한다. 수화물의 물품 종류와 무게에 따라 추가되는 금액이 있으므로 최대한 자세하게 알아보고 비용을 비교해보는 것이 중요하다.

런던에서 한국으로 택배를 보낼 수 있는 많은 택배회사 중에 '런던 우체국'이라는 사이트를 추천한다. '런던 우체국(www.lpouk.com)'은 한인 택배 홈페이지를 활용한 사이트로서, 런던에 있는 다양한 한인 가게들은 물론 본머스·브라이튼·맨체스터·코벤트리 등 여러 지역의 한인 점포를 지점으로 운영하고 있으며, 택배비 역시 다른 택배회사에 비해 저렴하다.

'런던 우체국'의 택배 비용은 런던 지점에서는 20kg 기준으로 120파운드 정도이며, 그 외의 지점은 20kg 기준으로 140파운드이다. 다른 택배회사를 이용하면 10kg에 130파운드 정도이며, 무게에 따라 금액이 더 상승한다. 또한 '런던 우체국'은 한인 가게에서 발송하고, 런던에도 많은 지점들이 있기 때문에 방문하기도 어렵지 않다.

영국에서 한국으로 택배를 보낼 때 배를 이용하면 약 2달 정도, 항공편을 이용하면 약 1주일 정도 소요되고, '런던 우체국'을 이용하면 약 10일 안에 물품을 받을 수 있다. 영국 워킹홀리데이 생활을 마치고 나면 쌓여 있는 짐을 전부 직접 가지고 귀국할 수 없으니, 중요하지 않은 물건들은 미리 택배를 통해 한국으로 발송할 것을 추천한다.

봉사활동하기

일하면서 경험과 경력을 쌓기 위해서, 영국에 대해서 알고 싶어서, 혹은 영국에서 영어 실력을 높이기 위해서 등 영국 워킹홀리데이의 목적은 다양하다. 그러나 영국이라는 타향에서 혼자 생활을 하거나 일과 공부를 병행하다 보면 향수병에 걸리거나 무료해지기 쉽다. 그럴 때는 혼자서 시간을 보내기보다는 봉사활동을 통해서 다양한 사람들을 만나보길 권한다.

봉사활동을 통해 내가 나눈 것보다 더 많은 것을 얻는 경험을 쌓을 수 있다. 봉사활동은 단순히 자신보다 못한 사람을 돕는 것이라는 좁은 생각을 하기보다 봉사를 통해 더 많은 사람을 도울 수 있다고 생각하는 것이 바람직하다. 영국에서 봉사활동을 하는 다양한 방법이 있는데, 자원봉사 단체에 가입하거나 채리티 숍(Charity Shop)을 통해서 기부하거나 무상으로 일을 하는 것이다.

[영국의 다양한 채리티 숍]

PART 3 영국 워킹홀리데이 비자 사용 방법과 생활 정보

특히 가게마다 노인 복지, 전 세계 식수 문제, 심장병 환자 돕기, 전역군인 돕기 등 지원 대상이 다른 여러 채리티 숍을 방문해 다양한 물건들을 둘러보고 의미 있는 일도 해보는 것을 추천한다. 더 나아가 채리티 숍에서 봉사를 하는 것도 좋다. 저렴한 가격으로 물건을 판매하면서 또 의미가 있는 일을 하다보니 상당히 바쁘다고 한다.

좀 더 포괄적인 봉사활동을 원한다면 영국 자원봉사단체 협회인 NCVO에서 자원 봉사를 신청하고, 다양한 활동을 통해 많은 사람을 접하고 자신에게 의미 있는 경험을 쌓을 수 있다.

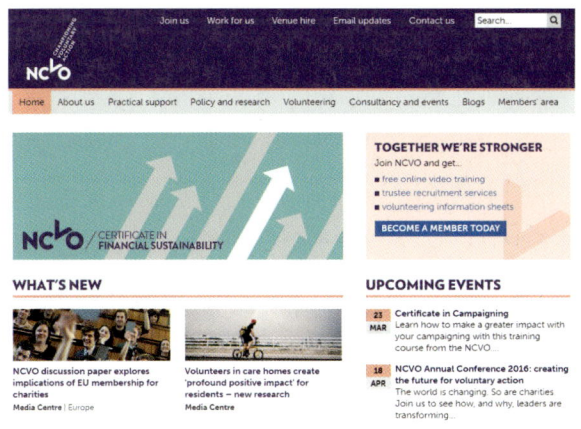

[영국 자원봉사단체 NCVO 홈페이지(www.ncvo.org.uk)]

클럽 가기

친구를 사귀거나 또는 친구들과 신나는 시간을 보내기에는 펍과 클럽만한 장소가 없을 것이다. 외국에 왔으니 경험 삼아 한번 구경해 보자. 한국 인터넷 검색엔진에 '런던 클럽'이라고 입력만 하면 검색되는 'Ministry of sound'는 엘리펀트 캐슬에 있다. 입장료는 20파운드이고 소지품을 맡기는 데에는 물건당 2파운드를 받으며, 음료나 술은 따로 구매해야 한다.

한국에서는 클럽에 가기 전에 어느 정도 술을 마시고 마음이 들뜬 상태에서 입장을 하는 게 일반적이다. 그러나 영국에서는 취한 모습을 보이면 클럽에 입장하지 못한다. 실제로 일행 중 한 명이 술에 취한 듯한 모습을 보이자 'First Aid' 룸으로 데려가 술이 깰 때까지 대기해야 했던 경험이 있다. 우선 클럽 안에 응급실이 마련되어 있다는 것에 놀랐고, 정말 안전에 신경 쓰는 모습이 보였다. 최근 IS의 위협 때문인지 마약 때문인지는 몰라도 비행기에서 몸을 수색할 때 쓰는 기계를 통과해야 입장할 수 있다. 중간 중간에 덩치 큰 안전 요원들이 왔다 갔다 하면서 많이 취한 사람들을 단속해서 1차 경고를 주고, 경고를 받은 이후에도 위험 요소가 있다고 판단될 경우 귀가 조치한다. 즐거운 마음으로 방심하다가 고주망태가 되면 쫓겨나거나 클럽 내 응급실 신세를 질 수도 있다는 사실을 명심하자.

PART 3 영국 워킹홀리데이 비자 사용 방법과 생활 정보

영국에도 여러 클럽이 있지만 한국인들이 많이 가는 클럽에서는 부킹이 심심치 않게 이루어진다고 한다. 부킹이라는 '잿밥'에 목표를 두는 20% 정도의 사람들 외에 나머지 80% 정도는 춤과 음악을 즐긴다는 '순수한' 목적으로 클럽을 방문한다. DJ들도 유명하고 플로어도 여러 개가 있어 마음에 드는 DJ를 선택하여 다양한 음악을 즐길 수 있다. 클럽에 갈 때 복장은 다들 제각각이니 크게 신경 쓰지 않아도 된다. 눈에 띄게 화려하게 꾸미고 온 사람들도 있지만, 오히려 그런 사람이 얼마 되지 않아 몹시 눈에 들어 온다. 지나치게 독특하지 않은 정도에서, 자신만의 멋을 표현할 수 있는 정도가 적당하다. 또한 체구가 작은 동양 여성에겐 관심이 집중되니 예상치 못한 사고가 나지 않도록 주의해야 한다.

※ 대표적인 클럽
- Ministry of Sound(미니스트리 오브 사운드, 주소: 103 Gaunt St, London SE1 6DP, UK)
- fabric London(패브릭 런던, 주소: 77A Charterhouse St, London EC1M 6HJ, UK)
- Egg London Nightclub(에그 런던, 주소: 5-13 Vale Royal, London N7 9AP, UK)
- Electric Brixton(일렉트릭 브릭스턴, 주소: A23, Brixton Hill, London SW2 1RJ, UK)
- XOYO(쏘요, 주소: 32-37 Cowper St, London EC2A 4AP, UK)
- Phonox(포녹스, 주소: 418 Brixton Rd, London SW9 7AY, UK)
- Corsica Studios(코르시카 스튜디오, 주소: 4, 5 Elephant Rd, London SE17 1LB, UK)
- Cirque Le Soir(서크 르 수아르, 주소: 15-21 Ganton St, Carnaby, London W1F 9BN, UK)
- Brixton Jamm(브릭스턴 잼, 주소: 261 Brixton Rd, Myatts Field South, London SW9 6LH, UK)

215

빅벤(Big Ben)

PART 4

영국 워킹홀리데이 후기

영국 워킹홀리데이 최은지 님 후기
영국 워킹홀리데이 어학원 후기

국회의사당의 시계탑, 빅벤(Big Ben)은 공사 책임자의 애칭을 따서 이름 지어졌으며, 처음에는 시계를 뜻하는 말이었으나 점차 유명해져서 시계탑 자체를 의미하게 되었다. 시계탑의 네 면에는 세계에서 가장 큰 자명종 시계가 달려 있고, 시계탑 자체도 독립되어 세워진 것들 가운데 세 번째로 높다. 엄청난 크기의 이 시계는 15분마다 울려 시간을 알린다. 2012년 엘리자베스 2세의 즉위 60주년을 기념하여 엘리자베스 타워로 개명되었다.

영국 워킹홀리데이 후기

- 영국 워킹홀리데이 최은지 님 후기 -

영국 워킹홀리데이를 떠나게 된 이유

대부분 사람들이 안정적으로 정착하고 인생의 다음 단계를 이어나가는 이십대 후반, 나는 영국, 아니 그 어디로든 떠나기로 결심했다. 누군가 이유가 무엇이냐고 물으면 난 아직도 그 이유에 대해 한참을 고민해야 한다. 떠나야 했던 결정적인 이유가 없었기 때문이다. 직장 생활에 지쳐서? 한 2% 정도. 내 인생에 뭔가 더 있을 것 같은 기대 때문에? 한 5% 정도. 영어 강사로 일하면서 내 영어 실력에

PART 4 영국 워킹홀리데이 후기

자신이 없어서? 5% 정도. 지금 생각해 보면 철없던 시절에 가졌던 세상에 대한 이상이 조금씩 사라져 가면서 정신적으로 무언가 계기가 될 사건이 필요했다는 것이 그나마 가장 가까운 이유였다. 그래서 '영어 공부를 하겠다, 내가 좋아하는 꽃에 관한 공부도 하겠다'라는 핑계로 지금 영국에 있다.

어디론가 떠나겠다는 결심만 여러 번, 나는 많은 실패의 과정을 겪었다. 처음엔 아일랜드 워킹홀리데이를 신청했다가 떨어졌다. 그리고 나서, 영국 워킹홀리데이를 신청했지만 또 한 번 떨어졌다. 20대 후반의 여자들이 간 김에 눌러앉을까 봐 비자를 잘 주지 않는다는 소문도 돌았다. 추가 신청은 했지만 거의 70퍼센트는 포기하고 일을 잠깐 쉬면서, 스페인 산티아고에 있는 '순례자의 길'을 걷고 마음을 치유하는 시간을 보낸 뒤 '이제 일이나 해야지'라고 생각했다. 그러다 서른 살을 앞두고 비자가 나왔다. 스물아홉과 겨우 한 살 차이인데도 서른이라고 가야 하나 말아야 하나 고민이 됐다. 하지만 지금 나는 영국 런던에서 생활하고 있다. 오랫동안 고민 끝에 체념했다가 다시 소망하고 망설이는 시간을 보낸 뒤 내게 온 기회이기에 아직은 아무것도 결정된 게 없어 막연하고 불안한 요즘도 참 감사하다.

많은 국가 중 왜 물가도 비싸고 적응이 힘들다는 영국 워킹홀리데이를 선택했는가에 대한 질문을 가끔 받는다.

첫 번째, 나는 대학 시절 스페인에서 교환학생으로 6개월 동안 지낸 적이 있다. 그때 유럽 여행도 참 많이 했고 지금도 인생에서 가장 의미 있었던 시간이 언제냐고 묻는다면 그때라고 대답할 수 있다. 그때 유럽의 매력에 푹 빠져 캐나다나 미국 등의 북미권 생활은 처음부터 고려하지 않았다. 유럽과 가까우면서 영어를 모국어로 사용하는 아일랜드와 영국 중 한 나라로 가고 싶었다.

두 번째, 2년이라는 기간 때문이다. 다른 국가의 워킹홀리데이 비자는 대부분 1년까지의 기간만을 허용하고 있다. 도착해서 초기에 정착하느라 한두 달, 어학에 힘쓰는 초반 5~6개월. 그러다 보면 1년으로는 턱없이 부족할 것 같은 생각이 들었다. 2년이라니! 초반 6개월 동안은 성공적인 워홀 생활을 위한 기본 준비에 몰입하고, 그다음부터 즐기고 경험해도 충분한 시간이다.

세 번째, 내가 필요한 것과 좋아하는 것이 영국에 있었기 때문이다. 나는 영어 강사이기 때문에 영어 공부를 하고 싶었고, 꽃이 좋아 취미로 해온 플로리스트 수업에 푹 빠져있었다(영국과 프랑스는 플로리스트 교육으로 유명하다). 누구나 자연스럽게 꽃을 사는 문화의 영국. 마트에서도 꽃을 팔며, 꽃 한 다발을 품에 안고 지나가는 멋진 신사도 가끔 만날 수 있다. 대학 시절부터 뮤지컬도 좋아했다. 더 이상 레아 살롱가(Lea Salonga)가 공연하진 않지만 '미스 사이공'은 꼭 봐야겠다고 출국 전부터 기대하고 있었다. 길을 걷다 '맘마미아', '레 미제라블', '라이온 킹' 등의 포스터를 보면 영국 워홀을 선택하길 정말 잘했다는 생각이 든다.

내가 원하는 경험을 하고 바라는 것을 이루기 위해서는 많은 계획과 노력이 필요할 것이다. 아마 몇 가지는 성공하고, 몇 가지는 실천하지 못할 수도 있다. 하지만 미래에 스스로를 돌아보며 의미 있는 시간이었다고 말할 수 있도록 2년이란 기간 동안 소중한 하루하루를 최선을 다해 채워 가리라 다짐한다. 예전에는 어떤 일이 계획한 대로 되지 않을 때마다 걱정이 많았는데, 지금은 이상하리만큼 마음이 편안하다. 그저 그 순간에 내가 할 수 있는 일을 하고 기다리면 그뿐인 것 같다. 많은 사람이 워킹홀리데이를 결정한 순간부터 워홀러로 영국에서 지내면서 걱정과 고민도 많을 것이다.
그런 사람들에게 조금이나마 도움이 되길 바라는 마음으로 후기를 작성했다. 모두에게 워홀러로서의 경험이 값진 추억으로 남길 바라며.

영국 워킹홀리데이란 무엇일까?

복잡한 워킹홀리데이 비자? 한눈에 보기!

나는 영국 워킹홀리데이 비자를 그 목적에 맞게 사용할 수 있도록 하는 것이 비자 준비의 완료라고 생각한다. 그래서 기본적인 비자 신청은 한국에서 다 끝내지만, 완벽한 YMS 비자의 완성은 영국 현지까지 이어진다.

1. YMS 신청

UK Visas & Immigration 웹 사이트(www.gov.uk/youth-mobility/apply)에 접속해 온라인으로 비자 신청서를 작성해야 한다. 이에 관한 정확한 안내는 영국 YMS 비자 안내 웹 페이지를 참고하자. 이때 건강 부담금 1,552파운드(한화 약 260만 원), 비자 발급 수수료 298파운드(한화 약 50만 원)를 미리 준비해 두어야 한다(매년 금액이 바뀔 수 있으므로 정확한 금액은 해당 연도의 공지를 확인해야 함). 온라인 비자 신청 시, 90일 이내의 영국 비자 지원 센터(서울) 방문 예약일을 지정해야 하니 스케줄도 미리 확인해 놓자.

2. 비자 센터 방문하기

온라인 신청 때 예약한 날짜와 시간에 비자 센터를 방문해야 한다. 그전에 준비해야 할 구비서류가 있다.

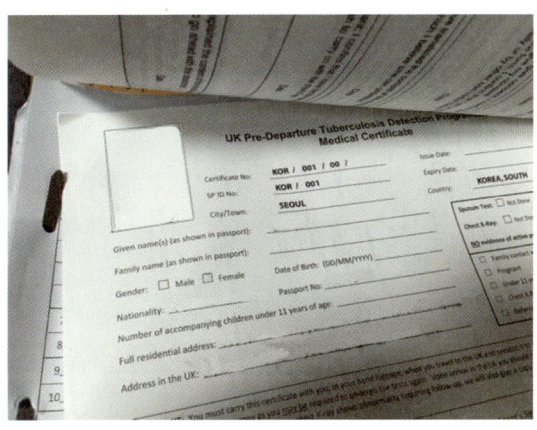

- 결핵 검사 진단서
  외교부에서 제시하는 지정 병원이 있으니 가까운 곳에서 검사를 받도록 한다. 나는 강남 세브란스 병원에서 받았다. 병원에 갈 때는 여권과 여권 사진 2장을 가지고 가야 한다. 검사 전 병원에서 주는 서류에 여권 정보도 적어야 하고 사진도 붙여야 하기 때문이다. 또한 현재 거주지와 영국에서의 거주지 주소를 영문으로 적어야 하니 알아보고 갈 바란다. 영국 거주지 주소의 경우 출국 전 정해져 있지 않으므로 나의 경우에는 인터넷에 호스텔 주소를 검색해 본 후 적었다. 그 주소가 속한 지역의 관할 우체국으로 추후 발급된 BRP 카드를 받으러 가야 하니 교통이 편한 센트럴 쪽으로 주소를 적는 것이 좋다.
- 온라인 비자 신청서 출력본 1부
- 본인 명의의 은행 잔고 증명서(영문) 1부
- 여권 원본, 여권 신원 면 사본 1매, 여권 사진 1매

비자 센터를 방문할 때 필요한 도움말을 주자면 깔끔하게 단장하고 가길 바란다. 비자에 들어갈 사진을 찍기 때문이다. 이 사실을 모르고 수수하게 갔다가 낭패를 본 사람들이 많다. 그리고 센터를 방문한 날에 여권 원본을 제출해야 하기 때문에, 여권을 돌려받기 전 항공권 등을 끊기 위한 정보가 필요하다면 여권 번호, 발급, 만료일 등의 기본 정보는 미리 메모해 놓기 바란다.

약 3주 후에 비네트와 승인 레터, 그리고 여권 원본을 받을 수 있다. 직접 비자 센터로 받으러 가는 방법과 약간의 돈을 지불하고 우편으로 받는 방법이 있다. 우편으로 받고 수수료를 지불할 경우 비자 센터에서는 카드 사용이 불가능하니 계좌이체를 하거나 현금 결제를 해야 한다.

3. 우체국에서 BRP(Biometric Residence Permit) 수령

우편으로 비네트를 받으면 자신이 적었던 영국 주소지와 가까운 우체국 주소가 적혀 있다. 영국 입국 후 10일 안에 해당 우체국으로 가서 BRP를 수령하면 된다.

PART 4 영국 워킹홀리데이 후기

영국 워킹홀리데이를 떠나기 위한 짐 꾸리기

짐 꾸리기 Tip
항공권, 여권과 함께 혹시나 모를 상황에 대비하여 여권과 비자의 사본 몇 장과 증명사진, 여권사진 몇 장, 은행에서 계좌를 만들기 전까지 사용할 수 있는 국제 현금카드

트래블월렛, 트래블로그 체크카드, VIVA X 체크카드와 같이 현지에서 바로 사용할 수 있는 컨택리스 카드는 필수적이다. 오이스터 카드 없이 교통카드로 사용할 수 있으니 꼭 준비하자.

노트북, 카메라, 휴대폰 등의 전자제품
고가품은 호스텔 등에서 분실할 수 있으니 주의하자.

영국에서 사용가능한 어댑터 및 콘센트
현지에서도 싸게 살 수 있지만 도착하자마자 짐 풀고 휴대폰 충전 등을 당장 해야 하므로 가져오는 게 편하다. 영국의 전압은 240V, 50Hz이고 콘센트 모양도 달라서 별도의 어댑터를 가져와야 한국에서 쓰던 전자제품을 사용할 수 있다.

당장 쓸 세면도구
수건, 칫솔, 치약, 바디 클렌저, 클렌징 제품 등을 챙기는데, 다만 여분까지 바리바리 싸오는 것은 권하지 않는다. 비싸다고는 하지만 사소한 소비품까지 한국에서 가지고 와야 될 정도로 비싸지는 않다. 면봉, 화장솜 등도 당장 쓸 정도만 챙겨오면 된다.

헤어 드라이어, 헤어 아이론
헤어 드라이어는 17~25파운드 정도의 가격에 구매할 수 있다. 나는 현지에서 구매했다. 다만 헤어 아이론 종류는 조금 비싼 편이니 가져오길 바란다.

우산

영국에서는 우산 한 개에 우리나라 돈으로 만 원씩 할 정도로 비싸고, 날씨가 맑다가도 갑자기 비가 오는 경우가 많아 항시 가방에 넣고 다닐 수 있는 작은 사이즈의 우산 하나는 챙겨 오길 바란다.

삼선 슬리퍼나 욕실 슬리퍼

당연히 팔겠지 했는데 야외 활동용 슬리퍼와 욕실 슬리퍼를 찾아도 흔히 '쪼리'라고 부르는 '가락신'이나 천으로 된 실내화만 있었다. 결국 슬리퍼를 찾아 이리저리 헤매다가 일주일만에 중동 사람이 운영하는 작은 마켓에서 우연히 발견해서 살 수 있었다. 완전 '아저씨' 취향의 디자인이었는데 어쩔 수 없었다. 호스텔의 스페인 룸메이트가 크게 웃으며 섹시하다고 했다. 물론 독일계 운동 용품 '아ㅇㅇㅇ'에서 흔히 '삼선 슬리퍼'라고 부르는 물건을 봤는데 20파운드였다. 비싸서 포기했다.

의약품

나는 떠나기 전 체력이 급격히 떨어져서 보약을 가지고 왔다. 각자 자신의 건강 상태에 따라 필요한 상비약을 챙겨 오길 바란다. 약을 가져올 경우 만약의 경우를 대비해 영어로 된 처방전을 받아 놓도록 하자.

옷

계절에 따라 다르지만 추가 모집으로 입국하는 사람들 중 3~4월에 입국하는 사람들은 겨울옷을 가져와야 한다. 나는 한국 날씨를 생각하고 얇은 것만 가져왔다가 현지에서 패딩을 사 입었다. 현지인들은 그리 추위를 타지 않는 것과 의류점의 신상품도 모두 봄철 상품인 것이 이해가 안 갈 정도였다. 손도 몹시 시렸는데 장갑도 찾기 어려웠다. 장갑도 가져오면 좋을 것 같다. 계절에 맞게 2~3벌 정도 챙기고, 소포로 받거나 세일 때 사 입는 것을 추천한다.

우리나라보다 영국이 훨씬 물가가 비싸다고 하는데, 우리나라도 물가가 많이 올라서 영국의 옷 가격이 터무니없이 높다며 혀를 찰 정도는 아닌 것 같았다. 세일도 자주 하니 세일을 이용해서 어느 정도는 사 입어도 될 것 같다.

굳이 챙겨오지 않아도 되는 것

한국 음식

일부 사람들은 꼭 가져온다고 하는데, 한국 마트에서 거의 다 판다. 한국보다 조금 비싸지만 굳이 한국에서 가져와야 될 정도는 아닌 것 같다.

바○○, 니○○ 등의 피부 보습 제품

영국 제품이 훨씬 싸다. 한국에서 6천 원 주고 산 립밤이 '프라이마크'에서 80펜스(천 원 정도) 하는 것을 보고 마음이 아팠다.

영어 공부 교재

필수적인 1~2권 빼고는 택배로 받길 권한다. 무게도 많이 나가고 도착하고 나서 당장 여러 권의 책을 다 볼 수 없기 때문이다.

화장품

웬만하면 면세점을 이용하길 추천한다. 왜냐하면 면세점에서 사는 물건은 수하물 제한 기준에 포함되지 않기 때문이다. 나는 쓰던 것을 어머니께 드리고, 면세점에서 새 제품을 샀다. 다만 무게가 많이 나가지 않는 샘플들은 많이 챙겨왔다. '부츠'에서 샴푸나 클렌징 같은 것도 싸게 살 수 있으므로 당장 쓸 것만 챙겨 와도 될 것 같다. 영국에서는 살 수 없는 것만 챙겨오자.

나는 영국에서 구할 수 있는 것인지 없는 것인지를 기준으로 정하고 짐을 꾸렸다. 영국에서 쉽게 구할 수 있으며 가격 차이가 크지 않은 것은 현지에서 샀고, 보약처럼 영국에 없는 게 확실한 것들은 챙겼다. 저렴할 줄 알고 안 가져왔는데 너무 비싼 경우(고데기 종류)나 예상 외로 현지에서 찾기 힘든 것들은 어머니께 택배로 보내달라고 부탁드렸다. 여기도 사람 사는 곳이니 있을 건 다 있다. 현명하게 짐을 꾸리자.

D-day, 집을 떠나며

대학에 진학하고, 직장 생활을 하며 줄곧 부모님과 떨어져 자취 생활을 하다가 출국을 앞두고 직장을 정리한 뒤에는 집에서 가족과 함께 지냈다. 어머니와 매일 함께 다니면서 준비하고, 출국하면 못 먹는다고 종류별로 맛있는 음식을 먹으러 다니며 함께 지내다가 공항에서 어머니 얼굴을 보고 출국 수속을 하러 들어가려니 계속 눈물이 났다. 집에 두고 온 강아지 얼굴도 눈에 밟혔다. 공항에서 후기에 실을 사진을 찍어야겠다고 생각하고 왔는데 아무것도 못했다.
그리고 길고 긴 비행 후 입국 심사. 입국 심사가 까다로워 어떤 사람은 30분 동안이나 붙잡혀 있었다는 이야기도 들었는데 나는 5분도 채 걸리지 않았다.

받은 질문은 4개였다.

- 영국에 처음 왔는가?
- 영국에 온 목적이 무엇인가?
- 거주지 주소가 무엇인가?
- 직업이 무엇인가?

일하러 왔다고 말하면 질문이 길어지는 경우도 있다고 해서 영국에 왜 왔냐는 질문을 받았을 때 'Travel'하기 위해 왔다고만 간단히 대답하였다. 운이 나쁘면 엄청난 질문 세례가 쏟아지고 30분 이상 걸리는 경우도 있다고 하니 입국 심사 후기를 온라인 카페 등에서 꼭 꼼꼼히 읽어보고 떠나자.

공항에서 숙소로

나의 경우 감사하게도 아는 분이 자동차로 데리러 오셨으나, 그렇지 않은 경우에는 한국에서 미리 픽업 서비스를 신청하도록 하자. 비자 센터를 방문했을 때도 픽업 서비스에 대한 정보를 받을 수 있고, 영국 현지의 한국 여행사나 민박집을 통해서도 신청할 수 있다.

내가 묵은 숙소는 노팅힐에 있는 보든 코트라는 곳이다. 한국에서 예약을 할 때 온라인으로 문의하니 3인실은 없고 2인실밖에 없다는 말을 듣고 답변을 기다리다가 답답해서 전화했더니 전화를 받은 여자는 3인실이 있다고 했다. 꼭 전화로 예약하길 바란다. 2주 이상 머무르면 할인을 받을 수 있다.

처음 도착한 런던은 참 아름다웠다. 그도 그럴 것이 숙소가 노팅힐이기 때문이다. 집도 예쁘고 동네가 부티도 나면서 동네 주민 모두가 친절했다. 그러나 예상치 못한 난관에 부딪치게 되었다. 호스텔 직원들은 거의 100퍼센트 스페인 사람들인데, 아직 입도 귀도 안 풀린 나는 그들이 하는 영어를 알아들을 수가 없었다. 어학원에서 수업을 듣는데 최근 토익, 토플이 워낙 다국적 발음을 다루다 보니 영국 선생님들의 발음을 알아듣는 것은 어렵지 않았으나, 보통의 영국인은 선생님처럼 또박또박 배려해서 말해주지 않았다. 거기에 중동 사람들이 하는 영어는 '영어가 맞긴 한 걸까?'라는 생각이 들 정도였다. 집을 구하려고 전화했다가 '우리 집은 아시아인은 원치 않아!'라는 말도 들었다. 그렇다. 여기는 런던이다. 영국 사람들뿐 아니라 수많은 다른 인종, 국적의 사람이 모여서 살아가고 있는 영국 런던이다. 아시아 출신의 나에게 쉽지 않은 영국에서의 생활이 시작된 것이다.

교통 해결하기

한국과 비교해서 영국에서 가장 비싼 게 바로 집세와 교통비인 것 같다. 듣기로는 민영화 실패의 사례로 영국 철도가 늘 언급된다고 한다. 비싸기만 한 것이 아니라 존마다 가격도 각각 달라서 복잡하다.

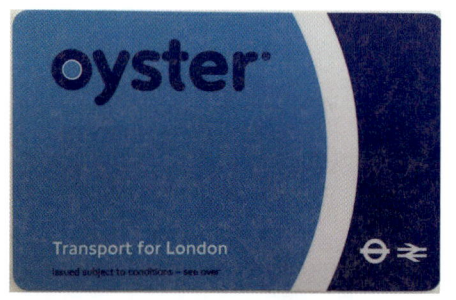

오이스터 카드는 지하철역에 있는 티켓 판매기로 끊을 수 있다. 우왕좌왕하고 있는데 나이 지긋한 도우미가 너무나 친절하게 가르쳐 줘서 나는 돈만 넣고 쉽게 끊을 수 있었다. 아직은 생활 반경이 정해지지 않아 괜한 돈 쓰느니 넉넉하게 끊는 게 나을 것 같아 1개월 동안 1~3존에서 튜브나 버스 상관없이 자유롭게 이용할 수 있는 Monthly Pass를 끊었다. 학원과 일자리가 정해지면 내 생활 반경에 따라 존을 선택해서 더 경제적으로 계획할 수 있다.

학생용 오이스터 카드의 경우 일반인용보다 가격이 훨씬 저렴하다. 대학교나 대학원이 아니어도 어학원에 등록하고 그 어학원이 오이스터 카드와 연계되어 있는 경우에는 학생용 오이스터 발급이 가능하다. 이때, 사진 부착이 필요하고 신청

PART 4 영국 워킹홀리데이 후기

후 우편으로 받아야 하므로 주소지 확보가 필요하다. 주소가 확실하지 않으면 주소지를 학원으로 하고 받아 달라고 부탁하도록 하자. 다만, 최근에는 어학원들이 Student visa 지원을 중단하고 있기 때문에 학생용 오이스터 카드를 지원하는 어학원도 줄어들고 있음에 유의해야 한다.

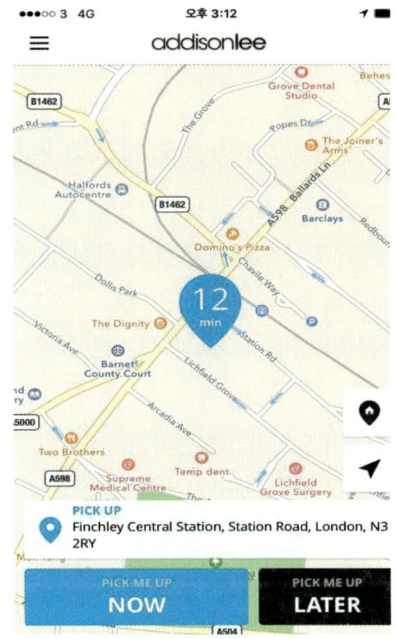

또 한 가지, 플랏을 옮기게 되어 이사를 해야 할 때 많은 짐을 어떻게 들고 가야 하나 고민이 될 것이다. 그때는 택시를 이용하는 것을 추천한다. 영국의 블랙 택시는 굉장히 비싸기 때문에 섣불리 탈 수 없다.

대신 'Addison Lee'라는 애플리케이션을 이용하여 미니캡을 이용할 수 있다. 이 앱을 통해 출발지, 도착지를 설정하고 탑승인원과 짐의 양을 입력하면 얼마가 나올지 요금도 미리 알아볼 수 있다. 또한 블랙 택시보다 훨씬 저렴한 가격에 이용이 가능하다. 나 또한 지인에게 이 앱을 추천받아 호스텔에서 집을 구해서 이사할 때 이용했으며, 노팅힐에서 웨스트 햄스테드 정도의 거리, 두 사람과 큰 짐 2개에 대한 운임으로 16파운드 정도를 지불했다.

영국에서 집 구하기

BRP 카드를 수령하고 NI 넘버를 신청하기 위해서는 주소가 필요하다. 나는 확정된 거주지가 아직 없던 상태였고, 호스텔의 경우 체크아웃 후에 받으면 버리기도 한다는 이야기를 듣고, 지인에게 양해를 구하고 주소를 빌려서 우선 신청한 후 집을 구하러 다녔다. 처음엔 집을 구하고 신청하려 했는데 집을 구하다 보니 뜻대로 되지 않았기 때문이다.

우선 집을 구하기 전에 몇 가지 결정해야 할 것들이 있다.

1. 스튜디오 룸에서 혼자 살 것인가, 셰어 하우스를 이용할 것인가? 아니면 홈스테이는?
스튜디오 룸은 다소 비싸게 느껴지지만 그래도 혼자 또는 마음이 맞는 사람과 둘이서만 사용하므로 불필요한 마찰이나 갈등을 줄일 수 있다는 것이 장점이다.

2. 셰어할 것이라면 한국인과 할 것인가, 외국인과 할 것인가?
많은 사람이 영국인들과 방을 셰어하고 싶을 것이다. 그러나 현실적으로 쉽지 않다. 어느 정도 사는 영국인 가정에서는 웬만하면 방을 셰어하지 않는다. 물론 런던에 국한된 이야기일 수도 있다. 셰어 하우스를 이용하는 대부분의 사람이(운 좋으면) 유럽의 스페인, 프랑스, 이탈리아 사람이거나 중동, 인도 사람들이다. 어떤 유학생은 특정 국가 사람들이 손버릇이 안 좋다고도 하고, 또 외국인들의 자유로운 사고방식 때문인지 청소도 잘 안 하고 지저분하다고 이야기하는 사람도 있었다. 계약에 관해 문제가 생겼는데 양쪽 다 영어가 서툴러서 골치가 아팠다는 이야기도 들었다. 그래서 한국인이나 일본인과 함께 사는 것을 선호하는 경우도 많다. 물론 무조건 외국인들과의 셰어를 피하라는 말이 아니다.

나는 처음에 외국인들과의 셰어를 구하러 다녔는데 함께 살고 싶은 사람을 만나지 못했다. 또한 나뿐만 아니라 상대도 영어 원어민이 아니어서 영어를 너무 못하는 경우가 많아 의사소통하기도 정말 답답했다. 그래서 나는 완전히 안정적으로 영국에 정착하기 전까지는 그래도 믿을 수 있고 말이 통하며 깔끔한 편인 한국인들과의 셰어를 선택했다. 물론 외국인 친구들과 정말 즐거운 생활을 하는 사람들도 있다. 한국인과의 셰어도 분명 단점이 있다. 장단점을 따져서 본인에 맞는 선택을 하면 좋을 것이다. 영국 가정에서의 생활을 원한다면, 셰어가 아닌 홈스테이를 알아보자.

3. 어느 지역에 살 것인가?
지역 선택은 정말 중요하다. 아까 말했듯 런던은 여러 국적의 사람들이 살고 있는데, 특정 인종이나 종교를 믿는 인구가 많은 동네에는 사건·사고가 많은 경우가 있어 조심해야 한다. 동네마다 하나하나 설명해줄 순 없지만 지하철역 지도를 펼쳤을 때 동북쪽은 반드시 피하도록 한다. 또한 Kilburn 지역은 사건·사고가 많기로 유명하다. 다른 1~2존 지역이나 3존 중에서도 골더스 그린, 윔블던은 안전하고 살기 좋은 지역이다. 특히 윔블던은 3존인데도 영국인들이 많이 사는 부촌이고 훌륭한 어학원도 있다고 하니 센트럴 쪽에 살고 싶지 않다면 고려해 보자.

영국에서 집 구하는 방법

영국에서 집을 구하는 방법은 인터넷 사이트 이용, 부동산, 지인 소개 등이 있다. 다만, 부동산을 통해서는 셰어를 찾기 힘들며, 대부분 전체 렌트가 많고 수수료도 내야 하기 때문에 많은 사람이 인터넷 사이트를 이용한다.

내가 이용한 사이트는 '검트리', '영국사랑', '스페어 룸'이 있다.

검트리(www.gumtree.com/london)

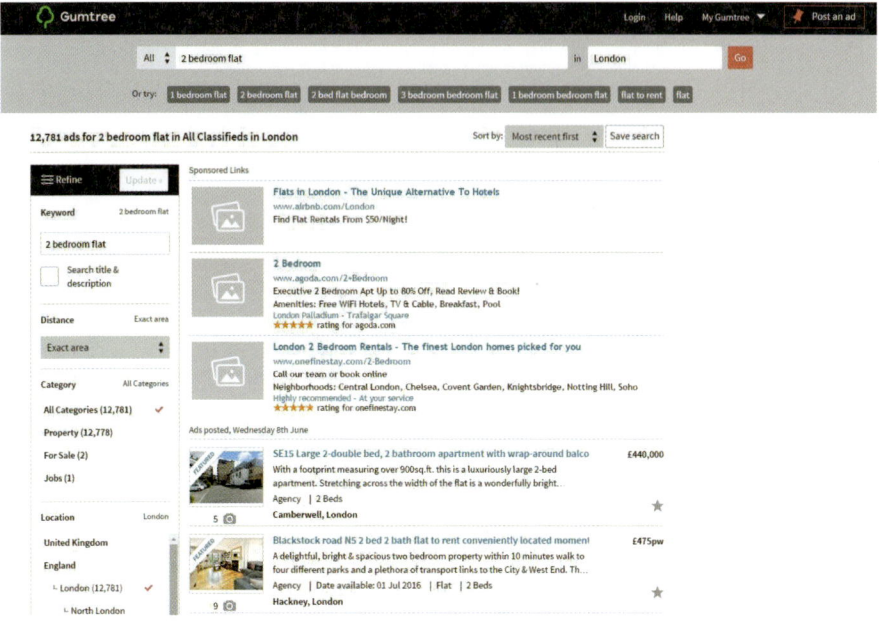

[검트리 홈페이지]

현지인들이 많이 이용하는 사이트이다. 한인 셰어보다는 외국인들과 셰어를 하고 싶은 경우에 이용하기 적절하다. 다만, 허위 매물이 많고 개인보다 부동산 업자들이 올려놓은 집들이 많으므로 조심해야 한다. 부동산 업자들은 여러 개의 매물이 있어 사진은 그럴 듯한 방으로 올려놓고 문의하면 그 방은 나갔는데 다른 방은 어떠냐고 말하는 경우가 부지기수이다. 'Seller Type'에서 'Agency'가 아닌 'Private'을 선택하면 그런 경우를 줄일 수 있다.

영국사랑(www.04uk.com)

한인 사이트이다. 숙소 정보뿐만 아니라 중고 물품이나 한인 구직에 관한 정보도 많이 올라온다. 숙소 및 숙박 정보가 지역별로 나뉘어 있으므로 원하는 지역에 맞는 조건을 찾아볼 수 있다. 부동산보다는 실제 거주하는 사람이 플랫 메이트를 구하는 경우가 많다. 한국어로 소통이 가능하고 외국인들에 비해 답변이 빨라서 편하다.

영국사랑에 올라오는 집의 거의 반 이상은 런던에 집을 여러 채 빌려 본인은 살지 않고 서브 렌트를 놓는 경우에 해당한다. 런던에 갓 도착한 초짜처럼 보이면, 이런 사람들은 '이 가격에 이만한 집이 없다.', '지금 계약한다는 다른 사람이 있다, 빨리 결정해라.'는 등의 말도 안 되는 말로 계약을 하게 만드는 경우가 있다. 그러나 그런 말에 속아 계약할 필요가 없다. 어차피 널린 게 집이고 방이다. 좋은 집 한두 개를 놓치더라도 썩 마음에 들지 않으면 충분히 뷰잉을 다녀보고 계약하길 당부한다. 또한 입주 전에는 꼭 계약서를 쓰고, 살면서 불편함이 있는데 지속적으로 개선되지 않을 경우 언제든 다른 집을 찾아서 나갈 수 있다는 점을 계약서에 명시하자. 3명에서 산다고 해 놓고 갑자기 5명이 사는 경우도 있는 등 일단 계약을 하고 나면 말을 바꾸는 경우가 많다. 따라서 꼭 몇 명이 사는 집에, 어떤 조건에, 이러한 가격인지를 정확하게 명시하는 것이 좋다.

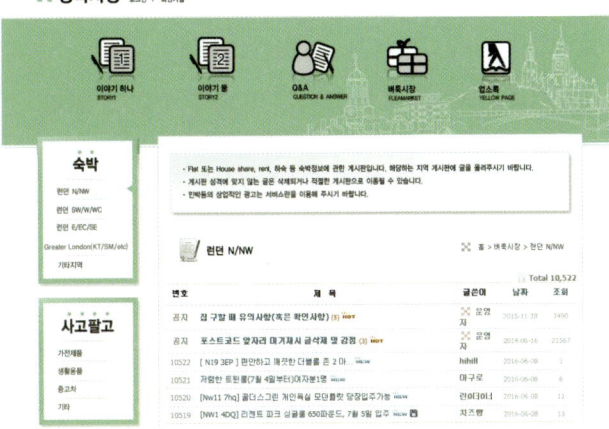

[영국사랑 홈페이지]

스페어 룸(www.spareroom.co.uk)

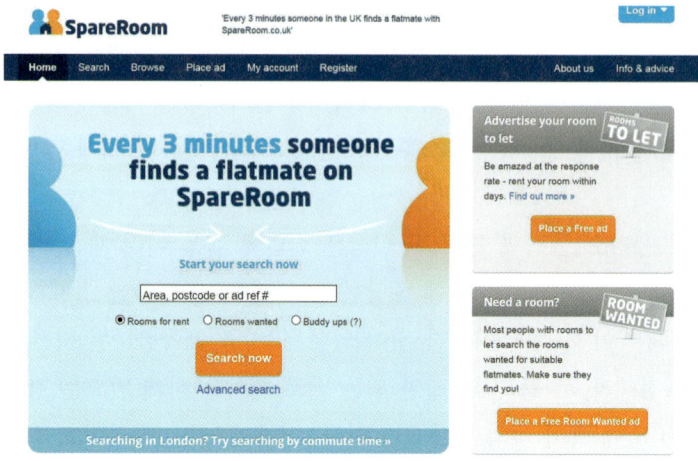

[스페어 룸 홈페이지]

스페어 룸 또한 개인보다 부동산 업자들이 올린 매물이 더 많고 답변이 꽤 느린 편이다. 여러 개의 방이 한 사람의 에이전트의 관리 아래 있는 경우가 많다.

그 외에도 주플라(www.zoopla.co.uk)라는 사이트가 있는데, 주플라는 영국인들이 가장 많이 이용하는 대표적인 부동산 사이트라고 한다. 영국에서는 부동산의 경우 간판에 'Real Estate'라고 적혀 있지 않은 경우가 많다. 그러나 유리창에 여러 집의 내부 사진들이 붙어 있어 지나다니다 보면 쉽게 부동산을 알아볼 수 있다. 살고 싶은 동네의 부동산을 한번 방문해 봐도 좋을 것 같다.

집 구할 때 주의할 점

1. 반드시 직접 확인

사이트에 올라온 사진은 대부분 굉장히 미화되어 있다. 반드시 직접 방문해서 실제로 확인하자. 또한 집주인이 함께 사는지 아닌지 등도 직접 확인해야 하고, 물어봐야 할 것도 많다. 집주인이 함께 사는 경우 집이 깔끔하고 관리가 잘 되지만 다소 불편할 수 있고, 집주인이 함께 살지 않는 경우 편하긴 하지만 관리가 잘 되

PART 4 영국 워킹홀리데이 후기

지 않아서 집이 지저분한 경우가 많다. 또한 영국은 주택이 노후된 경우가 많아 수압이 낮은 경우가 있으니 물도 꼭 틀어보자. 나는 특히 햇빛이 잘 드는 집인지를 꼭 확인했다.

2. 교통의 편리성
가능하다면 튜브역에서 가까운 곳을 추천하고 싶다. 버스가 많이 다닌다고 해도 버스는 튜브에 비해 느리게 가는 것 같고 배차 시간도 긴 경우가 많다. 또한 러시아워에는 차가 막히면 정말 답답하다. 더불어 튜브역에서 가까운 곳에 마트도 많다.

3. 미니멈 스테이(Minimum stay), 디포짓(Deposit), 노티스(Notice) 확인
미니멈 스테이는 최소 거주 기간인데 나는 미니멈 스테이는 무조건 짧거나 없는 곳으로 구하려 했다. 왜냐하면 집을 눈으로 보는 것과 직접 살아보는 것은 다를 수 있는데 살아보고 문제가 있으면 당연히 바로 나갈 수 있어야 한다고 생각하기 때문이다. 물론 임대인 입장에서는 또 새로운 사람을 구하고 현장 방문 스케줄을 맞춰서 집에 있어야 되고 이런저런 귀찮은 일이 많아서 최소 거주 기간을 정하려고 하겠지만, 임차인의 입장에서는 6개월 동안의 미니멈 스테이는 부담스럽기 마련이다.

디포짓은 보증금인데 우리나라처럼 터무니없는 가격을 제시하지는 않는다. 한 달 치 방세 혹은 노티스 기간만큼의 방세를 요구하는 경우가 대부분이다.

노티스는 이사를 가게 될 때 예정 날짜 전에 미리 주인에게 알려야 하는 것을 말한다. 충분한 기간을 두고 광고해서 다음 세입자를 구할 수 있게 노티스는 꼭 지켜주는 게 매너일 것이다. 대부분 3주에서 4주 가량을 제시하는 경우가 많다.

나는 '영국사랑'을 통해 현장 방문을 했고 매달 650파운드 정도의 가격으로 방을 구했다. 지하철역은 조금 멀어도 깔끔하고 햇빛이 잘 들어오는 점이 마음에 들었고, 집주인이 함께 거주해서 그런지 규칙도 잘 지켜져 아주 깔끔하게 유지되는 집이었다. 나는 정말 이상한 사람만 아니라면 나보다 연장자와 지내는 것에 별로 스트레스를 받지 않기 때문에 주인과 함께 사는 것도 상관없었다. 또 방이 춥거나 수압이 너무 낮아 고생하는 경우가 많다고 들었는데, 추운 날씨에도 창문을 열어놔야 할 만큼 아주 따뜻했으며 수도 등의 기본적인 시설들이 정말 잘 관리되고 있었다.

계좌 개설하기

한국에서는 은행에 가면 친절한 은행원들이 아주 빠르고 효율적으로 일을 처리해 준다. 입출금 통장 정도는 5분 정도면 만들 수 있다. 하지만 영국에서는 한국의 은행을 생각하면 안 된다. 우선 은행에 들어가면 은행원을 바로 만날 수 없다. 간단한 업무는 모두 ATM을 사용하도록 안내를 받고, 사람이 처리할 수밖에 없는 일만 은행원이 처리해 준다. 또 간단한 입출금 통장도 거주지 주소를 확실하게 증명할 수 있는 서류가 있어야 개설할 수 있다. 대학교, 대학원 등에 재학 중인 학생들은 학교에서 Bank Letter를 주기 때문에 쉽게 만들 수 있다.

워홀러들의 경우 좀 더 복잡하다. 단정지어 말할 수 없는 것이 다른 사람들의 경험담을 들어보면 이야기가 다 달랐기 때문이다. NI 넘버만 받으면 계좌를 개설하는 것은 어렵지 않다고 말하는 사람도 있고, 오히려 NI 넘버를 받고 나서 더 복잡해질 수 있다고 말하는 사람도 있다. HSBC, Lloyds 등의 은행에서 NI Number Letter를 받아주지 않는다는 후기 또한 보았다.

따라서 준비물 몇 가지를 구비해서 은행 몇 군데를 방문하며 직접 발품을 팔아볼 것을 권한다. 내가 한 경험이 이 글을 읽는 사람에게 그대로 적용되지 않을 수 있기 때문이다.

계좌 개설을 위해 기본적으로 구비할 것들은 다음 내용을 참고하자.

① 여권, 비자
② NI Number Letter
③ 3개월 내의 유틸리티 빌
④ 일을 구했을 경우 Job Letter

②~④ 중 하나를 요구하는 경우가 대부분이니 이 정도 준비해 가면 다른 것이 부족해서 계좌를 못 만들지는 않을 것이다. 어떤 은행이건 공통적으로 유틸리티 빌은 다 통했던 것 같다. 다만, 한국의 은행처럼 바로 만들어서 가져갈 수 있는 것이 아니고, 예약을 잡고 상담과 서류 제출을 거쳐 인터뷰를 한 후, 체크카드는 우편으로 약 일주일 후에 수령할 수 있다. 간단한 인터뷰가 진행되지만 걱정할 만한 인터뷰는 아니다.

영국에는 HSBC, Lloyds, Barclays 등의 은행이 있고 스페인 은행인 Santander도 종종 찾아 볼 수 있다. 이 중 워홀러들의 경우 가장 덜 까다롭다고 하는 Barclays 은행을 많이 이용한다고 한다. HSBC는 계좌 개설이 까다롭고 시간도 오래 걸리기로 유명하다. 또한 NI Number 레터를 받아주지 않는 은행도 있는데, 그나마 Barclays 은행이 잘 받아주는 편이라고 한다.

통장 만드는 것이 매우 까다로운데 관건은 '주거지 증명'이다. 주거지 증명은 본인이 직접 부동산, 집주인과 계약한 게 아니라면 카운슬 텍스 레터라든가 하는 것이 자기 명의가 아니라서 주거지 증명이 어려운 경우가 있다. 대부분의 워홀러들이 셰어 하우스에 방 하나만 얻어서 살기 때문이다. 이런 세입자를 부동산 용어로 'Excluded ocuppier'라고 한다. 그러므로 나름 주거 증명을 가져왔는데 은행에서 거절당한다면, '나는 셰어하우스에 방 하나만 렌트한 excluded ocuppier인데, 이런 경우는 어떻게 증명해야 하는지' 직접 물어보는 것도 좋은 방법이다. 사실 집주인이 정말 집을 소유한 사람으로서 렌트를 주면 집주인에게 letter를 받을 수 있다는데, 대부분 셰어 하우스가 서브렌트라 더욱 계좌 여는 것에 애를 먹는 듯하다. 주변 지인 중 한 명은 다섯 번이나 거절을 당해서 GP등록을 먼저 하여 그걸로 주거지 증명을 했다고 한다.

어학원 선택하기

어학원 효과 두 배로 올리기!

어떤 어학원 수업에서든 수업 내내 처음부터 끝까지 한 마디도 안 하고 가는 학생이 한 명씩은 꼭 있다. 사실 아무리 좋은 수업이어도 본인이 적극적으로 참여하지 않으면 아무 소용이 없다. 한국 학생들의 경우 머릿속에 아는 건 많은데 혹시 작은 실수라도 할까 봐 지나치게 조심스러워 하다가 이렇게 되는 경우가 있는 것 같다. 수업을 듣다 보면 알겠지만 말하다가 실수하는 것은 부끄러운 일이 아니다. 영어를 잘 못하는 친구들도 수업에 열심히 참여하고, 자세히 살펴보면 특출한 실력은 아닌데 자신의 의사를 요령 있게 전달하는 학생들도 많다. 그래도 '난 순발력이 부족해서 그것도 잘 안 된다'고 생각하는 학생에게는 예습을 추천한다. 주어진 교재를 미리 살펴보면서 모르는 단어를 외우고, 궁금한 것은 다음에 선생님에게 물어볼 수 있도록 의문문으로 만들어 보기도 하면서 말이다. 먼저 '준비한 내용을 수업 때 꼭 이야기하겠다, 선생님께 이 내용을 꼭 물어보겠다' 하는 것을 두세 가지만 준비해 가는 것으로 시작해 보자. 계획한 것을 한두 가지씩 이루어가면 조금씩 성취감을 느낄 것이고, 실력이 늘면 점차 자신감도 붙을 것이다. 또한 레벨이 낮은 경우 학원 수업 자체보다 수업 방식 때문에 걱정이 되는 경우도 있을 것이다. 대부분의 수업에서 학생들끼리 서로 토의 과정을 거친 뒤에 발표를 시키는 방식을 많이 택하고 있기 때문이다. 낮은 레벨일수록 토의나 발표에 대한 부담감을 더 심하게 느낄 것이고, 스트레스도 많이 받겠지만 어쩔 수 없다. 더 발전하고 싶다면 악착같이 공부하는 수밖에 없다.

어학원에서 운영하는 소셜 프로그램을 활용하여 친구를 사귀는 것도 좋은 방법 중 하나이다. 어학원의 소셜 프로그램에는 캐주얼한 식사, 펍 모임에서부터 살사, 축구 등 활동적인 것 그리고 뮤지컬이나 영화 관람에 이르기까지 다양한 것들이 있다. 사실 뮤지컬이나 영화 관람은 가는 김에 같이 가서 좋긴 하지만 딱히 영어 공부에 도움이 되진 않는 것 같다. 대화를 많이 할 수 있는 캐주얼한 모임이나 무언가 활동을 함께 하거나 몸을 부딪치는 소셜 프로그램에 참여할 것을 추천한다. 특히 남학생들의 경우 축구를 같이 하다 보면 금방 친해지는 경우가 많다. 또한 학생들과 친해지는 것도 중요하지만, 가장 좋은 건 원어민인 선생님과 친해지고 한 마디라도 더 나누는 것이다. 한국인 특유의 넉살로 선생님께 다가가 보자.

복습하기

집에서 열심히 예습하고 학원 수업에 적극적으로 참여한 후 집에 와서는 어떻게 해야 할까? 언어 공부의 경우 어느 정도 꾸준하게 노트 정리를 하다보면 나중에(특히 공인 인증 시험을 볼 때) 꽤 도움이 된다. 하지만 노트 정리에 너무 많은 시간을 쓰는 것은 좋지 않다. 요즘은 태블릿이나 스마트폰을 사용해서 직접 손으로 쓰는 것보다 빠르고 편리하게 자료를 만들 수 있으니 본인만의 방법으로 약간의 노트 정리를 해보자. 나는 스마트폰에서 영영 사전 앱을 다운받아서 그날 배운 표현이나 단어를 검색해서 복사하여 메모장에 붙인 뒤 PC로 보내 워드로 정리한다. 그럼

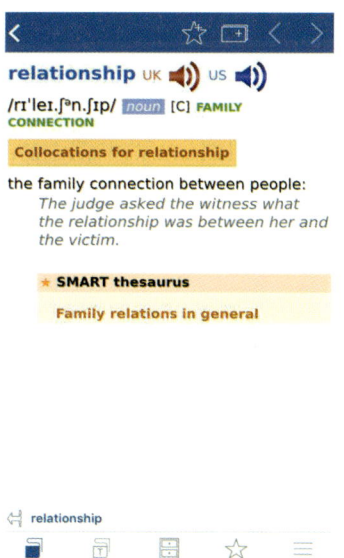

일일이 타이핑할 필요 없이 좋은 자료가 금세 만들어진다. 특히 Cambridge Exam을 준비하는 학생이라면 굉장히 유용한 앱이다.

사진을 보면 'relationship'을 검색하면 'collocations for relationship'이 나온다. 클릭하면 'relationship'과 관련이 있는 다양한 collocation들이 나오고 복사해서 인쇄만 해도 많은 자료를 얻을 수 있다. 단어는 많이 알지만, collocation에 약한 편인 한국 학생들에게 훌륭한 어휘 암기 자료가 될 수 있다. 또한 사전에는 뜻뿐만 아니라 '이 표현이 to와는 쓰이는데 with와는 쓰이지 않는다'와 같이 Writing 영역에서 자주 범하는 실수에 대해서도 정리해 준다.

얼마 전 IELTS 강의를 듣고 정리한 자료를 샘플로 첨부한다. '수업 내용 정리+ 사전에서 복사해서 붙인 자료' 중 일부를 샘플로 옮겨보았다.

1. Growing up

- ~hood
  ① something belongs to a particular group(ex : neighborhood)
    ✓ Brotherhood
    (the members of) a particular organization :
    The various groups eventually fused into a single brotherhood.
  ② Has reached a particular stage. (ex : adulthood)
    ✓ Fatherhood
    the state or time of being a father :
    Fatherhood is a lifelong responsibility.

- ~ship : emotion, feeling과 관련이 있음
  ✓ relation : formal 한 관계, 관련성
  ✓ relationship : 사람, 사람들의 문제와의 관계
- co~ : with, together
- inter~ : between

[relate]

~to : to be connected to, or to be about someone or something :
Chapter nine relates to the effects of inflation on consumers.

PART 4 영국 워킹홀리데이 후기

related	connected
relative	**be relative to** ① If something is relative to something else, it changes according to the speed or level of the other thing : *The amount of petrol a car uses is relative to its speed.* ② If something is relative to a particular subject, it is connected with it : *Are these documents relative to the discussion?*
relation	**in/with relation to sth** in connection with something : *She used the map to discover where she was in relation to her surroundings.*
relationship	—
relation or relationship?	Warning : Choose the right word! To talk in the singular about the way in which people *feel* and behave towards each other, don't say 'a relation', say a relationship : *He has a very good relation with his colleagues.(x)* *He had a very good relationship with his colleagues.*

collocation   for relationship

① Verbs

✓ have a relationship

✓ I have a very good relationship with my colleagues.

✓ begin/establish/form a relationship

✓ We established a good working relationship.

✓ build/develop/forge a relationship

…일부 생략…

② Adjectives

✓ a good/great relationship

✓ I have a great relationship with my children.

✓ an improper relationship

···일부 생략···

Relationship to (x)	
Rewarding (=successful)	giving a reward, especially by making you feel satisfied that you have done something important or useful, or done something well : *Is it a rewarding job?* *Textbook writing can be an intellectually and financially rewarding activity.*
accommodating	describes a person who is eager or willing to help other people, for example by changing his or her plans : *I'm sure she'll help you – she's always very accommodating.*
nurture	① to take care of, feed, and protect someone or something, especially young children or plants, and help them to develop : *She wants to stay at home and nurture her children.* *a carefully nurtured garden.* ② to help a plan or a person to develop and be successful : *As a record company director, his job is to nurture young talent.*
temperament	the part of your character that affects your moods and the way you behave : *a fiery temperament*
temper	[often singular] the ability to become angry very quickly : *She has a real temper.* *He's got a really bad temper.* lose your temper to suddenly become angry : *The children behaved so badly that I lost my temper.* keep your temper to succeed in staying calm and not becoming angry : *I found it hard to keep my temper with so many things going wrong.*

···일부 생략···

get on	~와 잘 지내다, ~을 하다, 잘 되어가다
as though	마치 ~인 것처럼

[compound nouns]

active role	family resemblance
stable upbringing	physical resemblance
family gatherings(meetings)	striking resemblance
extended family	maternal instinct
immediate family	sibling rivalry

혼자서 추가적으로 공부할 때 어떤 공부를 중점적으로 해야 할까?

뻔한 대답이지만 문법과 어휘이다. 그리고 공부한 문법과 어휘를 적용한 문장을 여러 번 읽고, 보지 않고 입으로 말해보자. 한국식 영어 공부가 문법을 너무 강조한다고 비판을 받긴 하지만, 나는 도리어 어법의 기초가 제대로 되지 않고 말만 빠른 유럽 사람들이 하는 영어에 눈살을 찌푸렸던 적이 많았다. 유창한 것처럼 들리지만 다 듣고 나면 무슨 뜻인지 몰라서 자세한 내용 전달이 안 되는 경우가 많았기 때문이다. 물론 문법을 잘 모른다고 계속 말을 안 하려고 하면 스피킹에 도움이 되지 않기 때문에 우선 말할 기회가 있다면 실수를 하더라도 말하도록 노력해야 한다.

그러나 자습할 때는 그냥 말하는 것이 아니라 정확하게 말하려는 노력을 기울여야 한다. 그런 과정 없이 말하는 것에만 집착하면 영어 공부를 할수록 잘못된 습관이 들어 고치기가 더욱 어려워질 수 있다. 학원에서 친구들과 이야기할 때는 틀리든 말든 주눅 들지 말고 자신 있게 이야기하되, 혼자 공부할 때는 정확하게 기초부터 꼼꼼히 공부해서 그냥 겉보기에 말만 잘하는 영어가 아닌 제대로 된 영어 공부를 하라고 조언하고 싶다.

영국 생활비 정보 안내

우선 첫 달 지출부터 정리해 보았다. 나의 실질적인 지출 항목과 다른 사람들이 궁금해 할 만한 다른 비용도 함께 고려하였으며, 환율은 1,650원을 기준으로 했다.

지출 항목	소요 비용
오이스터 카드	184파운드
집세	850파운드
이불, 수건 등 생필품 구매	약 45파운드
한인 마트, 현지 마트에서 조미료를 비롯한 식자재 구매	약 100파운드
휴대폰의 경우 한국에서 유심칩을 미리 구입 (다른 이들은 현지 구입을 고려해 현지 평균가 적용)	약 30파운드 (요금제에 따라 아주 상이)
Total	약 1,209파운드(약 200만 원)

※ 보증금(3주치 집세 450파운드)은 나중에 돌려받으므로 포함하지 않음

그 외에 작은 지출은 다음과 같다.

지출 항목	소요 비용
쇼핑	약 90파운드
외식 비용(호스텔에서 아침·저녁을 줘서 먹고 요리는 할 수 없는 곳이라 점심은 사 먹음)	약 100파운드
문화생활(아직까지 문화생활 할 여유가 없으나 다음 달부터는 지출이 많을 것으로 예상)	0
Total	약 190파운드(약 31만 원)

첫 달에 대략 1,399파운드, 한화로 230만 원 가량을 지출했다. 첫 달에는 고추장, 잼, 소금 등 기본 조미료를 구입했으므로 조금 많이 나온 편이라고 할 수 있다. 다음 달부터는 거의 그때그때 먹을 것만 구매하면 되므로 식자재 구입비는 조금 줄어들 수 있다. 다음 달에는 이불, 수건 등을 다시 살 필요가 없으니 그런 것도 평균 생활비에서는 제외하고 고려하면 된다. 또한 쇼핑은 개인의 경제 사정과 취향에 따라 조금 달라질 수 있으니 참고하자. 평소 식습관에 따라 장보기에 소용되는 비용도 많이 달라질 수 있다.

런던에서 시장 보기

식료품

영국에도 한국처럼 많은 브랜드 마켓이 있다. 그중 가장 대표적인 것이 테스코와 세인즈버리이다. 제일 저렴한 편이고 찾기도 가장 쉬워서 서민들이 많이 이용한다. 그 외에도 웨이트로즈와 M&S는 좀 더 비싼 편이지만 품질은 더 좋은 편이다.

그 외의 생활용품

한국의 다이소와 같은 파운드랜드, 옷부터 인테리어 소품까지 다양한 것을 파는 프라이마크가 있다. 프라이마크는 현지인들에게 많이 추천받았던 곳이다. 매장도 많이 분포되어 있다. 또한 한국에 '올ㅇㅇ영'이 있다면 영국에는 'Boots', 'Super Drug'가 있다. 샴푸나 바디 용품, 클렌저 등은 한국과 비슷하거나 싼 가격으로 구매가 가능하다.

지나다니다 보면 Boots, Super Drug 외에도 드러그 스토어가 몇 개 더 있고, 화장품 또한 우리나라만큼은 아니어도 몇 가지 로드숍 브랜드를 찾아 볼 수 있으니 걱정하지 않아도 된다.

그 외에도 한국에도 있는 이케아, 무지, 자라 홈 등 가구나 소품을 살 수 있는 곳이 런던에도 있다. 다만, 셰어 룸을 이용하는 경우 가구 같은 것은 굳이 직접 살 필요가 없는 경우가 많다.

런던에서 외식하기

영국의 마트에서 파는 생활용품의 물가는 품목마다 차이는 있지만, 한국과 비교해서 크게 높지 않다. 그러나 외식은 그 맛과 서비스에 비해 정말 비싼 편이다. 영국 음식은 맛없다는 말을 들어본 적이 있을 것이다. 가격을 떠나서 맛이 형편없다는 생각이 들었던 적도 있다. 그래도 잘 찾아보면 괜찮은 음식점도 꽤 많다. 여기에서는 현지인들이 추천하는 음식점과 직접 가보고 만족했던 몇 군데 음식점을 소개하겠다.

PART 4 영국 워킹홀리데이 후기

Nando's

포르투갈에서 들어온 체인점이라고 한다. 다른 식당에 비해 인테리어도 괜찮고 적당한 가격에 맛도 괜찮아서 배불리 먹을 수 있다. 메인 요리의 주재료는 닭이다.

Flat Iron

토튼햄 코트로드 역에서 내려서 조금만 걸으면 찾을 수 있다. 스테이크가 맛있다. 가격 또한 합리적이며 직원들도 친절한 편이다.

와사비

일식 도시락 전문점인데 현지인들도 굉장히 좋아하고 유학생들도 많이 찾는다. 싸고 먹을 만하다고 생각한다. 나는 개인적으로는 한 번 조리된 음식이 식었다가 다시 데워진 느낌을 별로 좋아하지 않아서 중간 정도였다고 생각하는데, 아주 맛있다고 하는 학생들을 많이 봤다. 체인점이기 때문에 곳곳에서 볼 수 있다.

Timberyard

한국에서의 카페는 친구들과 달달한 디저트와 함께 수다도 한참 떨 수 있고, 괜스레 공부가 안 되면 책을 들고 가서 공부하기도 하던 곳이었다. 런던에도 그런 곳이 있었으면 하고 찾고 있었는데, 아는 동생의 추천으로 가본 Timberyard가 딱 내가 원하던 공간이었다. 나 말고 다른 사람들도 노트북을 가져와서 한참을 머무르다 가기 때문에 오래 있어도 눈치가 보이지 않는다. 또한 곳곳에 학교 과제나 프로젝트를 함께 하는 사람들도 많았다. 인테리어도 예쁘고 직원들도 친절하다. 내 입맛에 맞는 빵도 있지만, 그렇지 않은 빵도 있었다. 자리가 부족하면 한 탁자에 모르는 사람과 합석할 수도 있다.

런던에서 뮤지컬 보기

구글에 'London Musical Ticket'이라고 입력하면 여러 가지 예매 사이트가 나오는데, 보고 싶은 특정 뮤지컬은 공식 홈페이지에 들어가서 예매할 수 있다.
좋은 좌석을 싸게 예매하는 방법으로는 '데이시트'를 추천한다. 데이시트는 당일 공연의 티켓을 당일에 현장에서 판매하는 것이다. 10시부터 구매가 가능한데 거의 2~3시간 전부터 줄을 서는 사람들이 많고, 그렇게 해도 허탕을 치기도 하니 부지런히 움직여야 할 것이다.

좀 더 편리하게 'Today Tix'라는 어플로 예약할 수도 있다. 데이시트보다는 조금 비싸지만 그냥 예약 사이트보다는 훨씬 싼 편이고 좌석 선택 등도 가능하며 현재 런던에 어떤 뮤지컬이 공연 중인지 둘러볼 수 있어서 좋다.

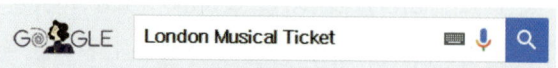

[구글 검색 결과 화면]

PART 4 영국 워킹홀리데이 후기

[뮤지컬 예매 사이트]

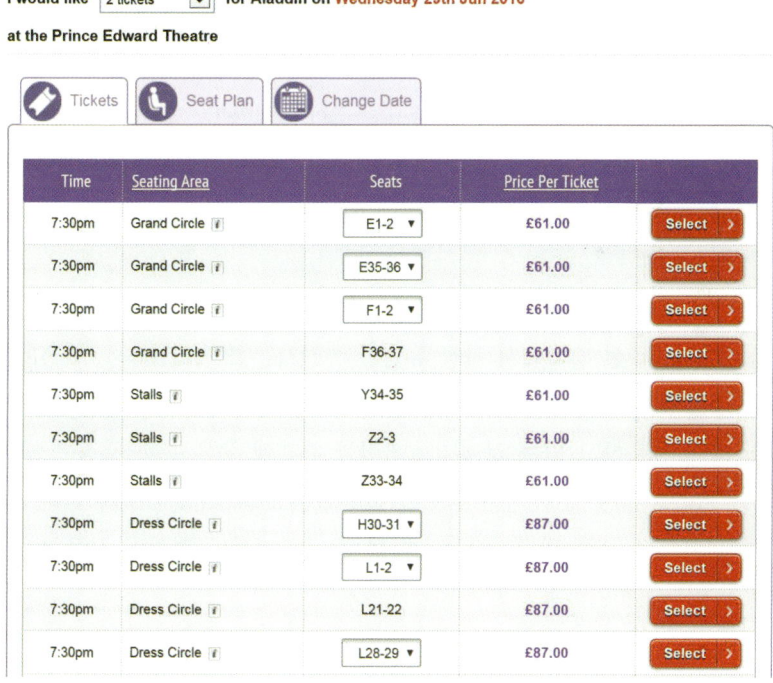

[가격 정보]

가격은 좌석과 당시의 프로모션에 따라 다양하니 원하는 좌석과 시간대에 맞춰 예매할 수 있다. 시간이 될 때 데이시트를 통한 예매에 한번 도전해 보자.

251

휴대폰 개통하기

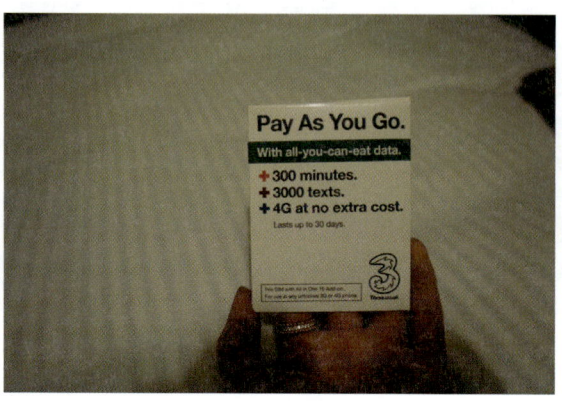

영국에서 휴대폰을 개통하는 방법은 한국에서 유심을 사오는 방법과 현지에서 구매하는 방법이 있다. 나는 멀티태스킹이 잘 안 되서 현지에 도착해서 이것저것 정신없을 것에 대비해 조금 돈을 더 주고 한국에서 심(SIM, Subscriber Identity Module)을 사왔다. 심(SIM) 구입비와 배송비까지 포함해서 59,000원 정도 들었던 것 같다. 찾아보면 더 싸게 구할 수도 있다고 한다.

현지에 와서 구매하면 한국보다 상세한 정보를 비교해 본 뒤에 구매할 수 있는 것이 장점이다. 우선 영국에서 가장 유명한 통신사는 쓰리(Three), 오투(O2), 기프가프(Giffgaff), 보다폰(Vodafone) 등이 있다. 현지에서 유학생들은 기프가프를 가장 많이 사용하고 있는 것 같다. 저렴한 가격에 좋은 통화 품질을 제공한다고 한다. 저렴하고 무제한 데이터 요금제가 있는 쓰리도 많이 사용한다. 보다폰은 가격이 비교적 높은 편이지만, 다른 유럽 지역에서도 편하게 사용할 수 있다는 장점이 있다.

처음에 와서 휴대폰을 개통할 때 알아야 할 몇 가지 표현을 살펴보자.

PART 4 영국 워킹홀리데이 후기

Pay Monthly

12개월에서 24개월 정도 계약을 해서 공짜 휴대폰을 받고 매달 일정 금액을 계좌에서 자동이체하는 방식이다. 따로 준비해 온 단말기가 없고 12개월 이상 장기로 머물 사람에게 적절하다. 다만, 계좌가 있어야 하기 때문에 워홀러들이 도착하자마자 만들기는 어렵다는 단점이 있다. 또한 약정 기간이 있어 계약 해지가 불편하다는 단점도 있다.

Pay As You Go

간단히 말하면 선불 요금제이다. 다만, 휴대폰을 좀 더 비싼 가격으로 구입하게 되고 충전한 금액이 떨어지면 다시 충전하는 것이 불편하다는 단점이 있다. 계좌와 별다른 신원보증이 필요 없다.

Sim-Only Pay Monthly

말 그대로 심(SIM)만 사서 원래 쓰던 휴대폰에 장착해 쓰는 요금제이다. 자신이 사용한 금액만큼 차감되는 Pay As You Go 방식과 달리 Sim-Only Pay Monthly 방식은 (내가 사용하고 있는 쓰리를 예로 들면) 한 달에 20파운드에 데이터 12기가, 200분 통화시간, 문자 무제한 서비스를 제공한다. 한 달 동안 제공된 서비스를 다 못 쓰고 한 달이 끝나면 해당 서비스는 다음 달로 이월되지 않고 끝나는 개념이다.

일자리 구하기

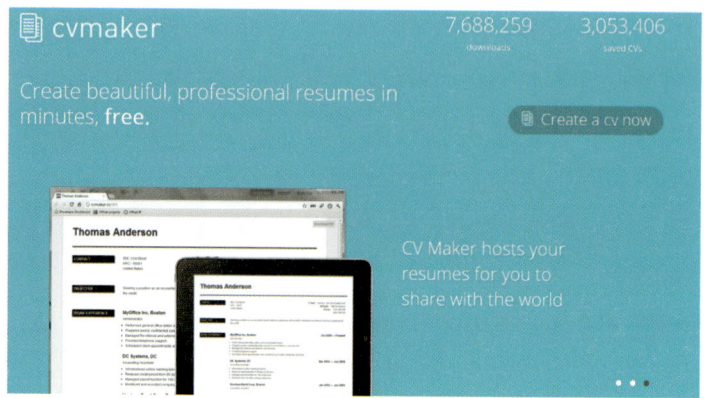

[CV maker 홈페이지]

일자리를 구할 때 가장 첫 번째 단계에서 해야 할 일은 CV를 작성하는 것이다. 나는 CV Maker(cvmkr.com)라는 사이트를 이용했다. 내가 가진 정보와 경력을 입력하면 깔끔한 CV가 만들어진다. 이 사이트를 통해 만든 나의 CV 샘플을 공개한다. 원하는 직종에 따라서 CV가 조금씩 달라질 수 있으므로 본인의 상황에 잘 맞게 스스로 만들어 보는 것이 좋다. 어법상 틀린 내용은 없는지 확인해 줄 것을 부탁할 곳이 있다면 더욱 좋겠다. CV를 다 만들었다면 원하는 회사에 제출하면 된다.

먼저 인터넷을 통해 지원하는 방법이 있다. 온라인 지원이 가능한 사이트에 본인의 CV를 등록하면 된다. 온라인으로 지원할 수 있는 몇몇 사이트가 있는데, 나는 주로 'indeed.co.uk'와 'monster.co.uk'에서 정보를 얻었다. 하지만 인터넷으로 지원하는 것보다 직접 찾아가서 지원하는 것이 면접 기회를 얻기에 더 쉬우니 참고하길 바란다. 나는 인터넷을 통해 수십 장의 CV를 뿌렸을 때는 한 통의 연락도 못 받았지만, 직접 찾아가서 제출한 곳에서는 연락이 왔다. 위의 사이트들을 통해 지금 어느 분야에서 사람을 모집하는지 알아보는 데 이용하면 좋을 것 같다.

Eunji Choi

E-mail § floramor@naver.com
Phone § +44 7492176111
Address § NW2 2PE, Flat 38 Vernon Court Hendon Way, London

VISA TYPE

TIER 5(Youth Mobility) MIGRANT - WORKING HOLIDAY VISA(Valid to Martch 2018)

WORK EXPERIENCE

DYB Choisun Language Institute   April 2012 — March 2016
Full-time English teacher

- Teaching English Grammar & TOEFL Reading, Listening to Middle School Students
- Making Teaching Material & Textbook(used for prepararion of the school exam)
- Counseling parents of students.
- Arranging the parents meeting.
- Assisting the International high school fair.

Wooribank   August 2011 — October 2011
Intern

- Guiding customers
- Making some materials to promote credit cards.
- Completing the basic finance and accounting education.

Samsung Everland   Dec 2006 — Feb 2007
Attraction Department Employee

- Greeting and welcoming customers
- Checking customer security.

no company   Mar 2006 — Aug 2011
Personal Tutor

- Tutoring the middle and the high school students.
- Preparation for school test and the college exam

QUALIFICATIONS

Microsoft Office Specialist (MOS)

EDUCATION

Business Administrations   March 2006 — August 2011
Ajou University

INTERESTS

- Education
- Business
- Florystry

REFERENCES

References available upon request.

[CV 샘플]

CV를 제출하고 연락이 오면 면접을 보게 된다. 우리나라의 경우 이미 경험자들의 생생한 후기를 인터넷에서 쉽게 찾아볼 수 있다. 그러므로 실제 기출 면접 질문과 기본적인 응답을 영어로 준비해 놓으면 도움이 된다. 각 회사마다 다양한 질문을 한다. 그중에서도 공통적으로 왜 해당 회사에서 일하고 싶은지를 묻거나 고객 응대에 관한 질문, 또 해당 회사의 제품에 관한 질문들을 많이 하는 추세다. 그렇기에 기본적인 답변들을 미리 준비하자. 또한 해당 회사의 제품이나, 해당 레스토랑의 대표 메뉴 정도는 알고 면접에 임하는 것이 바람직할 것이다. 비자 유효기간이나 간단한 신상 명세만 질문한 후 싱겁게 끝나는 면접도 있으니 참고하자. 만약 본인이 원하는 특정한 분야가 있다면 조금 더 집중적으로 그 분야에 대해 조사해 보는 것도 필요할 것이다.

영국의 경우 면접을 본 후 간단한 트라이얼을 거쳐 채용이 확정된다. 트라이얼을 통해 실전에서의 영어 구사력이나 업무 습득력을 판단하는 것 같다. 면접을 본 날 바로 트라이얼을 시작하는 경우가 있는가 하면, 따로 약속을 잡고 하는 경우도 있다. 한두 시간 정도로 트라이얼이 끝나기도 하고 2~3일 정도 하는 경우도 있어 한 마디로 채용 방식이 딱 정해져 있다고 보기는 어렵다. 다만, 워홀러들에게 용기를 주는 한마디를 하자면 현재 일하는 직원들을 보면 영어가 아주 뛰어나지 않은 경우라도 일을 절대 못하는 것은 아니다. 실제로 내가 손님으로 스타벅스에서 주문할 때 메뉴 이름과 사이즈를 말하는 간단한 주문도 못 알아들어서 다른 커피를 가져다 준 직원도 있었다. 다들 그래도 된다는 말이 아니라 그런 친구도 일하고 있는데 악착같이 한국에서부터 준비하고 공부해 온 우리 워홀러들은 조금만 더 자신감을 가지면 충분히 할 수 있을 것 같다는 이야기이다. 우선 밝고 친절한 모습으로 매니저의 마음에 들도록 노력하자.

또한 중국인, 일본인, 한국인 관광객이 많아 해당 언어를 할 줄 아는 사람을 특별히 요건에 올려놓는 경우도 있다. 따라서 영어 외에 잘하는 언어가 있다면 꼭 어필하자. 그 언어로 간단한 자기소개를 준비해 가는 것도 좋은 방법이다.

일자리를 구하는 또 하나의 방법은 인맥을 활용하는 것이다. 외국인 친구들에게, 한인 모임에서, 내가 일자리를 구하고 있다는 것을 수시로 어필하도록 하자. 너무 부담을 주는 건 좋지 않지만 가볍게 내가 '백수'임을 조금씩 강조하다 보면 작은 기회라도 있을 때 사람들이 나를 떠올려 줄 것이다. 백수임을 창피해 하지 말자.

외국인 친구 어떻게 사귀나?

학원에서 그리고 돌아다니면서 느낀 것은, 인종 차별이 전혀 없진 않지만 그러한 부분에 지레 겁먹을 필요는 없다는 점이다. 결국 친구를 사귀고 인맥을 늘리는 데에 가장 중요한 것은 'how attractive I am'인 것 같다. 외모뿐만 아니라 태도나 성격에 있어서도 다른 사람으로 하여금 나와 친구가 되고 싶게 만드는 것이 무턱대고 다가가기보다는 먼저일 것이라고 생각한다. 내적·외적으로 본인만의 매력이 무엇인지 스스로 생각해 보고, 가끔은 내가 적극적으로 다가가고, 또 가끔은 슬쩍 자신만의 매력을 발산하여 친구들이 내 주변에 모이도록 만들어 보자.

영국에서는 새로운 사람을 만날 수 있는 기회가 훨씬 많다. 어학원, 교회나 성당에서 새로운 사람을 만날 수 있고 아르바이트, Meet-up 애플리케이션을 활용하거나 봉사활동을 통해서도 새로운 만남이 가능하다. 하다못해 펍에 가서 맥주를 마시고 있어도 사람들이 말을 걸어온다. 외국 친구들 사이에는 동양인 친구들이 조금 수줍어하는 편이라는 인식이 많다. 조금만 더 활발하게 많은 활동에 참여하고, 집보다는 밖에서 많은 사람을 만나며 시간을 보내보자. 또한 스스로 어떤 모임을 만드는 것도 하나의 방법이다. 스튜디오 룸에서 혼자 생활하고 있다면 다양한 나라의 친구들과 함께 자기 나라의 음식을 가지고 모여서 이야기를 나누면서 시간을 보내는 캐주얼한 모임을 열어보는 것도 좋을 것이다. 친구들의 연령대와 성격에 맞춰 다양한 일들을 함께해 보자. 공부도 일도 열심히 하는 모습은 어디서나 매력이 있다. 다른 나라 친구들이 대충대충 생활한다고 굳이 그런 스타일을 따라할 필요는 없다고 생각한다.

영국에서 한국의 이미지는?

다른 유럽 국가보다 특히 영국에서 한국의 이미지가 좋은 편은 아닌 것 같다. 그러나 나는 사람들이 한국에 대해 어떻게 생각하든 신경 쓰지 말라고 이야기하고 싶다. 그 인식은 앞으로 우리가 만들어 가는 것이기 때문이다. 먼저 자신의 행동부터 돌아보자. 가끔 한국을 자기 입으로 흉보고 비하하는 사람들이 있는데, 본인은 겸손이라고 생각할 줄 모르나 보기 좋지 않은 모습이다. 어떤 한국 사람은 한국의 어디가 좋으냐고 물어보는 스페인 친구에게 100만 원이나 되는 항공권을 끊어서 갈 필요는 없는 곳이라고 말했다고 한다. 그 사람은 국내 여행이나 가보고 하는 말일까? 한국에도 좋은 곳이 매우 많다. 아마 그 스페인 사람에게는 큰 계기가 없다면 한국은 변변한 관광지나 자랑할 것도 없는 별 볼 일 없는 나라로 기억될 것이다. 어떤 나라든지 국내에 문제가 없는 나라는 없다. 나도 가끔은 한국에 살면서 고질적인 문제에 대해서 친구들과 한바탕 욕을 할 때도 있다. 하지만 집안싸움은 집안에서 끝내라는 말이 있듯 굳이 한국의 내부 사정에 대해 잘 알지도 못하는 외국 친구에게까지 그런 이야기를 할 필요는 없다. 어차피 그들은 한국의 좋은 것과 즐길 것이 무엇인지에 관심이 있지, 우리가 내부적으로 어떤 정치적·경제적 문제로 경쟁하는지에는 관심도 없다.

외국에 나가는 순간 우리는 한국을 대표하는 민간 외교관이 된다. 사람들이 한국에 대해 어떻게 생각하든 스스로 내가 사는 나라를 사랑하고 다른 사람들에게 좋은 인식을 심어줄 수 있으면 좋겠다. 그 이미지가 곧 나의 이미지이고, 나의 이미지가 내 나라의 이미지가 된다. 민족주의를 내세워 한국인들끼리 똘똘 뭉치라는 이야기가 아니다. 세계 시민으로 열린 마음을 갖되, 어떻게 하면 우리나라의 매력을 사람들에게 알릴 수 있을지 고민해 보자는 말이다. 영국에서 적어도 한국에 대해 불평하지 말았으면 한다. 앞으로 영국에 오는 워홀러들은 어학원과 일터에서 늘 당당하고 모든 일에 정성을 다하며 또 야무지게 자신의 삶을 펼쳐 나가는 매력적인 사람들이 되었으면 좋겠고, 나 또한 그렇게 되도록 노력할 것이다. 10년 후엔 영국 사람들이 "오, 내가 실제로 만난 한국인들은 다 친절하고 좋았어."라고 말하게 될 날이 오길 기대해 본다.

후기를 마무리하며

영국에 온 지 매우 오래된 것 같은 느낌이 드는데 막상 따져보니 그리 오래 있었던 것도 아니다. 얼마 안 되는 시간이지만, 하나하나 공부해야 할 것도 많고 헤쳐나가야 할 것들도 많았기 때문일까? 한국에서는 쉽게 처리하던 일들도 여기선 하나하나 어렵고 힘든 것 같다.

'어떻게 해야 하지?'라는 고민이 생겨서 버거운 순간도 물론 있었다. 그럴 때마다 여기는 타지이고, 도움받길 기다리지 말고 스스로 해내야 앞으로의 생활도 잘 버틸 수 있을 것이라는 생각 하나로 버텼다. 열심히 내 앞에 놓인 문제를 해결해 나가려고 노력해 왔다. 또 앞으로도 그럴 것이다.

나는 영국에 온 목적을 하루에 한 번씩 되새긴다. 나는 워홀을 끝낸 뒤, 정말 영어를 잘하는 사람이 되어 있어야 한다. 나는 많이 부딪히고, 많이 넘어져 봐야 한다. 내가 정말 원하는 삶이 무엇인지 알아야 한다. 절대 정신적으로 가난해지지 말자. 좋은 것들도 많이 보고, 다양한 사람들을 만나 마음이 더 따뜻하고 넓은 사람이 되어야 한다. 남들이 들으면 추상적으로 들리겠지만 내 맘속엔 이 모든 목표들이 아주 구체적으로 자리 잡고 있다.

적지 않은 나이에 선택한 영국행. 물론 아직도 확실한 것은 아무것도 없고, 해야 하는 일과 마주칠 때마다 막막한 기분부터 드는 것은 사실이다. 하지만 이제 고작 몇 개월이 지났을 뿐이니 앞으로 좋을 일만 있길 날마다 기도한다. 이 글을 보는 워홀러들이 힘든 일이 닥쳐도 현명하게 잘 이겨낼 수 있기를 바란다. 영국에서 워홀러로 살아가고 있는 모두를 응원하며 후기를 마친다.

The best is yet to come!

일자리를 구한 후기

워킹홀리데이를 오면서 가장 걱정이 되는 것은 아마 일자리 구하기일 것이다. 아직 영어도 익숙지 않은 데다 물가도 비싸므로 일자리를 구하지 못하면 금세 금전적으로 힘들어질 수 있기 때문이다. 그러나 내가 생활하는 런던을 기준으로 말하면 일자리를 구하는 것은 생각보다 어렵지 않다. 주변에 영어를 썩 잘하지 못하는 지인들도 다들 직장을 구했기 때문이다. 그래서 런던에서는 일을 구하지 못할 거라는 걱정은 할 필요가 없다. 또한 한국 사람들이 성실하고 열심히 일한다는 인식을 대부분 가지고 있어 오히려 한국인을 선호하고, 한국인 직원에게 또 다른 한국인 직원 추천을 요청하는 일도 자주 있다. 다만 '어떤 일자리'인가가 중요할 뿐이다.

나의 경험을 공유하기 전에 당부하고 싶은 말은 '한국에서의 나'를 버리라는 것이다. 여기서 생활하는 많은 워홀러들이 한국에서는 나름 명문대 학생이거나 아주 좋은 조건의 직장을 그만두고 온 사람들인데 그들 또한 여의치 않으면 스타벅스, 옷 가게 등 서비스 직종에서 일을 하게 되는 경우가 대부분이다. 그리고 나는 그게 나쁘지 않다고 생각한다. 오히려 그런 젊은 사람들을 볼 때마다 기특하다. 한국에서의 좋은 조건을 다 버리고 그다지 돈도 되지 않는 일인데 다만 더 좋은 경험을 하기 위해, 다른 시각으로 인생을 바라볼 기회를 갖기 위해 다들 떠나오는 것이다. 그런데 여기에 와서 '내가 한국에선 이런 사람이었는데….', '한국에선 얼마를 벌었었는데….'라고 생각하면 얻어가는 것도 없이 좌절만 맛보다 한국으로 돌아가게 될 것이다. 그래서 일단 워홀을 오기로 결심을 했다면 영국에 와서 그 어떤 일도 과감하게 부딪히겠다는 생각으로 와야 할 것이다.

우선, 나의 첫 직장은 한국인 사장이 운영하는 카페였다. 한국인 가게에서 일하고 싶진 않았지만 직군이 플로리스트 겸 바리스타여서 내가 하고 싶은 일이었기에 하기로 결심했다. 일자리를 구한 경로는 한인 사이트 영국사랑을 통해서였다. 공고를 보고 CV와 Cover Letter 그리고 그동안 만들었던 꽃 작품들 사진으로 간단한 포트폴리오를 만들어 보냈고 인터뷰를 본 후 합격했다.

그러나 최저 시급으로 뛰어난 인재를 바라는 한국식 업무관행 그대로에 또 한 번 질려버림과 동시에 에어비앤비 관리 등 정말 의미도 없고 경험도 되지 않는 다른 일들을 더 많이 시켜서 곧 그만두었다. 결론적으로 영국에 와서까지 한국인 가게에서 일하는 것은 별로 추천하고 싶지 않다. 좋고 나쁘고를 떠나서 '한국인 기업에서 일할 거면 한국에서 일하지 왜 여기까지 와서?'라는 생각이 든다. 앞서 말했듯, 아주 기본적인 영어밖에 구사하지 못하는 친구들도 테이크아웃 전문점이나 현지 레스토랑에서 다 일자리를 구한다. 시급도 나쁘지 않다. 조금만 자신감을 가지고 움직이면 누구나 할 수 있는 일이다. 그래서 영어를 못한다고 자신감이 없어 처음부터 시도조차 하지 않고 바로 한국 식당, 한국 사장이 운영하는 업체 등에서 일을 하려는 사람들을 보면 조금 답답하다. '여기서 일하다가 영어가 늘면….'이라고 이야기하지만 한국인 가게에서 일하면 영어는 영영 늘지 않을 수도 있다.

두 번째 직장은 현재 일하고 있는 영어학원이다. 첫 직장을 그만두고 일을 하지 않은 채로 공부를 하던 중 이럴 거면 한국으로 돌아갈까라고 생각하던 찰나에 본래 일을 하던 언니가 출산 휴가를 들어가게 되어 대체근무를 해 줄 사람으로 나를 추천해 준 것이다. 추천이라고 해도 CV나 Cover Letter는 당연히 준비해야 하는 것이고 내가 일하게 될 마케팅 부서의 매니저와 총괄 매니저와 함께 영어 면접도 보았다. 사실 지인 추천이라는 것은 어쩌면 좋은 직장으로 취업할 수 있는 가장 좋은 방법일 수도 있다. 그러나 그냥 지인이라고 추천을 해 주지는 않으므로 내가 어떤 경력을 가지고 있는지 어떤 직종에서 일을 해 왔는지를 되도록 여러 군데 많이 이야기해 놓는 것이 좋다. 어학원이라는 특성 덕분에 수업시간에

PART 4 영국 워킹홀리데이 후기

스스로에 관해 이야기할 기회가 많았다. 그래서 학원에 나름 오래 다니다 보니 내가 한국에 있을 때 영어강사였다는 것을, 그리고 영국에 오기 전에 유학원에서 소정의 임무를 받고 입국하여 어학원을 리서치 해 본 경험이 있다는 것을 학원의 많은 사람들이 알고 있었다. 또 내가 어느 정도의 영어실력을 가진 것 또한 다들 알고 있었다. 그래서 자리가 났을 때 지인이 나를 떠올려 준 것이다.

그래서 나는 사실 지인의 도움 덕분에 워홀러로서 서비스 업종이 아닌 오피스 직종의 취업에 성공할 수 있었고 지금도 재미있게 일하고 있다. 그리고 최근에는 어학원마다 일본어 담당자나 한국어 담당자를 따로 고용하는 경우가 많아서 본인이 그런 쪽에 관심이나 경력이 있다거나 혹은 한국어 외에 일본어, 중국어 등을 함께 구사할 수 있다면 어학원 취업을 노려보는 것도 나쁘지는 않다고 생각한다. 가능성이 어느 정도인지는 나도 잘 모르겠지만 말이다.

나의 취업 경험을 함께 나누는 것도 좋지만 사실 나의 경우 운이 좋았던 것도 있어서 주변 사람들이나 현지 한국 워홀러들이 많이 지원하고 취업하는 몇 곳을 추천해 보도록 하겠다.

1. 테이크아웃 커피 전문점: 가장 취업이 쉬우며 워홀러들이 많이 일하고 있는 분야이다.
2. 옷가게: 자라, COS, 유니클로 등 옷가게에도 워홀러들이 많이 취업한다. 직원 카드가 있으면 옷을 20% 가량 싸게 살 수 있다는 장점이 있다.
3. 셀프리지, 헤롯, 도버스트릿 마켓 등 백화점이나 명품매장 부티크: 중국어를 할 수 있다면 더더욱 뽑히기가 쉽다. 그러나 요즘에는 점점 한국인 직원도 많이 보이고 있다. 물건을 팔 때마다 커미션을 받는다는 것이 장점이고 직원할인도 있다. 할인율은 매장마다 다르다. 명품매장 직원들이 대부분 멋있는 사람이 많아 세련되고 깔끔한 동료를 만날 수 있다는 것 또한 장점이라면 장점이라고 할 수 있다.

4. 무지: 일본 생활용품 브랜드인데 나름 대우가 좋고 일도 많이 어렵지 않아 워홀러들이 선호한다. 직원할인도 물론 있다.
5. 일식당: 영국 사람들은 일본 자체에 대한 이미지도 아주 좋지만 일식도 많이 즐겨 먹는다. 특히 부유한 사람들이 많이 찾기 때문에 시급 외에 팁을 아주 많이 받아 때로는 월급보다 팁이 많을 때가 있을 정도라고 한다. 센트럴보다는 풀햄, 햄스테드 등 부유하고 현지 영국 사람이 많이 거주한다는 동네에 위치한 일식당에서의 팁이 아주 짭짤하다.
6. 테이크아웃 음식 전문점: 와사비라는 한국인 오너가 운영한다는 테이크아웃 프랜차이즈에서도 워홀러들을 쉽게 찾아볼 수 있다. 실제 근무 여건은 어떤지 모르나 워낙 지점이 많은 프랜차이즈라 한국기업이라고 해서 한국인 사장과 자주 만나고 접하며 일하는 것은 아니고 거의 현지 업체 분위기이다.

물론 워홀로 얻고자 하는 목적이 본인의 커리어와 관련이 되어 있다면 당연히 그 분야의 일을 얻기 위해 노력을 해야 한다. 다만 패션, 플로리스트 등 한국에서 열정페이를 당연시하는 직종들은 영국에서도 마찬가지라고 보면 된다. Work Experience라고 해서 무급인턴을 원하는 곳이 정말 많다. 그래서 금전적으로 여유가 있는 경우가 아니라면 플랜 B를 반드시 고려해 놓아야 할 것이다.
현지에서 일을 하면서 즐거운 점도 많지만 힘든 점도 많고 커뮤니케이션 방식이 달라 고생을 할 때도 있다. 하지만 어려운 일을 겪을 때마다 '이런 경험을 위해서 여기 온 거니까'라는 생각을 한다. 영국생활을 무사히 마치고 나면 스스로가 조금은 성장했음을 느끼게 되지 않을까? 모든 워홀러들이 원하는 일자리를 얻어 값진 경험을 하길 바란다.

PART 4 영국 워킹홀리데이 후기

– 영국 워킹홀리데이 어학원 후기 –

International House(IH) - Since 1953

기본 정보

위치	16 Stukeley Street, London WC2B 5LQ
교통	Holborn 역에서 도보 8분
학급당 인원	최대 14명, 평균 12명
한국인의 비율	13%(사우디아랍 9%, 일본 9%, 브라질 9%, 터키 7% 등)

International House는 매해 150개국의 8,000명이 넘는 학생들이 선택하는 어학원이다. 영국뿐만 아니라 52개국에서 150개 이상의 학교가 운영되고 있는 등 세계에서 가장 큰 네트워크를 가진 어학원 중 하나이다. 창립자 존 헤이크래프트와 그의 부인 브리타 헤이크래프트는 국제 소통과 문화 간의 공동체 형성을 위해 영어학교를 시작했으며 이들은 캠임브릿지 대학에서 인정하는 영어교사 교육 자격증인 CELTA를 최초로 개척하였다.

개설 과정

- **일반영어**: A2 레벨부터 시작되며 과정이 세분되어 있다. 가장 일반적인 과정은 15레슨 과정으로 오전 9시부터 오후 12시까지 진행하며, 1레슨은 55분으로 진행된다. 12시 15분부터 13시 10분까지 진행되는 20레슨을 등록할 경우에는 추가적으로 특별 집중 과정을 들을 수 있다. 문법, 쓰기, 단어, 듣기 중 본인이 부족한 부분을 선택적으로 수업을 들을 수 있으며, 25레슨의 경우 13시 15분부터 15시 15분까지 시험 영어에 대한 부분까지 들을 수 있다.

COURSE SUMMARY

Language level	A2 (elementary) and above
Course length	From 1 week
Lessons per week	15, 20 or 25 (55 minutes each)
Lesson times	Monday to Friday
15 lessons (am)	09.00 – 12.00
15 lessons (pm)	13.15 – 16.15
20 lessons (am)	09.00 – 12.00 & 12.15 – 13.10
20 lessons (pm)	12.15 – 13.10 & 13.15 – 16.15
25 lessons	09.00 – 12.00 & 13.15 – 15.15
Class size	14 maximum
Age	16 and above
Start dates	Every Monday*
Location:	London

*excludes UK bank holidays

Depending on level and availability, students taking 20 and 25 lessons per week will be offered additional special focus classes to further develop their communicative skills, these include:

Special focus topic

20 lessons	25 lessons
Speaking and grammar	Everyday English
Speaking and writing	Communication and media
Speaking and vocabulary	Research and debate
Speaking and listening	English for exams

Teachers carefully select materials which encourage teamwork and collaboration. Scan the above QR code for more detailed course information.

- **시험 영어**: IELTS TEST 센터인 IH는 전문적인 시험 영어 과정을 진행하고 있으며 B1(Intermediate) 레벨부터 수업을 들을 수 있다. 기간은 4주 또는 8주 중에서 선택할 수 있으며, 시간은 9시부터 12시까지 진행되는 15레슨이나 9시부터 13시 10분까지 진행되는 심화과정 20레슨 중에서 선택하여 들을 수 있다. 시험 영어 과정을 들으면 시험과 유사한 조건에서 IELTS 시험에 사용되는 공식 자료를 이용하여 수업을 들을 수 있으며 IELTS 시험 경험이 풍부한 선생님들로부터 최신 시험 기술을 배울 수 있다.

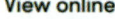

- CELTA: CELTA는 'Certificate in English Language Teaching to Adults' 의 약어로, 성인 대상 영어 교육 자격증을 뜻한다. 케임브리지 대학에서 제공하는 국제적인 자격증으로, 제2 언어로서 영어를 가르치려는 교사들을 위한 교육 프로그램이다. CELTA 과정은 교사에게 영어 교육의 기초를 제공하고 실제 수업을 경험하게 하여 교사들이 학생들에게 효과적으로 영어를 가르치기 위한 다양한 전략과 기술을 습득하도록 도와준다. CELTA는 국제적으로 수요가 높은 자격증 중 하나이며, 영어 교사로서의 경력을 시작하거나 발전시키고자 하는 사람들에게 인정받는 자격을 제공한다. IH에서 제공하는 CELTA 과정은 4주 풀타임 과정과 12주 파트타임 과정으로 나누어지며 120시간을 수료해야 한다.

FACE-TO-FACE CELTA

Train in our school in Covent Garden, London.

	COURSE DAYS	COURSE TIMES	COURSE LENGTH	COURSE HOURS
FULL-TIME	Monday to Friday	09.00 – 16.00	4 weeks	120 (30 per week) 9am–4pm Monday-Friday Plus 120 self-study
PART-TIME	Monday and Wednesday OR Tuesday and Thursday Plus 7 Saturdays	Weekdays 18.30 – 21.30 10.00 – 17.00 For 7 Saturdays	12 weeks	120 (6 or 12 per week) 2 evenings per week (6.30pm-9.30pm) Plus 7 Saturdays (10am-5pm) Plus 120 self-study

수강료

가장 높은 수준의 수업을 제공하는 만큼, 수업료도 가장 비싸다. 단기 과정을 등록 시 1주일에 451파운드이며 장기간(24주 이상)으로 등록했을 때에는 주당 358파운드이다. 시기에 따라서는 10~20%의 학비 할인을 제공하니 등록 전에 프로모션을 확인해 보는 것이 좋다.

LEARN ENGLISH			NUMBER OF WEEKS AND PRICE PER WEEK					LEVEL	START DATE	COURSE LENGTH	LESSON TIMES
			1-3 WEEKS	4-11 WEEKS	12-15 WEEKS	16-23 WEEKS	24+ WEEKS				
General English 25			£537	£516	£484	£458	£428	A2-C1	Any Monday	1+ weeks	09.00-12.00 & 13.15-15.15
Lessons per week	25										
Minutes per lesson	55										
General English 20 (am)			£451	£433	£408	£383	£358	A2-C1	Any Monday	1+ weeks	09.00-12.00 & 12.15-13.10
Lessons per week	20										
Minutes per lesson	55										

Social Program

무료 프로그램부터 89파운드로 주말 여행을 떠나는 프로그램까지 다양한 액티비티를 제공한다. 워홀러로서 IH를 눈여겨봐야 할 점은 IH가 일자리 조언 워크숍을 제공하고 있는 점이다. 매월 두 번의 무료 일자리 워크숍을 제공하여 영국에서 일자리를 구하는 학생들에게 이력서 첨삭 및 자기소개서 작성, 링크드인(Linkdin)에서 전문적인 소셜 미디어 프로필 작성, 영국 취업 시장 이해 및 기회 찾기, 자신의 자신감을 높을 수 있는 면접 기술 개발 등의 개인 맞춤형 조언을 해준다.

LONDON SOCIAL PROGRAMME - SAMPLE TIMETABLE

MONDAY	TUESDAY	WEDNESDAY	THURSDAY	FRIDAY	WEEKEND
WEEK 1					
BOWLING	WALKING TOUR OF GREENWICH PARK	BRITISH MUSEUM	TOWER OF LONDON	5-A-SIDE FOOTBALL	TRIP TO YORK
2:00-4:00PM FREE	2:00-4:00PM FREE	2:00-4:00PM FREE	2:00-4:00PM FREE	2:00-4:00PM FREE	SATURDAY & SUNDAY £89
WEEK 2					
TOP SECRET COMEDY CLUB	LANGUAGE EXCHANGE	ARSENAL VS MONACO FOOTBALL MATCH	WICKED MUSICAL	BOUNCE TABLE TENNIS	TRIP TO BRIGHTON
5:30-7:00PM FREE	5:15-6:15PM FREE	6:00-8:00PM £30	7:30-9:30PM £39 (USUALLY £79)	2:00-4:00PM FREE	SATURDAY £30

NEW! JOB ADVICE WORKSHOPS

At IH London we offer two free workshops a month for students who would like advice about working in the UK. In these practical workshops you will receive personalised advice and discover how to:

› Write a CV and cover letter that will impress employers
› Creating a professional social media profile on LinkedIn
› Understand the UK jobs market and where to find opportunities
› Develop interview skills that will boost your confidence

More personalised support is available in one-to-one lesson where you can focus on this with a teacher.

시설

PART 4 영국 워킹홀리데이 후기

Wimbledon School of English(WSE) - Since 1964

기본 정보

위치	41 Worple Road, Wimbledon, London SW19 4JZ
교통	Wimbledon 역(London zone 3, Tube&Train&Tram)에서 도보 3분
전체 학생 수	여름 시즌: 269명, 겨울 시즌: 197명
학급당 인원	최대 14명, 평균 12명, 특별한 경우 16명
한국인의 비율	15%

학교 소개 및 개설 과정

Wimbledon School of English는 2014년 이후 매년 영국 공인 언어 센터 중에서 1위로 선정되는 등 영국에서 선도적인 위치에 있는 어학원이다. 영국에서 가장 오래된 EFL 학교 중 하나로 역에서 3분, 런던 중심부에서는 20분 거리로 접근성이 좋다. 일반영어 코스 외에도 프리-세셔널, 대학 준비, 의사·간호사 및 변호사 등 전문가를 위한 프로그램, IELTS 및 캠브리지 시험 준비 등 다양한 코스를 1:1 온라인 교육 및 폐쇄형 그룹 코스 등의 다양한 방법으로 제공한다.

수강료

Wimbledon School of English Course Fees 2024

Registration Fee

£60	£30 for online lessons

Materials Fee

- Covers the cost of main course books for full-time courses plus an exam practice book for exam courses of 9 or more weeks
- Students on exam courses upto 8 weeks or fewer will need to buy or borrow the exam practice book
- Students who extend their course may be liable for an additional materials fee, depending on the length of their original course and the length of the extension
- If you decide to change your main course mid-course you will need to pay a material fee supplement
- Does not cover books which may be needed for intensive options

1-3 weeks £45	13-23 weeks £85
4-8 weeks £55	24-35 weeks £95
9-12 weeks £70	36 weeks and over £110

What your tuition fees include:
- Academic advice
- University counselling
- Welcome pack
- Film, reading and audio library
- Personalised student card
- School based social activities and selected sports and excursions
- Monthly One-to-One tutorials with the main course teacher
- School certificates

What your tuition fees do not include:
- Accommodation
- Examination entry fees
- Registration fee
- Bank charges
- Travel and Airport transfer
- Materials Fee
- Insurance (arranged on request)
- Some sports and excursions

Standard Courses *
24 Lessons per week (20 hours)

- Beginners
- General English
- Cambridge English Examinations
- Business English & Professional Skills
- IELTS Preparation with Pre-Sessional Academic English
- Academic IELTS Express
- Academic Year Programme

	1-4 weeks £397 per week		5-11 weeks £375 per week		12-23 weeks £347 per week		24-35 weeks £299 per week		36 weeks plus £286 per week
1	397	5	1,875	12	4,164	24	7,176	36	10,296
2	794	6	2,250	13	4,511	25	7,475	37	10,582
3	1,191	7	2,625	14	4,858	26	7,774	38	10,868
4	1,588	8	3,000	15	5,205	27	8,073	39	11,154
		9	3,375	16	5,552	28	8,372	40	11,440
		10	3,750	17	5,899	29	8,671	41	11,726
		11	4,125	18	6,246	30	8,970	42	12,012
				19	6,593	31	9,269	43	12,298
				20	6,940	32	9,568	44	12,584
				21	7,287	33	9,867	45	12,870
				22	7,634	34	10,166	46	13,156
				23	7,981	35	10,465	47	13,442

Intensive & Standard plus Options Courses *
28 Lessons per week (23 hours 20 minutes)

- Standard Courses Plus Options
  Basic Effective Communication, Effective Communication, Grammar & Writing, IELTS Preparation (Academic) & Academic Writing.
- Intensive Course
  Academic Year Programme

	1-4 weeks £464 per week		5-11 weeks £440 per week		12-23 weeks £410 per week		24-35 weeks £362 per week		36 weeks plus £349 per week
1	464	5	2,200	12	4,920	24	8,688	36	12,564
2	928	6	2,640	13	5,330	25	9,050	37	12,913
3	1,392	7	3,080	14	5,740	26	9,412	38	13,262
4	1,856	8	3,520	15	6,150	27	9,774	39	13,611
		9	3,960	16	6,560	28	10,136	40	13,960
		10	4,400	17	6,970	29	10,498	41	14,309
		11	4,840	18	7,380	30	10,860	42	14,658
				19	7,790	31	11,222	43	15,007
				20	8,200	32	11,584	44	15,356
				21	8,610	33	11,946	45	15,705
				22	9,020	34	12,308	46	16,054
				23	9,430	35	12,670	47	16,403

수업의 질과 수준

WSE는 영국 대학의 대학 영어 교육을 위한 영국 공인기관으로, 교육·행정·시설·복지 등의 면에서 학생들의 만족도가 높다. 모든 교사는 학사 학위 이상의 자격과 교육 자격(CELTA/TESOL 또는 동등한 자격)을 보유하고 있으며, 교사 중 많은 사람들이 DELTA 자격을 취득하였다. WSE에서는 국제 세계에서 학생들이 학문적 연구 활동이나 비즈니스 활동, 일상생활 등 여러 방면에서 성공적으로 활동할 수 있도록 여러 프로그램을 진행하고 있다.

여러 프로그램을 통해 다음과 같은 기술을 개발할 수 있다.
- 그룹 활동 – 협상 및 의사소통
- 연구 – 시간 관리, 비판적 사고
- 수필 작성 – 비판적 사고, 계획, 조직
- 발표 – 공개 연설, 자신감
- 프로젝트 작업 – 창의성, 협상, 문제 해결
- 토론 활동 – 문화 감각, 공감

학습자로서의 생산성과 효율성을 향상시키기 위해 다음과 같은 훈련을 받는다.
- 교사와의 월간 개인 자습 시간
- 월간 개인 학습 목표 설정
- 수업에서의 전용 학습 기술 훈련, 개인 학습 스타일 확인 및 개발
- 성공적인 학습 방법에 대한 학습 및 연습
- 학문적 매니저로부터의 개인 상담

각 코스에는 다음과 같은 특정 소프트 스킬 훈련 요소가 있다.
- 다른 사람과 협업하기 – 페어 및 그룹 작업
- 시간 관리 향상
- 효과적인 의사소통 측면 탐구
- 문제 해결 전략 향상
- 케이스 스터디 및 활동을 통한 디지털 활용 능력 개발

분위기

접근성이 좋고 안전하면서도 즐거운 환경에서 공부하고 싶다면 WSE가 잘 맞을 것이다. 런던 최대 규모의 극장 중 하나인 Centre Court Shopping Centre에 다양한 상점, 두 개의 극장, 스포츠 및 피트니스 클럽, 수영장, 나이트클럽 및 카페, 바, 펍 및 레스토랑이 있다.

10분 거리에 런던의 전통적인 마을 중 하나인 Wimbledon Village가 있으며, Wimbledon Village에는 디자이너 상점과 고급 레스토랑, 전통적인 영국 주택 및 별장이 있다. 마을 옆에는 Wimbledon Common이 있어 승마, 조깅, 친구와 함께 산책이나 골프 라운드를 즐기기에 좋다. 매년 여름마다 세계적인 테니스 선수들을 런던에 불러오는 유명한 All England Lawn Tennis Club의 본거지이기도 하다.

Social Program

PART 4 영국 워킹홀리데이 후기

Wimbledon School of English
Social Programme – August 2023

14th August	**Welcome Drinks** A chance for students, old and new to make friends and chat in English.	**Bowling @ Kingston** Tenpin Bowling, snacks, and arcade games.	**Tate Modern & South Bank Walk** Do the famous walk by the river, as seen in many films and visit this famous Modern Art gallery	**International Party** Bring food from your country, try food from your friends' countries, and enjoy the music.	**Waterbus & Regents Canal/Camden Town walk** Enjoy the walk down Regent's Canal and have the best time at Camden Market.	Choose from day trips to Oxford/Cambridge /Bath/Cardiff or trips in Central London such as Madame Tussauds/London Eye. Book tickets in reception (tickets only no accompanying staff)	**Canterbury, Dover & White Cliffs** With Anderson Tours and accompanying teacher
21st August	**Welcome Drinks** A chance for students, old and new to make friends and chat in English.	**Pub Tour** Have a look at London's best pubs. Stay and enjoy with friends.	**Hampton Court Palace** See the most beautiful Royal Palace in the Kingdom with amazing gardens, a maze and next to the river	**Football**	**Boat trip on the River Thames** See the sights from the river. **Tennis** Play tennis in Wimbledon Park	Choose from day trips to Oxford/Cambridge /Bath/Cardiff or trips in Central London such as Madame Tussauds/London Eye. Book tickets in reception (tickets only no accompanying staff)	Choose from day trips to Oxford/Cambridge/Bath/Cardiff or trips in Central London such as Madame Tussauds/London Eye. Book tickets in reception (tickets only no accompanying staff)

This programme is for activities organised by Wimbledon School of English, bookable at the school. In addition, we have partner organisations that organise theatre trips, football tickets and weekend day trips. Students can book these at reception and find all the information on the social programme noticeboard at school. Check the noticeboard every day for offers and new events. These are not organised by WSE.
Please note that this is a preliminary programme and may, therefore, be subject to change. All events subject to availability and could be cancelled or changed due to unforeseen circumstances such as weather, transport issues. Prices may also need to be updated.
Please note that this is a preliminary programme and maybe, therefore, be subject to change

Wimbledon School of English
Social Programme – August 2023

28th August	**Bank Holiday**	**Welcome Drinks** A chance for students, old and new to make friends and chat in English.	**Houses of Parliament** While the MPs are away, we can visit both Houses of Parliament discover the history and heritage of the building and find out about the work of UK Parliament.	**Karaoke** Can you sing? Let your friends decide!	**Golf Driving Range** Practise your swing at the driving range, beginners and experts welcome!	Choose from day trips to Oxford/Cambridge /Bath/Cardiff or trips in Central London such as Madame Tussauds/London Eye. Book tickets in reception (tickets only no accompanying staff)	Choose from day trips to Oxford/Cambridge/Bath/Cardiff or trips in Central London such as Madame Tussauds/London Eye. Book tickets in reception (tickets only no accompanying staff)

This programme is for activities organised by Wimbledon School of English, bookable at the school. In addition, we have partner organisations that organise theatre trips, football tickets and weekend day trips. Students can book these at reception and find all the information on the social programme noticeboard at school. Check the noticeboard every day for offers and new events. These are not organised by WSE.
Please note that this is a preliminary programme and may, therefore, be subject to change. All events subject to availability and could be cancelled or changed due to unforeseen circumstances such as weather, transport issues. Prices may also need to be updated.
Please note that this is a preliminary programme and maybe, therefore, be subject to change

시설

22개의 교실, 스터디 센터, 급식실, 정원이 있다. 근처에는 쇼핑센터, 백화점, 영화관, 극장, 테니스 코트, 전통적인 영국 펍 등 많은 시설이 있다.

St Giles London - Since 1955

기본 정보

위치	154 Southampton Row, London WC1B 5AR
교통	센트럴 런던(Piccadilly Line) Russell Square 역에서 도보 5분
전체 학생 수	여름 시즌: 720명, 겨울 시즌: 250~350명
학급당 인원	Maximum 14명, Average 12명, 56개의 교실
한국인의 비율	9%(터키 19%, 일본 16%, 스위스 8%, 브라질 6% 등)

Nationality Mix Chart

Top 10 countries (plus rest of the world)

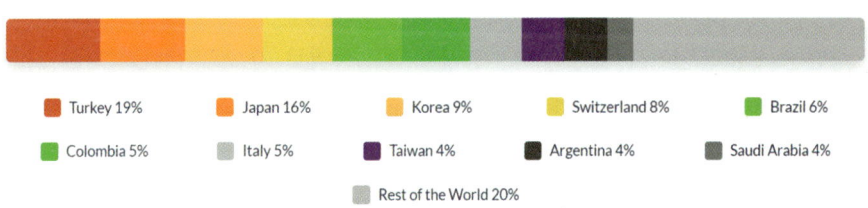

- Turkey 19%
- Japan 16%
- Korea 9%
- Switzerland 8%
- Brazil 6%
- Colombia 5%
- Italy 5%
- Taiwan 4%
- Argentina 4%
- Saudi Arabia 4%
- Rest of the World 20%

런던에서 가장 큰 어학원 중 하나로 건물의 3층, 5층, 6층에 기숙사를 운영하고 있다. 교실은 40개가 있으며 동시간대 720명이 수업을 들을 수 있다. 플래티넘 센터 층을 따로 운영하여 비즈니스를 위한 영어를 전문적으로 교육받을 수 있다. 영국 박물관 및 Covent Garden과 같은 주요 관광 명소까지 도보로 이동이 가능하며, 다양한 연령과 국적의 학생들과 수업을 같이 들을 수 있다.

개설 과정

- General English Courses, Long-stay Courses (24+ weeks): 일반 영어 코스는 영어 레벨에 따라 A1부터 C2까지 6개의 반이 운영되며, 어학원 학생들의 비율이 가장 높은 A2부터 B2까지의 레벨은 A2+, B1+ 등으로 조금 더 세분된다. 이는 학생들이 보다 정확하게 자신의 레벨에 맞춰 영어를 학습할 수 있도록 구성되어 있다.
- St Giles/INTO University Pathway Programme: 국제 학생들을 위한 대학 진학 프로그램으로, 학생들이 대학 학위 과정에 진학하기 전에 학력을 향상시키고 대학 생활에 적응할 수 있는 기회를 제공한다. 이 프로그램은 학생들이 영어 능력을 향상시키고 학문적, 문화적 도전에 대비할 수 있도록 지원한다. INTO University Pathway Programme은 학생들이 영어로 강의를 이해하고 학업에 성공하기 위해 필요한 언어 능력과 학습 전략을 개발하는 데 도움이 되며 대학 진학 전에 대학 수업 경험을 제공하여 학생들이 대학 환경에 익숙해지고 학문적 요구 사항에 대비할 수 있도록 지원한다.
- Teacher Training Courses(CELTA and St Giles TEC): 'Certificate in Teaching English to Speakers of Other Languages'의 약어로, 대부분의 ESL(English as a Second Language) 교사들이 교육을 받는 국제적으로 인정받는 프로그램이다. CELTA는 영어를 제2 언어로 가르치기 위한 기본 교육을 제공하며, Cambridge English Language Assessment가 인증하고 관리한다.
- Examination Courses(IELTS and Cambridge English): 시험 과정인 IELTS(International English Language Testing System)와 Cambridge English 시험은 영어 언어 능력을 평가하는 국제적으로 인정받는 시험이다. Cambridge English는 영국의 캠브리지 대학교에서 주관하는 시험으로, 영어 능력을 평가하는 다양한 시험을 포함한다. 대표적인 시험으로는 FCE(First Certificate in English), CAE(Certificate in Advanced English), CPE(Certificate of Proficiency in English) 등이 있다.

수강료

Peak Morning Course(20 Lessons per week)가 가장 일반적인 과정이며, 수업 시간은 오전 9시부터 오후 1시까지로 평균적인 어학원보다 조금 더 길다. 24+ weeks(ISC)로 등록하면 학비를 10~20% 할인받을 수 있으므로 단기로 등록할 때보다 저렴하게 등록할 수 있다.

GROUP COURSES

Prices are per week.
Courses in italics have set start dates (see previous page)

Choose your course		Length	Number of weeks & price per week				
			1-3 weeks	4-7 weeks	8-11 weeks	12-23 weeks	24+ weeks (ISC)
Intensive Course (28 lessons per week) 09.00-15.30	General English Course (A1+)	1+ weeks	£501	£452	£425	£400	£340
	Cambridge Examination Preparation	5-13 weeks					
	IELTS Preparation	1+ weeks					
	General English plus English for Business	1+ weeks					
	General English plus English for University Studies	1+ weeks					
Peak Morning Course (20 lessons per week) 09.00-13.00	General English Course (A1+)	1+ weeks	£392	£355	£334	£314	£276
	Cambridge Examination Preparation	5-13 weeks					
	IELTS Preparation	1+ weeks					
	Basic Beginner Course (Pre-A1)*	2-4 weeks					
Off-Peak Afternoon Course (20 lessons per week) 13.45-17.40	General English Course (A1+)	1+ weeks	£294	£266	£251	£236	£221

High season tuition supplement: an additional £25 per week from **24 June-23 August** on all the above courses.

수업의 질과 수준

St Giles와 같이 규모가 큰 어학원의 장점 중 하나는 같은 레벨의 반이 여러 개가 있다는 것이다. 일반적으로 Beginner(A1) 레벨부터 Advanced(C1) 레벨까지 5개의 레벨로 나뉘는데 소규모의 경우 각 레벨별로 1개의 반이 개설되어 있다. 일반적인 경우에는 학생 수가 가장 많은 A2(Pre-Intermediate)와 B1(Intermediate)에 반이 2개씩 개설되어 있다. 하지만 St'Giles와 같은 대규모 어학원의 경우 각 레벨별로 적어도 2개에서 많게는 5개까지 반이 있어서 반 이동이 가능하다. 어학원을 다니다 보면 학원과 맞지 않아서라기보다는 나와는 맞지 않는 클래스메이트 또는 선생님의 교육방식으로 스트레스 받는 경우가 있는데 이때 같은 레벨에 있는 다른 반으로 반을 변경할 수 있는 점은 아주 큰 이점이다.

Social Program

런던에서 가장 큰 어학원답게 화려한 소셜 프로그램을 자랑한다. 소셜 액티비티 때문에 St Giles를 선택한다는 말이 있을 정도다. 아카데믹 액티비티(학업 관련)부터 제너럴 액티비티(투어, 게임 등)까지 다양하게 선택할 수 있으며, 대부분은 무료로 진행되지만 약간의 비용이 발생하는 경우도 있다.

PART 4 영국 워킹홀리데이 후기

시설

런던 센트럴 중심에 위치하고 있으며 학교와 기숙사가 같은 건물에 있다는 점이 큰 장점이다. 도서관과 서점, 카페와 옥상 정원 등을 이용할 수 있으며 자율 학습 및 학원 등록 기간 중에는 온라인 강의도 무제한으로 들을 수 있다. 최신식 학습 시설이 있으며 학생용 컴퓨터실도 따로 준비되어 있어 학습하기에 편리하다.

PART 4 영국 워킹홀리데이 후기

Frances King School of English - Since 1973

기본 정보

위치	77 Gloucester Rd, South Kensington, London SW7 4SS
교통	센트럴 런던의 Kensington에 위치, 학원 바로 맞은편에 Gloucester Road 역(Piccadilly, Circle, District 라인)
전체 학생 수	여름 시즌: 700~800명, 겨울 시즌: 250~350명
학급당 인원	최대 14명, 평균 12명, 20개의 교실
한국인의 비율	6%(유럽인이 높은 비율을 차지하며 그 다음 남미, 중동, 아시안 순의 비율)

Frances King은 51년간 20만 명이 넘는 학생들을 수용해 온 전통 있는 부티크 어학원이다. 대형 어학원들에 비해 규모는 작은 편이나 친화적인 환경에서 영어를 배울 수 있는 기회를 제공하며, 여름에는 아일랜드의 더블린에서 여름 캠프를 실시하는 등 다양한 액티비티 프로그램이 있다.

런던의 중심부의 서쪽에 위치해 있어 Hyde Park, Kensington Palace, 자연사 박물관 등 다양한 관광명소로 도보로 이동할 수 있고 학원 맞은편에 지하철역도 있어 교통편이 매우 편리하다. 학원 앞에는 Hop-on Hop-off 투어 버스 정류장도 있어 편하게 이용할 수 있다.

개설 과정

기간에 따라 다르지만 현재 4개 레벨의 General English(Standard & Intensive) 코스, IELTS 대비 코스, Family Programme 코스 그리고 여름 기간 한정 30+, Business English 코스 등 다양하게 제공하고 있다.

수강료

수강료는 주 단위로 계산하며, 오랜 기간을 등록할수록 주 단위의 가격도 저렴해진다. 코스에 따라 안내되는 가격과 시기에 따라 진행하는 프로모션이 다양하니 등록하기 전에 미리 확인하는 것이 좋다.

GENERAL ENGLISH

CODE	PROGRAMME NAME	GROUP SIZE	LESSONS PER WEEK	PRICE PER WEEK 1-3 Weeks	PRICE PER WEEK 4-11 Weeks	PRICE PER WEEK 12-23 Weeks	PRICE PER WEEK 24+ Weeks	
E20	Standard General English Morning	14	20	£385	£373	£352	£311	ADD TO ENQUIRY
E30	Intensive General English	14	30	£515	£464	£438	£387	ADD TO ENQUIRY
IB30	Intensive with Business English	14	30	£515 (1-3 Weeks)	£464 (4-11 Weeks)	£438 (12 Weeks)		ADD TO ENQUIRY
AY20	Standard Academic Year Morning	14	20	per week £311				ADD TO ENQUIRY
IAY30	Intensive Academic Year	14	30	per week £387				ADD TO ENQUIRY
E10	Part-Time General English Afternoon	14	10	£207	£187	£176	£156	ADD TO ENQUIRY

수업의 질과 수준

강사들이 수업에 대한 준비를 잘 하는 편이며 정기적으로 강사들끼리 회의를 통해 수업 내용을 공유하고 보완할 부분을 찾는다. 강사들은 학생들의 피드백을 적극 수용하려 노력하며 학생들의 실력 향상을 위해 시험도 정기적으로 진행한다. 수업은 보통 강사들이 준비한 페이퍼 자료를 이용하며 학생들은 각자의 노트나 자료에 필기하며 수업을 듣는다.

수업은 한국인 학생들이 취약점인 스피킹을 중심으로 이루어지며 지루하지 않도록 다양한 주제로 진행한다. 월말에 행해지는 레벨테스트를 통해 더 높은 반으로 이동할 수도 있다.

분위기

규모가 크지 않은 부티크 학원의 특성상 여러 국적의 친구들이 함께 어울리며 빠르게 친해진다. 대형 어학원들에 비해 한국인 학생 비율이 낮으며 아시아인 중에서는 일본인이 많은 편이다. 여름, 겨울 방학 시즌에는 방학을 맞은 학생들이 많이 오므로 다양한 국적의 친구들을 만날 수 있고, 가족 프로그램도 진행한다.

Social Program

현지 강사와 함께 런던의 박물관, 갤러리, 유명한 관광 명소를 둘러보는 등 매월 다양한 액티비티 프로그램 활동이 있다. 리셉션이나 게시판에 붙어 있는 종이에 이름을 써서 등록하면 되며 대부분의 활동이 무료이다. 유료의 경우 사전 공지가 되어 있으므로 확인 후 신청하면 된다.

The programme includes:

Guided Walks	Restaurant Trips	Pub Trips & Culture
Sports Events	Theatre Trips	Sightseeing
Enjoy London Parks	Table Football	Afternoon Tea
Museums and Galleries	Pronunciation Games	Jazz & Blues Clubs

시설

Frances King은 런던 내에서도 살기 좋고 안전한 동네인 Kensington에 위치하고 있으며, 상점, 레스토랑, 카페, 박물관, 갤러리 등이 모두 도보로 이동 가능한 곳에 있다. 학원 안에는 카페와 라운지도 있어 수업 전후나 쉬는 시간에 학생들이 시간을 보내기 좋다. 무료 와이파이와 에어컨도 완비되어 있다.

Bayswater College - Since 1948

기본 정보(런던 센터)

위치	London Centre: 167 Queensway, Bayswater, Lonon W2 4SB
교통	런던 1존에 위치(Hyde Park에서 도보로 5~10분, 인근 지하철역: Paddington, Victoria, Cannon Street Station)
전체 학생 수	여름 시즌: 350~500명, 겨울 시즌: 150~300명
학급당 인원	최대 15명, 평균 10~12명
한국인의 비율	10% 내외(남미 35%, 유럽 20%, 중동 20%, 아시아 15% 등)

Bayswater는 지난 70여 년이 넘는 세월 동안, 학생의 언어실력 향상을 위한 목표에 기준을 두고 매진해 왔으며, 학생 만족도가 높고 언어교육의 질도 높은 편이다. 또한 영국 내 5개 캠퍼스 중 3개의 캠퍼스가 공인 IELTS 테스트 센터로 친숙한 환경에서 시험을 볼 수 있다는 장점을 가지고 있다.

리버풀 센터 기본 정보

위치	42 Whitechapel, Liverpool L1 6DZ
교통	리버풀 중앙기차역과 인접, 인근 공항은 Liverpool John Lennon 공항이며, Manchester 공항과도 가까운 거리
전체 학생 수	여름 시즌: 400~500명, 겨울 시즌: 200~350명
학급당 인원	최대 15명, 평균 10~12명
한국인의 비율	5% 내외(중동 40%, 남미 35%, 유럽 15%, 아시아 5% 등)

본머스 센터 기본 정보

위치	St Peters Quarter, Bournemouth, BH1 2AD
교통	Bournemouth 역과 인접, 인근 공항: Bournemouth, Southampton, 또는 London 공항
전체 학생 수	여름 시즌: 250~350명, 겨울 시즌: 150~250명
학급당 인원	최대 15명, 평균 10~12명
한국인의 비율	5% 내외(중동 45%, 유럽 25%, 남미 15% 및 아시아 7% 등)

브라이튼 센터 기본 정보

위치	61 Western Rd, Hove BN3 1JD
교통	Gatwick 공항 및 Brighton 기차역, Hove 기차역과 인접 위치 도보로 브라이튼 해변 접근 가능
전체 학생 수	여름 시즌: 250~350명, 겨울 시즌: 150~250명
학급당 인원	최대 15명, 평균 10~12명
한국인의 비율	5% 내외(유럽 45%, 아시아 35%, 남미 15%, 중동 5% 등)

개설 과정

일반영어 과정 및 시험영어 과정 IELTS, Cambridge FCE, CAE 과정이 개설되어 있다.

어학원 자체 레벨테스트를 거쳐 B2+ 레벨이 되면 등록할 수 있다. 각 레벨당 평균 수료 기간은 6주 정도이며, 최소 어학 과정을 4주 이상 등록한 후 직업 전문 과정으로 입학을 진행한다. 4주 전문 직업 과정을 마친 후에는 직업 배치 과정이 시작된다. 구직자의 프로필에 맞춰 적절한 직무를 찾아 최대 3회까지 면접을 예약해 준다. 2024년부터는 4주 단기 직업 전문 과정이 개설되었으며 Digital Marketing, International Business, Luxury Brand Management의 과목이 있다. 해당 과정을 이수한 후에는 Bayswater에서 진행하는 인턴십 프로그램을 통해 5성급 호텔 유급 인턴십 프로그램에 참여할 수 있다. 유급 인턴십은 최소 24주 이상 진행되며, 완료 시 고용주로부터 인증서 및 추천서를 제공받는다.

PART 4 영국 워킹홀리데이 후기

수강료

수강료는 주 단위로 계산한다. 각 레슨은 45분 수업으로, 20레슨(주 15시간), 25레슨(주19시간), 30레슨(주23시간)으로 수업이 진행된다.

General English and IELTS Preparation Prices and lessons are per week

Course	Lessons	1 to 11	12 to 23	24+
Standard	20	£345	£310	£270
Intensive	25	£385	£345	£300
Super Intensive	30	£430	£385	£340

IELTS Preparation available in Standard 20 lessons. Can be combined with 5 or 10 General English lessons as part of an Intensive or Super Intensive Course
Minimum level for IELTS preparation: B1

English Plus Add-ons	Lessons	Price	Notes	
One to One lessons	5	£400	Custom packages available	

Family Options	Lessons	1+	Extra adult/child	Course dates
Young Learner (age 12+)	20	£345		08 Jul - 09 Aug
Parent & Child (age 12+)	20	£650	£325	

Young Learners must be accommodated with a parent/guardian

Cambridge Exam Preparation Prices are per course

Course	Lessons	8 week	10 week	Dates
Standard	20	£2,760	£3,450	
Intensive	25	£3,080	£3,850	See website
Super Intensive	30	£3,440	£4,300	

First (FCE) - min level B2 (level 6)
Advanced (CAE) - min level C1 (level 8)
Cambridge Preparation Available in Standard 20 lessons. Can be combined with 5 or 10 General English lessons as part of an Intensive or Super Intensive Course

Professional Prices are per course - Upper Intermediate (B2) English level required

Professional Certificate Suite	Duration	Price	Start Dates
Digital Marketing	4 weeks	£1,995	
Luxury Brand Management	4 weeks	£1,895	See website
International Business	4 weeks	£1,895	

Premium Package*

Professional and English	8 weeks	12 weeks	24 weeks	36 weeks
Any UK cities, any mix of professional and English courses**	£3,155	£4,315	£7,625	£10,895
Extra week	£395	£366	£320	£305

*Includes registration fee and material fees
**Courses to be studied one course at a time, not simultaneously
**Professional Courses available in London only

수업의 질과 수준

1. IELTS 시험센터: 런던과 브라이튼 센터에서는 학생들이 현장에서 IELTS 과정을 마친 후 센터 내에서 IELTS 시험을 볼 수 있다.
2. 학문적 우수성: Bayswater는 70년 이상 언어 교육을 선도해 왔으며 21세기 스킬교육 개발 및 유럽언어공통기준(CEFR) 책정에 주도적으로 참여하고 있다.
3. 전문과정: Bayswater College 브랜드를 통해 영어 이외의 디지털 마케팅 및 패션 과정을 제공하고 있다. 다음 세대에게 영감을 주며 교육을 제공한다는 사명으로 학교를 운영하고 있다.
4. e-러닝 플랫폼을 통해 토탈 3단계 Care 제공: 입학 전 학생의 레벨을 진단하여 학생에게 맞는 수업을 제공한다. 수업 과정 중에는 4주 1회 레벨업 테스트를 진행하고 테스트 후 틀린 부분을 본인이 스스로 학습할 수 있도록 한다. 과정 종료 후에도 e-러닝 플랫폼을 통해 스스로 보충학습을 할 수 있는 혜택을 3개월 동안 무료로 제공한다.

분위기

학생들이 수업에 주도적으로 참여하여 적극적인 의사소통을 할 수 있도록 한다. 그리고 소규모 그룹으로 나누어 진행되는 발표 활동 등 취업에 꼭 필요한 소프트 스킬(21st Century Skills) 배양에 중점을 둔다. 또한 개별 학생의 니즈를 반영하여 소셜 액티비티를 제공할 뿐만 아니라 학생의 정착을 지원하고 수업 중 애로사항을 해결해 주는 등 학생에게 도움이 되도록 적극적인 지원을 제공하는 가족적인 분위기이다.

Social Program

Bayswater에서는 주 3회 소셜 프로그램을 제공하며, 다양한 형태로 아래와 같이 진행한다.

Sunday	Monday	Tuesday	Wednesday	Thursday	Friday	Saturday
26 8:00 – 2:00pm: Columbia Road Flower Market	**27** 10:00am & 3:30pm: Welcome Tea & Coffee 1:00pm: Arsenal Stadium £24	**28** 3:30pm: Talk & Tea 6:00pm: Mercato Metropolitano	**29** 1:00pm Fish & Chips 7:30pm: The Phantom of the Opera £44	**30** 3:00pm Conversation club 6:00pm: Mini Golf at Puttshack £12.50	**01** 1:00pm: Pizza Party £5 10:00pm: Party at the Loop £6	**02** Rochester Christmas Festival £32
03 12:30pm: Carnaby Christmas Tour	**04** 10:30am & 3:00pm: Welcome Tea & Coffee 5:00pm: Pub Night	**05** 2:00pm: Talk & Tea 4:30pm: Camden Christmas Tour	**06** 3:30pm: Winter Wonderland £6.00 7:30pm: The Lion King £44	**07** Hanukkah & Day of Little Candles 3:10pm: Conversation Club 4:30pm: NQ64 Arcade Bar	**08** Christmas Jumper Day 2:30pm: Festive Afternoon Tea at the Ivy Chelsea Garden £33 10:00pm: Party at Sway £7	**09** Winchester Christmas Market £39 Winter Wonderland £6
10 1:00pm: Speakers Corner – Hyde Park	**11** 10:30am & 3:00pm: Welcome Tea & Coffee 4:30pm: Portobello Market Tour	**12** 10:30: Talk & Tea 1:30pm Wonka at Vue Cinema £9.99 - £12.99 6:00pm: Ballie Ballerson £5.50-£6.50	**13** 3:30pm Visit to our local Care Home 7:00pm: Frozen the Musical £44	**14** Christmas Party!!! 12:20pm: Potluck Party 4:30pm; Ice Skating at The Queen's House Ice Rink £12.00	**15** 1:00pm: Hot Chocolate at Amorino 10:00pm Party at Ministry of Sound £10	**16** 2:30pm: Kings Road Christmas Tour

시설

Burlington School of English - Since 1990

기본 정보

위치	146A Bedford Hill, London SW12 9HW, UK
교통	Balham 역(Northern 라인)에서 도보로 10분 거리 Balham역, 센트럴 런던까지 30분
전체 학생 수	여름 시즌: 700~800명, 겨울 시즌: 250~350명
학급당 인원	최대 14명, 평균 12명, 20개의 교실
한국인의 비율	2%(유럽인이 많은 비율을 차지하며 그 다음 남미, 중동, 아시아 순서의 비율)

90년에 설립된 Burlington school은 최근 새롭게 확장 및 리모델링하여 시설이 가장 좋은 어학원이다. 공부 및 사교를 할 수 있는 커뮤니티 공간이 있으며 다양한 영어 과정과 함께 현지 기업과 소통하며 영어를 배울 수 있는 전체 패키지를 제공한다. 런던 센트럴에서 약간 떨어져 있는 조용한 주택가에 입지하여 런던 센트럴 대비 시설 대비 낮은 학비로 이용할 수 있다. 다른 소규모 어학원들에 비해 학생들이 사용할 수 있는 휴식 공간 및 학업 공간이 넓고 쾌적하다.

개설 과정

5개로 나눠진 일반영어 General English(15, 20, 25, 30레슨) 과정과 시험대비 코스 IELTS까지 총 6개의 과정이 운영되고 있으며, 여름 성수기 시즌에는 레벨이 조금 더 세분화되어 진행된다. 단, 여름 성수기 시즌에는 주니어들을 위한 과정이 따로 운영되는데 이에 따라 성인 영어과정이 운영되지 않거나 단축수업이 진행될 수 있다고 하니 여름 성수기 시즌에 등록할 경우 미리 학원으로 문의하여 확인해야 한다.

수강료

BASIC-SUPER INTENSIVE 과정까지 선택할 수 있으며, 수업은 8:45~12:15까지 BASIC으로 진행되며 추가적으로 오후 READING, WRITING, GRAMMAR, VOCABULARY WORKSHOP 수업을 어떻게 추가하는지에 따라 가격이 달라진다. 등록하는 기간에 따라 주당 금액이 크게 달라지니 미리 학업 계획을 세운 후 등록하는 것을 추천한다.

1. Courses

Course	Weeks	Basic Main Session 15 Lessons 11hrs 15min/wk	Standard Main Session +1 Workshop 20 Lessons 15hrs/wk	Intensive Main Session +2 Workshops 25 Lessons 18hrs 45min/wk	Super Intensive Main Session +3 Workshops 30 Lessons 22hrs 30min/wk
General English IELTS Test Preparation Cambridge Exam Preparation	1-4	£225	£255	£285	£315
	5-11	£205	£235	£265	£295
	12-23	£185	£215	£245	£275
	24-35	£165	£195	£225	£255
	36+	£145	£175	£205	£235
One-to-One Tuition	Per Hour	£60 per hour (10 or more hours: £50 per hour)			

기숙사와 홈스테이

한 건물 전체를 사용하며 건물 3층부터는 기숙사로 사용하며, 최근 리모델링을 하여 시설이 깨끗하며 쾌적하다. 방의 타입과 내부 화장실의 여부에 따라 방의 금액이 달라지는데 도미토리 3인~6인을 사용하는 경우 1주에 195파운드, 개인 화장실이 있는 싱글룸을 사용하는 경우 350파운드이다.

PART 4 영국 워킹홀리데이 후기

홈스테이의 경우 1인실 Half Board(아침, 저녁 제공)의 경우 260파운드로 기숙사에 비해 가격은 저렴하지만 학원에서 버스로 약 20~40분 정도 떨어진 곳으로 배정되니 상황을 고려하여 숙소를 결정해야 한다.

Onsite Residence (ages 16+) Includes: Half Board Monday - Friday Breakfast Saturday - Sunday	Room Type	Price/wk
	Dorm 3-6 per room (bunk bed - shared bathroom)	£195
	Twin (bunk bed - shared bathroom)	£225
	Twin (bunk bed - private bathroom)	£250
	Single (shared bathroom)	£325
	Single (private bathroom)	£350
	Deluxe Single (private bathroom)	£450

Students 16 or 17: **additional charge £25/wk**

Bed linen and towels: bed linen provided / towels additional charge. Cleaning: daily

Wandsworth Apartments (ages 18+)		Self-Catering Price/wk
	Single (private bathroom)	£350
	Single (shared bathroom)	£325
	Twin (private bathroom)	£250
	Twin (shared bathroom)	£225

Bed linen and towels: bed linen provided / towels additional charge. Cleaning: weekly

Summer Residence (ages 18+) Includes: Half Board Monday - Friday	Room Type	Price/wk
	Single (shared bathroom)	£325
	Single (private bathroom)	£350
	Deluxe Single (private bathroom)	£450

Bed linen and towels: bed linen and towels additional charge. Cleaning: weekly

Homestay (ages 16+)	Self-Catering Price/wk	Bed & Breakfast Price/wk	Half Board Price/wk
Homestay Standard			
Single	£230	£230	£260
Twin	£220	£220	£250
Homestay Executive			
Single	£285	£285	£315
Twin	£275	£275	£305

Students aged 16 or 17 must book Half Board with additional charge £25/wk. Bed linen and towels: bed linen provided / towels provided. Cleaning: weekly

분위기

런던 센트럴 어학원과는 조금 다른 분위기를 나타낸다. 주거 지역에 위치한 Burlington 어학원은 시티에 비해 편의시설 이용에는 어려움이 있지만 내부 학생들 간의 소셜이 좋으며 액티비티 또한 자체적으로 활발하게 운영된다. 특히 기숙사에 같이 사는 학생들 간의 교류가 뛰어나니 Burlington을 선택했다면 짧게라도 기숙사를 이용해 보길 추천한다.

Social Program

1. WALKING TOURS

지식 있는 가이드가 안내하는 도보 투어를 제공한다. Westminster, The South bank, Notting Hill 및 심지어 세계 각국의 다양한 음식을 즐길 수 있는 Borough Market을 돌아다니는 투어가 포함되어 있다.

2. MUSEUMS

과학 박물관이나 자연사 박물관, 미술관 관람 등이 무료 투어 프로그램에 포함되어 있다. 미술에 관심이 있다면 National Gallery에서 Monet, Picasso, Van Gogh의 작품들을 관람할 수도 있다. 런던 박물관, 미술관의 대부분은 무료로 입장이 가능하고 학원의 스텝이 동행하여 영어로 작품 설명을 들을 수 있다.

3. LONDON'S TOPS ATTRACTIONS

Buckingham palace, The London eye, The Houses of Parliament와 같은 유명 명소부터 숨은 명소까지 런던 내의 명소 투어를 제공한다. 빅벤이 무엇인지, 런던 타워에서 왜 까마귀가 중요한지 등 런던의 비밀들을 투어를 진행하며 들을 수 있다고 한다.

시설

1층에 위치한 카페테리아에서 아침, 점심, 저녁 모두 저렴한 비용에 제공한다. 넓고 웅장한 학생 휴게실 또한 런던 센트럴 어학원에서 느낄 수 없는 여유로움이 있다. 넓은 개별 강의실 외에도 오디오룸, 도서관, 카페테리아, 야외테라스 등 다양한 학생 편의 시설을 갖추고 있다.

Speak Up London - Since 2012

기본 정보

위치	139, Oxford Street W1D 2JA
교통	1구역의 중심부에 위치(Oxford Circus 와 Tottenham Court Road Elizabeth Line에서 도보 3분)
전체 학생 수	여름 시즌: 600명, 겨울 시즌: 300명
학급당 인원	최대 15명, 평균 12명, 경우에 따라 5~6명의 작은 클래스도 있음
한국인의 비율	약 4%(평균적으로 30개 이상의 국적을 유지하며, 성수기에는 종종 100개 이상의 국적으로 구성)

런던의 중심에 자리하고 있어서 학생들이 주요 명소와 역사적 장소를 쉽게 다닐 수 있다. 교실은 12개로 넓고 밝으며 대화식 화이트보드, 에어컨 유닛, 그리고 보안 CCTV 등 최신 기술 장비가 구비되어 있어 학생들의 안전과 편안한 학습 환경을 보장한다.

또한 워킹홀리데이 소지자에게 이력서 및 취업 면접 워크샵, 의사소통 강화 활동, 그리고 런던에서의 취업과 학교에서의 인턴십 지원 등 다양한 기회를 제공한다.

월요일부터 금요일까지는 매주 변경되는 무료 소셜 활동을 제공하는데, 이는 전문 영어 교사에 의해 운영되어 학생들이 런던의 문화를 알아가고 영어 커뮤니케이션 기술을 향상시킬 수 있도록 돕는다. 또한, 토요일에는 직원과 함께 유료 야외 활동을 경험하여 지역 도시와 문화를 발견할 수 있도록 한다.

학교 내에는 넓고 편안한 학생 라운지와 iMac 컴퓨터가 장착된 스터디 룸이 있다. 학생들은 전체 학교에서 고속 Wi-Fi와 필요하다면 로컬 심 카드도 무료로 이용할 수 있다.

스피크 업 런던은 아래와 같이 학습 중에 휴가를 즐길 수 있으며, 영국과 유럽을 더 쉽고 저렴하게 탐험할 수 있는 기회를 제공한다.

Course Duration	Holiday Duration
<3 weeks	No Holiday
4 - 7 weeks	1 week
8 - 13 weeks	2 weeks
14 - 23 weeks	3 weeks
24 - 29 weeks	4 weeks
30 - 35 weeks	6 weeks
36 - 39 weeks	8 weeks
40 weeks	12 weeks

개설 과정

매우 유연한 학습 솔루션을 제공한다. AM, Midday, PM 또는 Evening Classes 중에서 시간대를 선택할 수 있으며 Part time 3 days, Part Time 4 days 또는 Full Time 중에서 수업 횟수를 선택할 수 있다. 도착 전, 체류 중 그리고 떠날 때 테스트를 진행하여 항상 적절한 수준의 수업을 들을 수 있도록 하고 학습 요구 사항을 존중하고 충족시키려고 하며, 전문 CELTA 및 DELTA 훈련을 받은 영어 교사들이 일상생활에서 영어를 마스터할 수 있도록 최선을 다한다.

수강료

주당 계산되며 장기간 등록할수록 수강료가 저렴하다. 14주 이상 등록 시 Transport For London 서비스와 함께 30% 할인된 학생 오이스터 카드를 제공하여 생활비를 절약할 수 있다. 또한 영국 워킹홀리데이 학생들을 위한 특별 할인 혜택도 제공하고 있다.

Key Information

- Bookings of **8 weeks or more** can pay in 2 instalments with an additional £15 fee
- Bookings of **12 weeks of more** receive discounts in shops
- Bookings of **14 weeks or more** receive a 30% discount on public transport (valid for Mon-Fri morning, midday and afternoon courses only)
- Maximum class size: 14 - 16 students per class (depending on class capacity)
- Minimum age: 16 yo (except closed groups)

Additional Fees

- Registration Fee of £49
- Visa documentation fee of £49 for up to 6 months
- Visa documentation fee of £149 for up to 11 months
- Learning material fee is £30 to buy. You can rent a course book for £30 only if your course is under 3 weeks length. You will receive £15 when you return it. All other course lengths have to buy a course book. Intensive courses require twice the learning material fee.

Teaching hours per week

- 30 hours per week including 2.5 hours break
- 15 hours per week including 1.25 hours break
- 12 hours per week including 1 hour break
- 9 hours per week including 35 minutes break

Notes

MORNING · 09:00-12:00 · incl. 15 minute break

	Days Per Week	1-3 wks	4-7 wks	8-13 wks	14-23 wks	24+wks
General English	3	£220	£210	£199	£189	£179
	4	£245	£230	£215	£209	£199
	5	£255	£245	£230	£220	£215
FCE/CAE/IELTS	3	£229	£219	£209	£199	£189
	4	£249	£239	£225	£219	£209
	5	£265	£255	£245	£235	£220

MIDDAY · 12:30-15:30 · incl. 15 minute break

	Days Per Week	1-3 wks	4-7 wks	8-13 wks	14-23 wks	24+wks
General English	3	£210	£199	£185	£175	£165
	4	£235	£225	£215	£205	£195
	5	£245	£240	£225	£215	£205
FCE/CAE/IELTS	3	£220	£215	£205	£196	£185
	4	£245	£235	£225	£215	£205
	5	£255	£245	£235	£220	£215

AFTERNOON · 16:00-19:00 · incl. 15 minute break

	Days Per Week	1-3 wks	4-7 wks	8-13 wks	14-23 wks	24+wks
General English	3	£175	£165	£155	£145	£135
	4	£185	£175	£165	£155	£145
	5	£195	£185	£175	£165	£155
FCE/CAE/IELTS	3	£199	£189	£179	£169	£159
	4	£209	£199	£189	£179	£169
	5	£219	£209	£199	£189	£179

EVENING CLASSES

	Days Per Week	1-3 wks	4-7 wks	8-13 wks	14-23 wks	24+wks
General English	3	£110	£95	£85	£80	£75
IELTS	5	£115	£100	£90	£85	£80

SATURDAY CLASSES

	1-3 wks	4-7 wks	8-13 wks	14-23 wks
Grammar & Vocabulary	£60	£55	£50	£45
Speaking & Listening	£60	£55	£50	£45
Intensive/BUSINESS	£85	£80	£75	£70

INTENSIVE COURSE

	Days Per Week	1-3 wks	4-7 wks	8-13 wks	14-23 wks	24+wks
Morning/Midday	5	£455	£435	£415	£395	£385
Midday/Afternoon	5	£445	£425	£405	£385	£375

IN-SCHOOL INDIVIDUAL CLASSES

	1-9 hrs	10-30 hrs	31-50 hrs	51+ hrs
1 to 1	£90	£85	£80	£75
1 to 1 Unsociable hrs	£105	£95	£90	£85
2 to 1	£75	£70	£65	£60
2 to 1 Unsociable hrs	£85	£80	£75	£70

ONLINE INDIVIDUAL CLASSES

	1 hr	2-20 hrs	21-40 hrs	41+ hrs
1 to 1	£65.00	£60.00	£55.00	£50.00
1 to 1 Unsociable hrs	x	£70.00	£60.00	£55.00

EXTRA SERVICES

Here at Speak Up London we can offer you some extra services at a small cost.
Get in touch with Raf!
raf@speakuplondon.com

Personalised CV review Session - 5 hrs	£200

Work on your existing CV with one of our experts to improve it and make it stand out when you apply for a job. (You must already have an existing CV that you created before you start with this service). 5 hours (to be finished in a max of 4 weeks from the date of purchase) Minimum duration for each session is 1 hour.

Personalised Cover Letter review Session - 5 hrs	£200

Work on your existing Cover Letter with one of our experts to improve it and make it stand out when you apply for a job. (You must already have an existing CV that you created before you start with this service). 5 hours (to be finished in a max of 4 weeks from the date of purchase) Minimum duration for each session is 1 hour.

Individual Job Interview Mock Session - 5 hrs	£200

Prepare for a job interview with one of our experts and learn how to stand out during a job interview. 5 hours (to be finished in a max of 4 weeks from the date of purchase) Minimum duration for each session is 1 hour.

Personalised CV review Session - 2 hrs	£95

Work on your existing CV with one of our experts to improve it and make it stand out when you apply for a job. (You must already have an existing CV that you created before you start with this service). 2 hours (to be finished in a max of 2 weeks from the date of purchase) Minimum duration for each session is 1 hour.

Personalised Cover Letter review Session - 2 hrs	£95

Work on your existing Cover Letter with one of our experts to improve it and make it stand out when you apply for a job. (You must already have an existing CV that you created before you start with this service). 2 hours (to be finished in a max of 2 weeks from the date of purchase) Minimum duration for each session is 1 hour.

Individual Job Interview Mock Session - 2 hrs	£95

Prepare for a job interview with one of our experts and learn how to stand out during a job interview. 2 hours (to be finished in a max of 2 weeks from the date of purchase) Minimum duration for each session is 1 hour.

수업의 질과 수준

수업 시작 시 레벨 테스트를 하여 현재의 영어 레벨을 이해하고 학생들에게 딱 맞는 학습 계획을 만든다.

교재: 교육 과정은 Pearson, Macmillan, Oxford University Press 및 National Geographic에서 잘 알려진 교과서 시리즈를 사용하여 설계되어 있다. 교사들은 실제 자료를 보완하여 영국에서 사용하는 영어에 익숙해지고 사용할 수 있도록 도와준다.

교사들은 전 세계에서 온 학생들에게 외국어로 영어를 가르친 경험이 많으며 결과 또한 좋다. 예를 들어, IELTS 학생들은 시험에서 99%의 성공률을 기록하고 있다고 한다.

수업 동료와 함께 대화 및 공동 작업 작업을 통해 소통 기술을 신속하게 향상시키는 데도 도움을 주며, '런던 엘리먼트'를 활용하여 런던의 매력적인 생활을 탐험하고 교사 및 새로운 친구와 특정 언어 및 문화 프로젝트에 참여할 수 있다.

분위기

레벨에 따라 분위기는 조금씩 다르지만 대체적으로 전문적이지만 친근하고 편안한 분위기를 유지한다. 상대적으로 높은 레벨의 수업은 전문적이고 진지한 분위기이며, 낮은 레벨의 수업은 편하고 활기찬 분위기이다.

Social Program

새로운 평생 친구를 만들고 재미있는 영어 기술을 향상시키고 싶다면 매일 교사들과 지역 스태프가 운영하는 무료 소셜 프로그램에 참여할 것을 추천한다. 소셜 프로그램은 학교에 있는 학생들과 연중 계절 및 런던이 특정 시기에 제공하는 것에 맞춰 조절되며 매주 변경되어 런던에서 독특한 경험과 훌륭한 학습 기회를 제공한다.

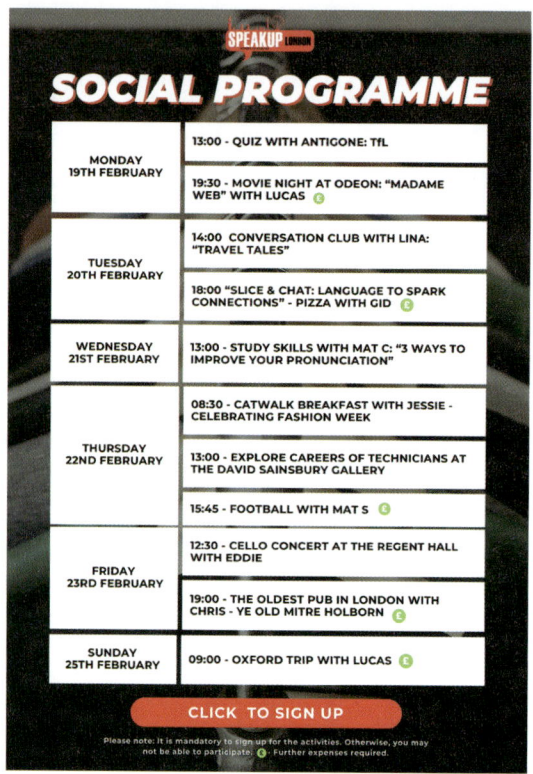

시설 및 주변

라운지에서 커피를 즐기거나 스터디 룸에서 읽고 휴식을 취할 수 있다. 학교 주변 지역에는 각종 상점, 슈퍼마켓, 레스토랑 및 바가 있어 편하게 이용할 수 있다. 또한 영국 및 다른 유럽 지역으로 가는 기차역도 있다.

PART 4 영국 워킹홀리데이 후기

Oxford House College(OHC) - Since 1975

기본 정보

위치	London Centre: Oxford House College, 24 Great Chapel Street, London, W1F 8FS
교통	1존 중심가에 위치(Tube: Oxford Circus 역과 Tottenham Court Road 사이 Tottenham Court Road에서 내리는 게 더 가까움. 도보 3분)
전체 학생 수	여름 시즌: 250~350명, 겨울 시즌: 100~200명
학급당 인원	최대 16명, 평균 12명
한국인의 비율	5~8%(대부분은 유럽, 남미 등 100개국 이상의 학생들이 수강 중)

OHC는 전형적인 대형 학원으로, 좋은 시설과 체계적인 시스템을 갖추고 있으며, 런던 중심가뿐만 아니라 미국, 캐나다. 호주에도 센터가 있다. 옥스퍼드 스트릿에 위치한 OHC 런던은 도시를 탐험하기에 이상적인 다운타운에 위치하고 있다. 백화점, 패션 아울렛은 물론 카페와 박물관, 극장까지! 청춘을 즐길 수 있는 좋은 장소에 위치해 있다.

런던은 세계적인 금융 및 문화 수도 중 하나이다. 일을 하며 공부하는 워홀러들에게 어떤 센터를 추천하겠냐는 질문에 마케팅 담당자는 런던 쪽이 일할 기회는 많겠지만 그만큼 경쟁이 더 치열할 수 있다고 했다. 그러나 전반적으로 보면 런던에는 다른 지역보다 더 많은 일자리가 있으므로, 경쟁은 치열하여도 더 많은 기회가 있을 것이라 본다.

개설 과정

코스의 경우 A1+부터 C1 레벨을 제공하는 General English와 Conversation & Pronunciation이 있으며, B2+ 이상(중상급)의 레벨 학생들에 제공되는 시험 대비반인 Business English, IELTS, CAE(Cambridge Advanced Exam), FCE 등이 있다. OHC는 또한 Teaching House라는 프로그램이 있어, 영어교사가 되고 싶어 하는 학생들에게 교사교육 프로그램을 제공하고 있다. Teaching House의 경우 캠브리지 대학에서 인정한 CELTA 교육 프로그램으로, 가장 평가도가 높은 과정 중 하나로 이 CELTA 프로그램은 전 세계 어느 곳에서라도 영어교육자가 될 수 있는 표준 교육을 제공한다. 또한 체계적인 교사 교육 프로그램과 다양한 실무 경험으로 트레이너들이 수준 높은 교육을 제공한다.

수강료

수강료는 주 단위로 계산이 된다. 오전, 오후가 나뉘어져 있는 코스의 경우, 같은 코스라도 오후가 오전보다 저렴하니 참고하자.

2024년 현재 한국인 학생들에게는 수업료가 20% 할인되고 있다! 2025년 또는 2026년에 코스를 시작하여도 프로모션 기간에 예약만 넣으면 2024년 수업료에 20% 할인을 받을 수 있다.

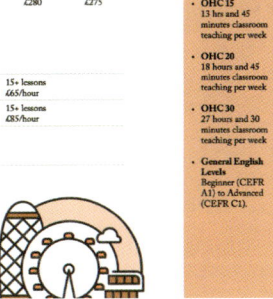
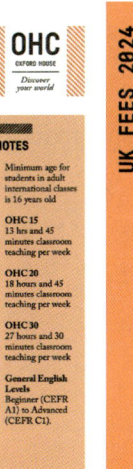

수업의 질과 수준

강사와 학생 간의 상호작용이 좋고 신뢰도가 높은 편이다. 또한 교사 교육을 진행하는 학교인 만큼 강사들도 모두 자격을 갖춘 전문가들이다. 예를 들어 강사들의 발음이 매우 정확하여 영국식 발음인데도 불구하고 알아듣기 어렵지 않으며, 강사들은 교재 외에도 부가 자료를 이용해 수업을 진행하는 등 수업에 많은 준비를 한다.

수업을 들은 학생의 후기에 따르면 IELTS의 경우 강사가 매우 적극적이고 놀 틈을 주지 않으며, 많은 준비를 해 온다고 하였다. 그러나 한국의 어학원처럼 자료를 페이퍼로 깔끔하게 정리해서 나눠주지는 않으므로 학생이 자신의 노트를 펴고 각자 필기를 해야 한다고 했다. 다시 말해, 한국처럼 강사가 내용을 인쇄물로 정리해 나눠주는, 소위 '떠먹여 주는' 방식이 아니므로 학생 스스로 능동적인 학습 자세를 가져야 한다.

일반적으로 매 수업마다 과제가 주어지고 그에 대한 피드백으로 강의가 시작된다. 수업을 따라가기가 빡빡할 수는 있지만, 한국식 입시 생활에는 비할 바가 아니므로 한국 학생들은 충분히 해 낼 수 있을 것이다. 그러나 스피킹 연습 시에는 종종 반 친구들과 연습을 하게 되는데 그룹반의 특성상 학생 개개인에 대한 피드백이 어려울 수 있으나, 개인 발표 시간에 한번 더 고칠 수 있으므로 큰 문제는 되지 않는다.

한편 시험 대비반의 경우 Training – Test – Training – Test와 같이 Training과 Test가 반복적으로 진행되어 학생들이 실전에 대비할 수 있도록 돕고 있다. Conversation & Pronunciation 수업은 많은 양의 콘텐츠를 제공하기보다는 아는 것을 확인하고, 안다고 생각하지만 모르는 것을 바로잡고 연습하는 방식으로 진행된다. 전반적으로 강사들의 수준이 높고 열정적이어서 학생들의 만족도가 높다.

분위기

OHC의 수업 분위기는 매우 활기차다. 학습 정보를 풍부하게 제공하고, 학생들의 참여를 촉진함으로써 강사와 학생 간에 상호작용이 잘 이루어지고 있다. 국적 비율은 매우 다양하지만 현재 그중에서도 브라질과 유럽 국가가 많은 편이고 일본, 터키 등의 국적도 꽤 보인다. 한국인은 상대적으로 비율이 낮지만 다양한 국적 혼합을 통해 전 세계 다양한 친구들을 사귀는 기회를 얻을 수 있다.

Social Program

월요일에 펍에 함께 가는 Pub Social Monday 외에는 매주 다른 소셜 프로그램이 있다. 축구, 크레이지 골프, 볼링과 같은 활동적인 프로그램부터 박물관이나 극장, 런던아이, 타워 오브 런던, 타워브리지, 윈저성과 같은 상징적인 명소를 방문하는 프로그램도 있다. Reception Desk에서 등록할 수 있다.

시설

수업은 각층별로 이루어지며, 자본이 여유로운 편이어서 어학원 내부에 도서관, 옥상 카페테리아, 그리고 흡연 장소까지 고루 갖추고 있다. 학교 런던 중심가에 있어 쇼핑할 곳도 많고 즐길 거리도 다양하다.

Islington Centre for English(ICE) - Since 2010

기본 정보

위치	97, White Lion Street, Islington, London N1 9PF
교통	Angel 역에서 도보 3분
전체 학생 수	100~200명
학급당 인원	최대 15명, 평균 12명
한국인의 비율	한국인 비율 10% 미만, 유럽, 남미 등

British Council(영국문화원)에 등록되어 있는 어학원으로, 가장 가성비가 좋은 어학원으로 평가된다. 저가 어학원들 중에는 등록이 안 되어 있는 경우가 많은데 그런 어학원을 다닐 경우, 학생으로서의 할인 혜택을 못 받거나 수업을 듣지 못할 때 수업료를 보상받지 못할 수 있다. 그러므로 반드시 British Council에 등록된 어학원인지 확인하는 것이 좋다.

개설 과정

A2 레벨부터 C1 레벨까지 일반영어 과정이 개설되어 있으며, 시험영어 IELTS 코스도 1개의 반이 운영되고 있다. 성수기 시즌에는 Cambridge FCE 코스 또한 운영이 되지만 비수기 시즌에는 개설 여부를 미리 확인하는 것이 좋다.

수강료

9시 15분부터 12시까지 진행되는 PLUS Course의 학비는 1주에 255파운드, 24주 등록 시 주당 155파운드로 저렴하며 추가적으로 시기에 따라 학비를 20% 할인받을 수도 있다. 영국 6개월 어학연수 비용이 500만 원 정도이니 이 정도면 가성비가 좋은 편이다. 단, 가성비 좋은 어학원인 만큼 대형 어학원에 비해 소셜 액티비티의 종류가 제한적이며 비수기의 경우 레벨별로 수업이 1반씩만 운영되니 이 부분을 고려하여 선택한다면 합리적인 가격으로 영어 실력을 향상시킬 수 있다.

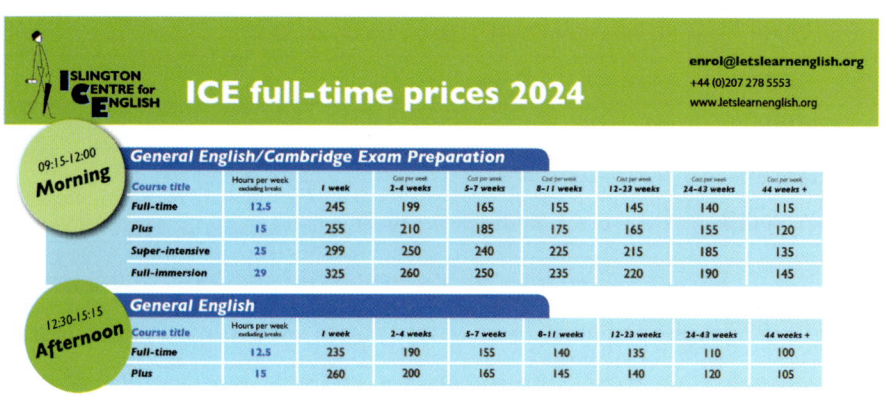

PART 4 영국 워킹홀리데이 후기

시설

ETC International College - Since 1989

기본 정보

위치	22-26 West Hill Road, Bournemouth, BH2 5PG
교통	본머스 중심가에 위치해 있어 도보로 이동 가능(타운센터 도보 4분, 본머스 해변 도보 5분, 본머스역 도보 15분), Poole Hill 버스 정류장 도보 2분
전체 학생 수	여름 시즌: 500~600명, 겨울 시즌: 100~200명
학급당 인원	최대 14명, 평균 10명
한국인의 비율	1~2%(여름 학기 대부분 수강생은 유럽 국가 학생들)

ETC는 친근하고 안정된 분위기에서 전문적이고 열정적인 교육을 제공하고 있으며, 훌륭한 티칭, 다양한 편의시설, 우수한 학생 관리를 바탕으로 35년째 국제 학생들에게 수업을 진행하고 있다. 한국인 비율이 1~2% 정도로 매우 낮으며, 국적 비율이 다양한 편이다. 학생들은 이러한 점을 적극 활용하여 액티비티나 주말 여행프로그램에 다양하게 참여함으로써 전 세계에서 온 다양한 국적의 친구들을 사귀고 영어로 소통하는 방법을 자연스럽게 익힐 수 있다.

한국인 학생의 수는 적지만 어학원에 상주하는 한국인 스태프가 한국인 학생들을 대상으로 매주 학원 내 카페에서 정기 상담 프로그램을 운영하므로 영국생활 적응에 도움을 받을 수 있어 빠르게 현지에 적응할 수 있다.

또한 타운센터에 위치한 기숙사는 합리적인 비용으로 머물 수 있다. 어학원에서 도보로 1분 거리에 있어 통학 시간이 중요하고 좀 더 독립적인 생활을 원한다면 더욱 기숙사 생활을 추천한다. 해변과 5분 거리, 기차역과 15분 거리에 위치해 있어 방과 후 본머스뿐만 아니라 타 도시로의 여행 등 자유시간을 누리기에 최적화되어 있다. 식당 및 쇼핑센터와도 가까이 있어 방과 후 여가생활을 즐기기에도 편리하다.

본머스는 영국 대표 휴양지답게 일을 하며 공부하는 워홀러들에게도 해양 레저 스포츠, 호텔, 관광 등 다양한 일자리에서 실무 경험을 쌓으며 학업을 병행할 수 있다는 위치적 장점이 있다.

개설 과정

A1, A2, B1, B2.1, B2.2, C1/C2 레벨까지 다양하게 세분화된 레벨의 General English Course가 있으며, General English 과정까지 함께 수강할 수 있는 시험 대비 과정으로는 IELTS, Cambridge Exam Preparation(B2 First, C1 Advanced) 과정이 있다. Business English, Aviation English, IT English, Engineering English, Tourism English 등 전문 영어를 위한 다양한 Specialist English 코스도 마련되어 있다. 마지막으로 영국 대학 입시를 준비하는 학생들을 위해 Pre-Sessional, University Foundation Program, Pre-master 과정 또한 진행 중이다.

수강료

수강료는 주 단위로 계산하며, 다른 어학원과 비교했을 때 상대적으로 합리적인 학비를 자랑하고 있다. 주 단위 수강료를 할인하거나 무료 수업을 제공하는 등 주기적으로 프로모션이 있다고 한다. 5개월 이상 장기로 등록하면 2주에서 최대 4주까지 무료 수업을 추가로 제공하므로 장기 과정을 등록할 학생들은 이용해 볼 것을 추천한다. 또한 프로모션은 등록 시기를 기준으로 적용되므로 프로모션 적용 시기에 먼저 등록하고 실제 강의 시작일은 추후에 지정해도 프로모션이 적용되므로 활용하면 좋을 것이다.

General English

General English	Hours per week	Lessons per week	Cost per week
Standard	15	20	£220
Intensive	18	24	£250
Super Intensive	21	28	£280
Full Immersion	30	40	£450
One - to - One Courses	£60 per 45 minute lesson		

IELTS Exam Preparation

IELTS Exam Preparation*	Hours per week	Lessons per week	Cost per week
Standard	15	20	£220
Intensive	18	24	£250
Super Intensive	21	28	£280
Full Immersion	30	40	£450
One - to - One Courses	£60 per 45 minute lesson		

*IELTS Preparation courses are 15 hours per week. Intensive options include 15 hours exam preparation, plus General English communication skills lessons.

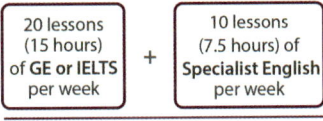

Specialist Course Structure

20 lessons (15 hours) of GE or IELTS per week + 10 lessons (7.5 hours) of Specialist English per week

Cambridge Exam Preparation Courses - Cambridge B2 First / C1 Advanced

B2 First** / C1 Advanced**	Hours per week	Lessons per week	Cost Per week
Standard	15	20	£300
Intensive	18	24	£315
Super Intensive	21	28	£330
One - to - One Courses	£60 per 45 minute lesson		

**Exam Preparation courses are 15 hours per week. Intensive options include 15 hours exam preparation, plus General English communication skills lessons.

B2 First and C2 Advanced courses must have at least 5 bookings to run the course.

It is not compulsory, but students are recommended to start on the term start dates; please see page 5 for dates.

수업의 질과 수준

1989년 설립된 British Council(영국문화원) 인증 및 English UK 멤버십 기관으로 수준 높은 교육 서비스를 보장하고 있다. ISI(Independent Schools Inspectorate)라는 사설 학교를 정기 검열하는 정부 인증 기관에서 2012년, 2013년, 2015년, 2016년, 2018년, 2021년 평가 기간 동안 모든 교육 기준을 훌륭한 수준으로 충족하였다.

또한 우수한 교사진으로 학생들의 참여도를 높이고 동기부여를 해 주고 있다. Trinity College London에서 공인 받은 'Teacher Training Courses'라는 영어 강사 양성 과정이 있어 정기적인 자체 교사진 전문성 개발 프로그램 운영하고 있으며 높은 교육 수준이 유지되고 양질의 교육을 제공할 수 있도록 교사진을 정기적으로 평가한다. 또한 매 수업마다 학생들에게 오류 교정과 피드백, 학업 상담을 제공하며, 학생들의 출석과 성과에 동기를 부여하고 격려하기 위해 한 달에 한 명씩 이달의 학생을 선정하여 수료증을 제공한다.

학생들은 교사의 피드백과 학습자 포트폴리오를 통해 자신의 영어 실력을 파악할 수도 있다. 높은 티칭 퀄리티를 자랑하는 ETC 교사들은 정기적으로 티칭 훈련을 받으며, 학생 스스로 본인이 부족한 점을 확인하고 실력을 향상할 수 있도록 개인 영어 실력을 점검하고 피드백을 받을 수 있는 맞춤형 포트폴리오를 제공한다. 모든 학생은 도착 시 포트폴리오를 받게 되며, CEFR(Common European Framework of Reference)의 'Can Do' 설명을 사용하여 개인 진행 상황을 확인하고 학습 과정을 계획할 수 있다. 맞춤형 포트폴리오는 1:1 피드백으로 본인의 약점을 파악할 수 있도록 세심한 지도를 제공하고 있다. 학습 포트폴리오를 통해 본인이 부족한 부분을 파악하고 추천 학습법을 따라하다 보면 단기간에 실력향상이 가능하다.

분위기

수업 분위기는 역동적이고 활기찬 편이다. 학생들이 궁금한 점을 편하게 표현할 수 있는 분위기가 조성돼 있어서 수업 시간에 토론이 활발하게 이루어진다. 한국 학생들은 한 반에 1명 정도 있으며 다양한 문화적 배경을 가진 다른 학생들과 함께 다양성을 경험할 수 있다. 방학 기간에는 유럽 각국에서 온 학생들이 많이 참여하여 다양한 경험과 지식을 공유하며 함께 성장할 수 있다. 다양한 국적비율을 자랑하는 ETC는 글로벌하고 다양한 경험을 추구하는 학생들에게 최적의 장소이다.

PART 4 영국 워킹홀리데이 후기

Social Program

스포츠 활동(축구, 배구, 테니스, 볼링, 자전거 등), 영어회화(Conversation Club), 근교 여행 등 매주 다양한 방과 후 액티비티가 있어 여러 나라에서 온 학생들과 영어를 연습하고 친해질 수 있는 기회가 많다. 주말에는 Durdle door, 런던, 옥스포드, 바스 등 근교 투어가 있다. Reception Desk에서 등록할 수 있으며, 홈페이지에서 일정을 손쉽게 확인할 수 있다.

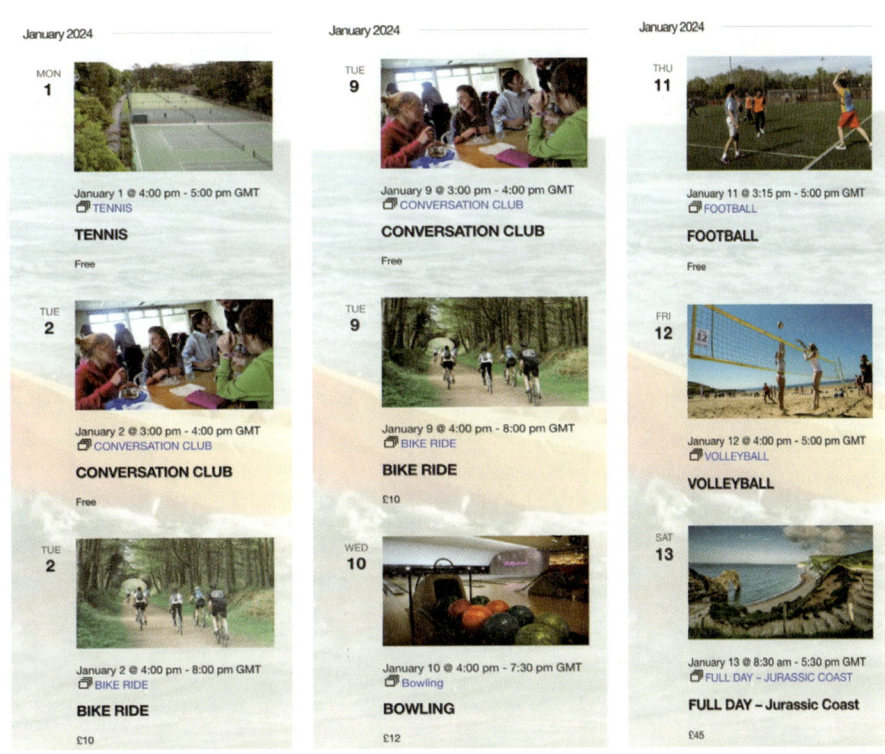

시설

ETC는 4개의 건물과 식당, 카페, 도서관 등 시설적인 면에서도 큰 규모를 가지고 있어 가성비 있게 어학연수를 누릴 수 있다. 어학원 주변은 본머스 중심가로 쇼핑할 곳도 많고 즐길 거리도 다양하며, 해변과 인접해 있다. 어학원에서 기숙사도 제공하므로 먼 거리를 통학할 필요가 없다.

PART 4 영국 워킹홀리데이 후기

NEW 내 청춘의 첫 프로젝트, 영국 워킹홀리데이

개정3판1쇄 발행	2024년 06월 20일 (인쇄 2024년 04월 04일)
초 판 발 행	2016년 08월 10일 (인쇄 2016년 06월 29일)
발 행 인	박영일
책 임 편 집	이해욱
저 자	정채리
편 집 진 행	구설희 · 이영주
표지디자인	박종우
편집디자인	박지은 · 채현주
발 행 처	시대인
공 급 처	(주)시대고시기획
출 판 등 록	제 10-1521호
주 소	서울시 마포구 큰우물로 75 [도화동 538 성지 B/D] 9F
전 화	1600-3600
팩 스	02-701-8823
홈 페 이 지	www.sdedu.co.kr
I S B N	979-11-383-7015-8 (13980)
정 가	17,000원

※ 이 책은 저작권법에 의해 보호를 받는 저작물이므로, 동영상 제작 및 무단전재와 복제, 상업적 이용을 금합니다.
※ 이 책의 전부 또는 일부 내용을 이용하려면 반드시 저작권자와 (주)시대고시기획 · 시대인의 동의를 받아야 합니다.
※ 잘못된 책은 구입하신 서점에서 바꾸어 드립니다.

'시대인'은 종합교육그룹 '(주)시대고시기획 · 시대교육'의 단행본 브랜드입니다.

EnglishRoad
Working holiday, Studying abroad
찾아오시는 길

잉글리쉬로드
서울시 마포구 양화로 186, LC타워 5층

📋 서울 마포구 양화로 186, LC타워 5층 (주)잉글리쉬로드   ☎ 02-722-3210

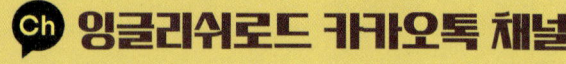 

네이버 카페와 카카오톡 채널에서
외교부 공지, 비자 접수, 설명회 소식 등
다양하고 정확한 **워홀 정보**를 안내받으실 수 있습니다.